생존을 넘어 번창으로

2

리더의 도전

더 나은 미래에 기여할 스타트업들의 성장 플랫폼, 오렌지플래닛 Orange Planet

오렌지플래닛 창업재단은 창업가와 함께 꿈과 희망을 키우는 창업플랫폼입니다. 공간 지원 및 멘토링 등 성장을 지원할 뿐만 아니라 성장단계별 투자연계, 나아가 해외 진출에 이르기까지 스타트업이 성공할 수 있도록 지원하고 있습니다.

기존 오렌지팜에서 확장 개편한 오렌지플래닛은 창업가 커뮤니티를 조성하고 다양한 기관과 협력하여 지속 가능한 창업생태계를 구축함으로써 미래 세대에게 창업을 통한 희망을 전파하려는 사회적 가치를 추구합니다.

생존을 넘어 번창으로

| 스타트업의 지속적 성장을 이끄는 리더십 A-Z |

Survival t o Thrival

②
리더의 도전

남태희·밥 팅커 지음 | 유정식 옮김

리신북스 | Orange Planet

이 책을 헌정합니다

....

크리스틴, 크리스티안 그리고 클로에에게,
그대들의 사랑과 인내로 이 책을 완성할 수 있었습니다.
 __밥

알리, 데이비드 그리고 로즈메리에게,
이 책은 모두 그대들의 뛰어난 가르침과 지원 덕분입니다.
 __태희

그리고,

기업 대상 B2B 스타트업의 여정을 다루는 데 저희를 물심양면으로 크게 도와주었던 기업가, 동료 그리고 조언을 주신 여러분께 깊은 감사를 드립니다.

경륜의 CEO와 기업가들께:

브렛 갤러웨이Brett Galloway, 크레이그 존슨Craig Johnson, 페이즐 라카니Faizel Lakhani, 조지프 안사넬리Joseph Ansanelli, 마크 맥롤린Mark McLaughlin, 필 퍼낸데즈Phil Fernandez, 롭 마인하르트Rob Meinhardt, 유리 피코버Yuri Pikover.

"2008 처음 클럽" 멤버들께:

롭 골드먼Rob Goldman, 세스 켄빈Seth Kenvin, 티엔 추오Tien Tzuo.

우리의 동료들에게:

처음으로 CEO를 하는 사람을 팀워크와 인내로 북돋아준 모바일아이언의 모든 구성원께.

회사를 함께 성장시켜가면서 영광과 상처를 같이 나누었던 스톰벤처스 멤버들에게.

저희에게 가르침을 주고, 자신감을 심어주고, 귀한 경험을 나누어주었던 우리 투자자 동료이자 이사회 멤버인 아레프 힐러리Aaref Hilaly, 프랭크 마셜Frank Marshall, 가우라프 가그Gaurav Garg, 짐 톨로넌Jim Tolonen, 매트 하워드Matt Howard와 우리 벤처캐피털 업계 동료인 파운데이션Foundation, 아이브이피IVP, 노르웨스트Norwest, 세쿼이아벤처캐피털Sequoia VC의 여러 멤버들에게,

감사의 마음을 전합니다.

스타트업은 도전과 혁신의 상징입니다. 시대 변화를 이끄는 역동적인 힘이 담겨 있기 때문입니다. 하지만 스타트업 창업 후 지속적으로 안정적인 성장 발판을 마련하기란 쉽지 않습니다. 국내 스타트업의 5년 차 생존율이 29%에 불과한 사실만 봐도 이를 잘 알 수 있습니다. 스타트업의 낮은 생존율은 기업 내부의 문제이기도 하고, 스타트업 생태계의 구조적 문제이기도 합니다. 스타트업 대표는 문제를 냉정하게 직시하고 발 빠르게 대응하는 생존의 기본 자세를 갖추어야 합니다. 《생존을 넘어 번창으로 2》는 이 어려운 숙제를 위한 가이드라 할 수 있습니다.

지난 10여 년간 미국을 비롯한 중국, 인도, 이스라엘, 한국 등지에서 기존 산업 패러다임의 전환을 이끄는 수많은 스타트업이 출현했습니다. 이 중 극소수는 유니콘 기업으로 성장하고, 이를 더 뛰어넘는 데카콘 스타트업도 등장했습니다. 하지만 최근 국내외 스타트업 생태계는 얼어 있습니다. 경기 침체의 영향으로 겨울이라는 표현도 부족해 빙하기라 부를 정도의 어려움에 직면한 상황입니다. 이 험난한 시기를 넘기 위해 몸집을 줄이고 비용을 감축하는 등 자구책 마련에 힘쓰는 스타트업의 고군분투가 잇따르고 있습니다.

스타트업 경영은 한 치 앞도 예측할 수 없는 망망대해에서 항해하는 것과 같습니다. 위기 상황에서는 선장, 바로 스타트업을 이끄는 대표의 역할이 특히 중요합니다. 대표는 순항을 위해서 하루에 단 한 시간이라도 미리 위기 대응책을 생각하고 있어야 합니다. 대표는 위기가 덮친 상황에서 대응법을 고민하면 이미 늦습니다. 위기 상황을 선제적으로 점검한 후 대책을 찾지 않으면 예고 없이 들이닥친 위기에서 살아남을 수 없습니다.

《생존을 넘어 번창으로 2》는 수많은 위기 앞에 놓인 스타트업 리더들의 고민을 짚으며 그에 대한 현명한 답을 들려줍니다. 2021년 12월 출간한 《생존을 넘어 번창으로》(원제 : Survival to Thrival) 1권이 치열한 생존 과정을 거쳐 기업이 번창하는 여정을 담았다면, 이번에 출간한 2권은 스타트업의 성장 단계별로 요구되는 경영법을 담았습니다. 특히 스타트업을 이끄는 리더의 역할은 무엇인지, 어떤 기업문화를 지향해야 하는지 등을 중점적으로 다루고 있습니다.

저자인 남태희 스톰벤처스Storm Ventures 대표는 실리콘밸리에서 초기 스타트업 투자자로 잘 알려진 인물입니다. 책에는 그동안 스타트업에 성공적으로 투자해 온 그의 인사이트가 생생하게 녹아 있습니다. 스타트업 CEO, 리더, 구성원, 이사회 등 스타트업에서 일하는 이들과 관계자들에게 현실적으로 도움이 될 내용이 가득합니다. 스타트업이 성장하는 과정에서 직면하게 되는 문제가 무엇인지, 이에 어떻게 대처해야 하는지, 도전적인 상황을 어떤 관점에서 바라보며 대안을 모색해야 하는지 등의 훌륭한 조언을 만날 수 있습니다.

다양한 스타트업이 건강하게 성장할 수 있는 생태계가 조성될 때 대한민국 경제도 밝게 빛날 것입니다. 획기적인 기술과 아이디어로 시대와 산업을 선도하는 스타트업은 우리 경제와 사회에 생동감을 불어넣는 동력입니다. 싹을 틔운 스타트업이 잘 성장하기 위해서는 든든한 자양분이 필요합니다. 《생존을 넘어 번창으로 2》는 그런 점에서 훌륭한 지침서가 될 것으로 기대합니다.

이 책은 글로벌 엔터테인먼트 그룹 스마일게이트의 창업재단 오렌지플래닛의 주도하에 세상에 나올 수 있었습니다. 오렌지플래닛은 더 나은 세상을 만들고자 나선 차세대 창업가를 진정성 있게 지원하며 지속 가능한 창업 생태계를 구축해 왔습니다. 덕분에 오렌지플래닛이 조성한 창업 생태계 안에서 경쟁력 있는 여러 스타트업이 탄생했고, 점진적으로 성장할 수 있었습니다.

오렌지플래닛은 《생존을 넘어 번창으로 2》 출간을 계기로 창업재단으로서 역할과 나아가야 할 방향을 더 깊이 있게 살펴보게 됐습니다. 오렌지플래닛은 묵직한 울림을 주는 이 책과 함께 스타트업 CEO와 리더, 구성원들을 응원합니다. 더 넓은 세상에서 뜻을 펼칠 스타트업이 더 높게 도약할 수 있도록 《생존을 넘어 번창으로 2》가 작게나마 도움이 되기를 간절히 바랍니다. 감사합니다.

권오현 오렌지플래닛 이사장

곤충은 여러 번의 탈피와 변태(變態, 탈바꿈)를 거치다가 때가 이르면 번데기로 변하고 며칠 후 예전과는 전혀 다른 모습의 성충으로 변모한다. 여기엔 진화를 통해 획득한 놀라운 지혜가 숨어 있다. 곤충의 겉을 싸고 있는 부분, 즉 외골격을 형성하는 부분을 '큐티클'이라고 부르는데, 방수 작용을 하는 스클레로틴이라는 단백질로 구성돼 있어서 수분 증발을 최소화하는 효과를 발휘한다. 만약 이게 없다면 건조한 환경에서 몸이 바싹 말라 죽을 것이다. 큐티클은 또한 연약한 신체를 물리적인 위험으로부터 보호하는 갑옷의 역할도 한다. 곤충이 높은 곳에서 떨어져도 크게 다치지 않는 것은 견고한 외골격 덕이다.

그러나 생존에 도움을 주는 진화적 발명품임에도 불구하고 큐티클은 동시에 제약요소로 작용하기도 한다. 왜냐하면 외골격 크기 이상으로는 몸이 자라지 못하도록 구속하기 때문이다. 그렇기에 곤충은 성장을 위해 여러 차례의 탈바꿈을 감수해야 한다. 분명 성장에 필수적인 과정이지만 탈바꿈은 상당히 비효율적인 과정이기도 하다. 예전의 큐티클을 버리고 새것으로 갈아입으려면 다량의 영양분을 소모해야 할 뿐만 아니라 공기와 물을 흡수해야 한다든지 혈액의 압력을 조절해야 한다든지 등 할 일이 많다. 게다가 새로 생긴 큐티클이 딱딱하게 굳기 전까지 한 시간에서 길게는 며칠이 소요되는데, 이 기간에는 어쩔 수 없이 말랑말랑한 몸이 날씨의 변화와 물리적인 충격, 천적의 공격에 무방비 상태로 노출된다. 그렇기에 탈바꿈이란 곤충에게 목숨을 걸어야 하는 고통스럽고 위험하며 값비싼 성장통인 셈이다.

이 책을 번역하면서 나는 기업의 성장에 관한 저자들의 아이디어가 '곤충의 탈바꿈 지혜'와 매우 유사하다는 점에 주목했다. 스타트업이 그다음 단계로 올라서려면, 즉 생존에서 번창의 단계로 진보하려면 보다 '큰' 큐티클을 생성해야 한다. 기존의 안정적인 구조와 관행을 반드시 깨고 버려야 하는데, 그러려면 사람, 돈, 시스템 등 경영 자원의 재배치와 재할당이 반드시 수반되어야 한다. 하지만 곤충이 탈바꿈 과정에서 위험에 노출되듯이, 새로운 단계로 나아가려는 기업 역시 강한 저항에 부딪힌다.

특히 지금까지 기업을 함께 일구어온 창업멤버들이 기존 사업의 폐지, 신규사업의 추진, 조직도 변경, 의사결정권 재조정 등의 탈바꿈 과정에 브레이크를 걸 가능성이 크다. "나 때는 말이야, 이렇게 했어.", "그렇게 하는 것은 우리가 해오던 방식이 아니야." 그들은 기업의 장기 성장을 위해 혁신을 해야 한다는 총론에는 동의한다면서 스스로를 변화시켜야 한다는 요구에는 불응으로 일관하는 경우가 많다. 혁신 과정에서 나타나는 일시적인 비효율, 즉 비용의 상승이나 경쟁력의 하락 가능성을 '현행 유지'의 근거로 확대 해석함으로써 CEO를 비롯한 혁신 세력의 변화 의지를 꺾으려 한다. 또한 일부 창업멤버들은 하나부터 열까지 모두 자신들이 챙기려는 경향을 보이는데, 회사 내에서 이들을 견제할 세력이 없다 보니 즉흥적이며 감정적인 의사결정이 난무하고 만다.

그들 개개인의 역량은 분명 뛰어나지만 그것만으로는 성장과 혁신을 이룰 수 없음을 이 책은 지적한다. 또한 과거부터 지금까지 잘 운영되던 사업의 방식, 운영 관리 체계가 조직의 외형이 커진 상황에서는 더 이상 유효하지 않고 유효해서도 안 된다는 점을 강조한다. 그러면서 조직의 리더가 각종 저항에 어떻게 대처해야 하는지, 어떤 방법으로 혁신을 이끌어가야 하는지를 각 이해관계자(CEO, 리더, 팀, 이사회 등)의 관점으로 상세하게 설명한다. 저자들이 말하는 '시장진출 최적화, 영역 리더로 가속화, 지속 가능한 업계 리더'라는 번창의 궤도에 오르려면 각 이해관계자가 지금까지의 것들을 어떻게 '언러닝'하고, 앞으로 어떤 '큐티클'로 사고의 외골격을 새롭게 단장해야 하는지를 친절히 안내한다.

오래전, 소기업 CEO들에게 '인재 관리에 있어 CEO의 역할'이란 주제로 세미나를 진행한 적이 있다. 세미나 후에 몇몇 분들과 담소를 나누고 있었는데, 모 CEO가 말을 건네왔다. "창업멤버들이 각 사업부의 요직을 맡고 있는데, 높은 보수를 받으면서도 원하는 만큼의 성과를 내지 못하고 있다. 그럼에도 그들은 주주이기도 해서 회사의 의사결정에 매번 발목을 잡는다. 나가달라고 할 수도 없고 참 난감하다."라면서 나에게 해결방법에 관해 조언을 구했다. 그때가 지금이라면 나는 분명 이 책을 읽어보라고 권했을 것이다.

경영학자인 고^故 클레이턴 크리스텐센 Clayton M. Christensen은 성장에 따른 변화의 필요성을 역설했다. "사업의 시작단계에서 행하는 작업들은 특히 인적자원에서 기인한다. 핵심인재의 추가나 이탈은 사업의 성공에 중대한 영향을 미칠 수 있다. 하지만 시간이 경과하면서 조직의 역량은 프로세스와 가치로 이동한다. 놀라운 성공을 거둔 많은 기업이 상장 후에 사라지는 한 가지 이유는 프로세스나 가치를 구성하는 데 실패했기 때문이다." 크리스텐센이 강조한 '프로세스와 가치 구축'의 실용적 프로세스와 방법을 제시한다는 점에서 이 책이 스타트업 리더뿐만 아니라 성장 과정에 있는 모든 기업의 리더들에게 유용한 가이드가 될 것이라고 확신한다.

2023년 4월 유정식

| 차례 |

제2권 리더의 도전

제1장 | CEO   033

제5장 | **문화** 259

실리콘밸리에는 "Pay It Forward"라는 특별한 기업가 정신이 있습니다. 기업가가 기업가를 돕고, 경쟁자가 경쟁자를 돕고, 동료가 동료를 도우며, 경험 많은 선배가 이제 갓 시작하는 후배에게 앞으로 당면할 어려움과 이에 대한 조언을 나누며, 그들이 성장하도록 도와주는, 우리말로 "받은 도움을 다음 사람에게 전수傳授하는" 기업가 정신입니다.

우리의 이번 여정도 그 과정에서 우리를 도와준 수십, 수백 명의 도움으로 가능했습니다. 그들은 이미 성공한 창업자에서부터, 몇 년 앞선 CEO, 아직은 당연히 서투른 "처음 CEO 클럽"의 멤버들까지 다양했습니다. 그리고 그들 못지않게 중요했던 이들은 스타트업 여정의 전 과정에서 저희와 함께하며 저희가 창업자로서 경험과 인내심을 갖게 해준 동료들이었습니다.

이 모든 사람이 우리의 기업 여정에 기여하고 도움을 주었습니다. 어떤 사람들은 우리의 성공에 달린 이해관계 때문에 돕기도 하였지만, 대부분의 사람들은 별다른 이유 없이 그냥 우리를 도와주었습니다. 인연과 선의 이외에 다른 이유를 찾아보기 힘들었습니다. 그리고 이런 기업가 정신은 지난 수십 년을 거슬러 올라갑니다.

열세 살의 스티브 잡스Steve Jobs(애플 창업자)는 전화번호부에서 번호를 찾아 세계적 대기업 HP의 CEO 빌 휴렛Bill Hewlett(HP 공동창업자)에게 전화를 걸었습니다. "빌 휴렛이 전화를 받았고, 저는 그에게 지금 만들고 있는 주파수카운터라 불리는 것에 필요한 부품을 좀 구해줄 수 있느냐고 물었습니다. 빌 휴렛은 그 부품을 구해다주었습니다. 뿐만 아니라 저에게 더 중요한 선물도 주었습니다. 그해 여름 HP에서 일할 기회를 만들어주었습니다. 그 말을 들은 순간 저는 천국에 온 기분이었죠."

기업 대상 B2B 스타트업의 창업을 생각한다면, 이 책은 당신을 위한 책입니다

지금까지 엔터프라이즈Enterprise 스타트업, 즉 기업 대상 B2B 스타트업의 창업에 초점을 둔 책은 거의 없었습니다. 우리는 《생존을 넘어 번창으로Survival to Thrival》를 저술하여 그 빈틈을 메우고, "받은 도움을 전수하는" 기업가 정신도 살리기로 마음먹었습니다.

기업 대상 B2B 스타트업의 창업자, 임직원 또는 투자자라면 이 책이 도움이 될 것입니다. 그들은 스타트업을 어떻게 시작하고 경영해나갈지 큰 그림을 먼저 그려야 합니다. 이에 도움을 주기 위하여 이 책을 준비했습니다. 그 주요 내용은 다음과 같습니다.

- 스타트업 구축에 필요한 여러 구성요소를 어떻게 조합할 것 인가?
- 한 단계 성취 후 그다음 단계에서 해야 할 일은 무엇인가?
- 힘들게 배울 내용은 무엇이며, 성장하면서 버릴 내용은 무엇 인가?
- 어려운 상황에서 효과가 있거나 없었던 노력의 상흔들은 어 떤 것이 있는가?
- 남이 하고 있는 것들 중에서 미리 알았더라면 좋았을 것이 있다면 무엇인가?

그 밖의 마땅한 답이 없는 어려운 상황들도 때때로 보여줄 것입 니다.

기업 대상 B2B 스타트업: 생존을 넘어 번창으로

기업 대상 B2B 스타트업을 구축하는 일은 소비자 대상 B2C 스타 트업의 경우와 다릅니다. 소비자 대상 B2C 기업은 소비 트렌드를 제대로 파악한 다음, 그런 시대적 트렌드를 하나로 모아 가속화하 면 됩니다. 그러면 살아남을 수 있습니다. 그런데 B2B 영역에서는 이런 마법의 시대적 트렌드라는 것이 없습니다. B2B 기업은 B2C 기업보다 더 체계적이어야 합니다. 그리고 기업 구매자는 일반 소비자보다 훨씬 더 신중합니다. 그래서 B2B 스타트업의 시장 진출은 훨씬 더 복잡합니다. B2B 스타트업은 훨씬 더 많은 시간을 "생존 단계"에서 보내곤 합니다. 그 생존 단계 동안 그들은 어떤 제품을 만들어 어떻게 시장에 진출할지 준비하면서, 죽지 않고 살아남으려 온갖 노력을 다합니다. 그러다 어느 시점에서 실력과 운이 만나서 비즈니스가 가속화됩니다. 그러면 더 이상 생존("어떻게 살아남을까?")이 아니라, 번창("어떻게 승리해나갈까?")을 생각하게 됩니다.

기업 대상 B2B 스타트업이 가속화하여 "번창 단계"로 한번 옮겨 가면 모든 것이 달라집니다. 기존의 일하던 방식이 더 이상 동작하지 않습니다. 비즈니스에 대한 요구가 바뀌고, 경영자에 대한 요구가 바뀝니다.

이런 변화를 제대로 해내면 B2B 스타트업은 중요한 비즈니스 영역을 차지하며, 막대한 가치를 창출하게 됩니다. 그러지 못하면, 예를 들어 진화하지 못하거나 변화하지 못하거나 번창으로의 전환에 실패하면, 그 스타트업은 존재도 없이 사라집니다. 이것이 생존에서 번창으로 나아가는 기업의 여정입니다.

왜 두 권으로?

일반 비즈니스 서적 출판사는 300쪽(영문 기준) 이상의 책을 원합니다. 하지만 요즘 기업가들은 더 작은 단위로 콘텐츠를 소비합니다. 그래서 우리는 출판사 의견을 따르기보다, 한 번 비행기를 타고 내릴 동안 다 읽을 수 있는 약 200쪽(영문 기준) 분량의 작은 책 두 권으로 저술하기로 마음먹었습니다.

제1권은 기업 대상 B2B 스타트업의 기업 여정에 관한 것입니다. 스타트업이 창업 아이디어에서 시작하여, 생존을 위한 경쟁을 거쳐, 지속 가능한 업종 리더로 번창하기까지의 비즈니스, 제품, 시장진출, 그리고 구성원 전반에 걸쳐서 알아야 할 것을 다룹니다. 이 책은 기업 대상 B2B 스타트업 성장에 있어 중요하나 그간 다뤄지지 않았던 핵심 연결고리인 시장진출 최적화^{GTM Fit, Go-To-Market Fit}를 소개합니다. 또한 생존에서 번창으로의 전환이 일어나는 시점을 알려줍니다. 스타트업이 기업 여정에서 마주하는 여러 변화는 굉장히 신경 쓰이고 숨 막히는 것입니다. 그래서 다음 단계에는 어떤 일이 일어날지를 아는 것이 벌써 전투의 절반입니다. 그렇다면 지금까지 잘 동작하던 것이 앞으로는 그렇지 않을 수도 있음을 알아야 합니다. 우리의 바람은 창업자의 이러한 당면한 문제 해결과 또 앞으로 닥쳐올 문제 대비에 이 책이 도움이 되었으면 하는 것입니다.

제2권은 기업 구성원 여정에 관한 것입니다. CEO, 경영진 및 이사회가 스타트업이 생존을 넘어 번창으로 변화하는 여정에서 배우거나 버려야 할 내용을 다룹니다. 회사가 바뀌면 역할이 바뀌고, 이에 따라서 사람도 바뀌어야 합니다. 회사의 문화가 진화해야 합니다. 사람들이 일하는 방식이 진화해야 합니다. 현 단계를 성공으로 이끌었던 요소 중 일부는 다음 단계에서는 버려져야 합니다. 이는 고통스럽고 힘들지만, 또한 놀라운 학습 경험입니다. 제1권과 마찬가지로, 제2권도 창업자에게 지금 당장 도움이 되는 것은 물론, 다음 단계의 예견에도 도움이 되었으면 합니다. 다만 제2권은 회사가 아닌 사람과 문화에 초점을 두는 것이 다릅니다.

가장 중요한 것은 두 권의 책 모두 목표가 같습니다. 이런 힘든 여정에 올라탄 창업자가, 잘될 때도 있고 안될 때도 있지만, 결코 자기 혼자만이 그런 상황을 마주하는 게 아니라는 것을 인식하도록 돕는 것입니다.

저자에 대한 짤막한 소개

우리는 세 번의 창업을 경험한 밥 팅커와 오랫동안 벤처 투자를 해왔던 남태희입니다. 우리는 지난 15년 동안 창업자-투자자 콤비로 스타트업 전장을 함께 누볐으며, 운 좋게도 2개의 스타트업을 성공시켰습니다. 그중 하나는 매각되었고, 다른 하나는 상장되었습니다. 전자는 와이파이wifi 관련 회사인 에어스페이스Airespace

로 시스코^{Cisco}에 4억5000만 달러(약 5300억 원)에 인수되었고, 후자는 모바일 보안 회사인 모바일아이언^{MobileIron}으로 2014년에 상장되었습니다.

밥은 B2B 스타트업 모바일아이언의 창업 CEO였습니다. 3명의 인원과 화이트보드 하나로 시작해서 8년 만에 연매출 1억5000만 달러(약 1800억 원) 이상, 기업 거래처 1만2000곳 이상, 직원 1,000명에 이르는 회사로 일구었습니다. 밥은 에어스페이스의 기업 매출을 0에서 8000만 달러까지 가파르게 성장시킨 경영자이기도 합니다. 대부분의 스타트업 CEO와 마찬가지로 밥은 일반적인 경영 이론에 그다지 신경 쓰지 않습니다. 그는 일을 떠맡아서 문제를 해결하고, 구성원을 하나로 모아서 훌륭한 비즈니스로 키워내고 싶어 합니다. 그는 바른 결정을 내리고, 어려운 문제를 해결하고, 남보다 한발 앞서가는 방법을 알고 싶어 합니다. 그런 의미에서 그는 투자자라기보다는 하나의 사업에 몰두해 물러설 자리가 없는 창업 CEO를 대변합니다. 밥은 창업자들이 알아야 할 것을 바로 지적하며, 정곡을 찌르기 좋아하는 사람입니다.

남태희는 스톰벤처스의 창립 파트너입니다. 그는 모바일아이언의 투자자이자 이사회 의장이었으며, 에어스페이스의 창업 CEO, 투자자 및 이사회 멤버였습니다. 그 이전에는 벤처 로 그룹^{Venture Law Group}의 창립 파트너로서, 변호사 및 벤처 투자자로 수백 건의 스타트업 여정에 참여하여, 모두 15개의 기업을 상장시켰습니다. 많은 실리콘밸리 투자자처럼 그는 자신의 투자 포트폴리오를 자신의 성공과 실패에 비추어 패턴매칭 하는 경향이 있습니다. 그는 스타트업의 현재 상황을 자신의 경험에 비추어 앞으로의 결과를 예측하고 창업자를 돕는 동인을 찾아냅니다. 대학에서 응용수학을 전공한 그는 해당 기업에 알맞은 비즈니스 모델을 만들고 최적화하기 위해 스타트업 여정을 주의 깊게(때로는 지나칠 정도로) 분석합니다. 그는 비즈니스 모델에 꽂힌 남자입니다.

저희 둘은 15년 동안이나 경험을 공유해왔지만, 이 책을 쓰기 위해 우리 둘의 관점을 조화시키는 것은 쉽지 않은 도전이었습니다. 그 과정이 고통스럽기도 하고 매력적이기도 하였지만, 이런 조화의 노력이 더 나은 결과를 만들었으리라 생각합니다. 이 책이 여러분에게 주어진 기회를 더 잘 활용할 수 있게 하거나, 또는 작은 어려움이라도 피하는 데 도움이 된다면 저희는 임무를 완수한 것입니다.

우리가 바라는 것

기업 대상 B2B 스타트업을 해보겠다는 것은 위대한 여행입니다. 두려운 여행이면서, 때로는 외로운 여행입니다. 처음에는 단순히 생존에 관한 것입니다. 살아남으려는 노력, 그것뿐입니다. 그러다가 운과 노력이 만나면 번창에 관한 것이 됩니다. 큰 성공을 이룰 기회가 주어집니다. 어쨌든 이 여행은 비즈니스, 사람, 그리고 결국에는 자신에 대한, 정신을 못 차릴 정도로 강렬한 학습 경험입니다. 우리는 모두 매일매일 배우고 있습니다. 다음 위대한 기업을 만들기 위해 이미 뛰어들었거나 또 앞으로 뛰어들 전 세계 수백만 창업자에게 "생존을 넘어 번창으로"의 여정은 감동 그 자체입니다. 이 여정을 향해 나아갈 당신께 경의를 표합니다.

Survival to Thrival

2

리더의 도전

《생존을 넘어 번창으로 1》은 기업이 생존("죽지 마라!")에서 번창("이 기는 방법은?")까지 이어지는 여정에 관한 것이었고, 2권은 생존에 서 번창까지의 여정을 이끄는 기업가에 관한 것입니다.

2권은 CEO, 리더, 팀, 이사회 등 스타트업 내 여러 주체가 직면 하는 도전과 변화에 관한 책입니다. 팀이 회사의 요구에 맞춰 적 응하고 진화하는 방법은 제품 출시나 판매 실행을 추진하는 것만 큼이나 스타트업의 성공에 아주 중요하죠. 구성원의 변화는 회사 가 겪는 변화만큼 주목을 받지는 않지만, 회사의 변화만큼이나 도 전적이고 때로는 그보다 훨씬 중요할 수 있습니다.

책은 아름답고 멋진 영웅의 여정만을 담지 않습니다. 책은 교훈 과 더불어 무엇이 효과가 있었는지, 무엇이 효과가 없었는지, 미 리 알았더라면 좋았을 것들, 그리고 기업가들이 자신들의 창업 아 이디어를 세상을 변화시키는 기업으로 탈바꿈시키는 과정과 그 과정에서 겪었던 모진 경험을 담고 있죠.

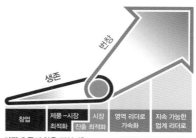

1권의 핵심

- 사람과 자본을 끌어모으는 '중력'으로 창업 아이디어를 검증
- 창업자 편향을 극복하여 제품–시장 최적화PM-Fit를 반복하는 방법
- 스타트업 성장에 있어 빠진 연결고리인 시장진출 최적화Go-To-Market Fit라는 새로운 개념을 소개
- 영역 리더로 가속화하기 위한 사고방식의 변화
- 지속 가능한 업종 리더로 극적인 전환을 이루는 방법

생존

번창

| 창업 | 제품 –시장 최적화 | 시장 진출 최적화 | 영역 리더로 가속화 | 지속 가능한 업계 리더로 |

어떻게 죽지 않을 것인가?
(번창의 경로를 찾는 동안)

어떻게 이길 것인가?

재미와 두려움: 변화하거나 변화당하거나

스타트업이 운 좋게 성공을 거뒀다면, 회사의 성격이 바뀝니다. 아니, 바뀌어야 합니다.

회사의 변화는 역할의 엄청난 변화를 요구합니다. 구성원 각자의 새로운 역할은 지금까지와는 아주 다른 행동을 요구하는 매우 생소한 역할이지만, 직책은 그대로라는 게 혼란을 유발하죠. 역할의 변화는 구성원들이 자기 자신뿐만 아니라 일하는 방식을 모두 변화시켜야 한다는 것을 의미합니다. 구성원의 변화는 매우 중요합니다. CEO, 임원, 직원에 이르는 스타트업의 모든 구성원은 새로운 역할에 적응해야 하죠. 그렇지 않으면 미션 달성을 위해서 기꺼이 '변화당해야' 합니다. 변화하거나 변화당하거나, 둘 중 하나입니다.

그러나 스타트업 리더는 스타트업이 성장함에 따라 자신의 역할이 어떻게 변화하는지, 또 어떻게 변화해야 하는지에 대해 체계적으로 도움을 받을 수 있는 지식이 전혀 없습니다. 리더는 그저 냄비 안의 개구리처럼 천천히 익어가다가 죽을 때에 이르러서야 그 상황을 뒤늦게 알아차리고 맙니다. 스타트업 리더는 자신의 변화와 역할의 변화를 예상할 수 있어야 합니다. 자신을 변화시키는 것은 어렵고 때로는 고통스럽지만, 재미와 활력을 선사하는 학습의 경험이 되기도 하니까요.

모든 사람은 일하는 방식을 변화시키고, 상호 작용하는 방식을 변화시키고, 행동하는 방식을 변화시켜야 합니다. 스타트업의 생존을 위해 싸우는 과정에서 이런 변화에 매진해야 하고, 그 후 스타트업의 번창을 위해 경쟁에서 이겨야 하죠. CEO는 스타트업에 대한 요구가 변화함에 따

라 자신의 역할을 재차 개념화하기 위해 고군분투해야 합니다. 현재 슈퍼스타가 된 경영자들이 미래의 요구에 적응하기 위해 애쓰고 있다는 걸 주목해야 합니다. 초창기에는 불변할 것처럼 보였던 회사의 문화적 기반을 변화에 적응시키고 진화시켜야 하고, 동시에 회사를 하나로 묶을 수 있는 기반을 구축해야 합니다. 비즈니스 실행, 성공적인 성과, 조직에 대한 충성도, 기업문화에 관한 문제는 서로 얽혀 있습니다. 그렇기에 구성원들은 급격한 변화하에서 중압감을 느끼기 마련이죠.

구성원들에게 요구되는 변화의 폭은 놀라울 정도로 큽니다. 그러나 각자의 변화는 경력 개발을 위한 학습의 기회이자 비즈니스의 차별성을 획득할 수 있는 기회입니다.

성공의 열쇠: 언러닝 Unlearning

무엇이 변화를 그리 어렵게 만들까요? 사람들은 과거에 효과가 있었던 것을 반복하려는, 매우 자연스런 습성을 가지고 있습니다. 처음에는 그런 반복이 강력한 힘을 발휘합니다. 하지만 회사를 A에서 B로 성공을 이

"너는 지금껏 배운 것들을 언러닝해야 한다."

끌던 행동과 스킬이 B에서 C로 가기 위한 길을 가로막는 시점, 때로는 유망한 스타트업을 망하게까지 만드는 시점이 머지않아 찾아옵니다.

기업가는 학습에 열정적이지만, 학습하지 말아야 할 것과 이제는 버려야 할 것이 무엇인지에는 대부분 신경 쓰지 않습니다. 즉 '언러닝unlearing'에는 관심을 두지 않죠. 언러닝은 쉽지 않은 일이고 직관에 반하는 일이기 때문입니다. 리더는 무엇을 변화시키고 무엇을 유지할지 결정해야 합니다. CEO에서 직원에 이르는 모든 구성원은 과거에 자신들을 성공으로 이끈 행동 중에서 일부를 버리고 다음 단계로 나아가기 위한 새로운 행동을 학습해야 합니다. 옛 역할을 '언러닝'하고 새로운 역할을 학습해야 합니다. 회사 전체가 과거의 성공 습관을 언러닝하고 새로운 습관을 창조해야 합니다.

중압감 아래에서 언러닝하는 과정은 고통 그 자체입니다. 마치 비행 중에 고도를 높이기 위해 필사적으로 기체의 배선을 새로 까는 것과 같습니다. 내부 배선을 뜯어 고치려고 비행 중인 기체를 뜯어내는 것은 누구도 하고 싶지 않은 일입니다. 매우 까다로울 뿐더러 스트레스가 엄청나고 때로는 아주 위험한 일이니까요. 하지만 생존에서 번창으로 나아가는 여정에서 언러닝은 필수적인 과정입니다.

사람이 핵심이다

스타트업 여정 중에 직면하는 도전과 변화는 고통과 리스크를 초래하지만, 구성원과 회사 모두에게 성장하는 기회를 선사하기도 합니다. 성공의 방식을 학습하고 또 언러닝하는 조직의 일원으로 일한다는 것은 가슴 설레는 경험입니다. 조직을 하나로 묶고 변화에 적응하며 개인적 이익을 초월하는 기업문화를 구축하는 것 역시 가슴 벅찬 일입니다. 경영진과 구성원이 함께 학습하고 언러닝하면 평생 지속될 깊은 인간관계와 동료애가 형성됩니다. 그 여정을 가치 있게 만드는 것은 사람입니다.

멋지게 생존하고, 크게 번창하기 바랍니다. 그리고 그 경험을 함께 나누는 선행을 베풀기 바랍니다.

행운을 빕니다.

밥 팅커, 남태희 올림

NOTE

제1장

CEO

스타트업 CEO라는 직업은 힘들고 때로는 외로운 자리입니다.

　그 어떤 역할에서도 '언러닝'하라는 명령만큼 절실한 것은 없습니다. 스타트업이 성장함에 따라 CEO의 역할이 진화해야 하고 CEO 본인도 그래야 합니다. 변화에 저항하거나 변화를 거부하는 것은 회사와 CEO 본인의 미래를 제한해버리는 리스크를 초래합니다. 변화를 수용해야 CEO의 역할이 멋진 학습 경험이 될 수 있죠. 끊임없이 학습하고 언러닝하면서 회사를 유지시켜야 한다는 부담은 정신을 옥죄지만, 동시에 긍정적인 측면도 존재합니다. CEO란 역할은 삶의 여러 가지 일과 마찬가지로 내면의 자아를 더 나은 쪽으로 변화시키는, 자기인식과 개인적 성장을 위한 매혹적인 훈련이기 때문입니다.

CEO는 무슨 일을 하는가?

스타트업 CEO의 역할은 단순히 회사를 이끌고 의사결정을 내리

전략	실행	리더십
• 비전 수립 • 비즈니스 가치 설정 • 변화 예측 • 시장의 변화 대응	• 할 일과 우선순위 결정 • 담당 부서 및 담당자 결정 • 실행 독려 • 문제 해결 • 의사결정과 트레이드 오프 (trade-off, 절충해야 할 문제) 파악	• 열정과 헌신 • 기업문화 구축 • 인재, 고객, 투자 유치 • 의사소통과 목표 정렬 • 크고 어려운 사안에 대한 결정 • 적응과 '언러닝'

의사결정

는 것처럼 보입니다. 하지만 그게 전부일까요? CEO의 역할은 전략 수립, 실행, 리더십으로 요약할 수 있습니다.

어떤 느낌이 듭니까? 끝없는 요구, 해야 할 일, 처리해야 할 이슈, 저조한 성과 등 미칠 듯한 고비와 역경을 겪는 과정에서 CEO는 스타트업이 죽지 않도록 필사적으로 노력합니다(생존 단계). 그런 다음 운이 좋으면 스타트업은 성장을 시작해 시장과 업종의 리더로 우뚝 서게 됩니다(번창 단계).

CEO의 여정: 미시적 세계에서 거시적 세계로

그 어떤 역할보다 CEO라는 역할은 스타트업이 성장함에 따라 엄청난 변화를 겪습니다. 역할의 변화는 크게 3가지로 나눌 수 있는데, 히어로 영화로 비유하면 다음과 같습니다.

	### CEO의 역할 1: 캡틴 아메리카/ 원더우먼과 친구들 CEO는 숲속에서 함께 펀치를 날리고 참호를 파며 먼지를 뒤집어서 가며 전투를 치르는 작은 무리를 이끈다. 백병전을 주도한다.
	### CEO의 역할 2: 캡틴 아메리카와 어벤저스 CEO는 어벤저스의 히어로라 할 수 있는 경영진을 선발하고 이끈다. 각 히어로는 CEO보다 더 강하고 더 나은 특별한 초능력을 가지고 있다.
	### CEO의 역할 3: 프로페서 X와 X맨들 CEO는 대학의 학장처럼 슈퍼 히어로로 이뤄진 부대를 이끈다. 비전을 설정할 뿐만 아니라, 전투와 차세대 인재 양성을 모두 수행할 새로운 '교사'를 고용한다. CEO는 다른 구성원보다 적은 일을 수행해야 하지만 더 많은 구성원을 위해 그 일을 더 자주 반복해야 한다.

각 CEO의 역할은 아주 다르고, 역할 전환의 정확한 시점도 경우에 따라 다릅니다. 그러나 다음 페이지에 나오는 그림은 각 CEO의 역할이 1권에서 요약한 기업 여정의 단계(창업, 제품-시장 최적화, 영역 리더, 지속 가능한 업종 리더로 전환) 중 어디에 해당하는지 대략적으로 감을 잡게 해줍니다.

많은 CEO들이 실행과 학습에 중점을 둡니다. 그러나 CEO의 새로운 역할을 성공적으로 수행하려면 학습뿐만 아니라 '언러닝'도 필요합니다. 언러닝은 CEO가 지금까지의 성공을 이끈 여러 가지 행동을 의도적으로(그리고 때론 반직관적으로) 폐기하고, 다음 단계

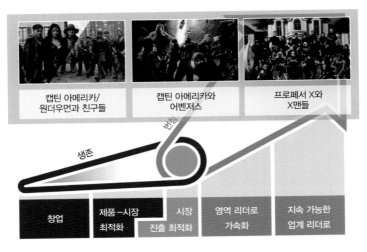

그림 1. 기업 여정과 CEO의 역할

의 CEO 역할에 필요한 새로운 스킬과 행동을 다시 학습한다는 것을 의미합니다. 이런 변화는 어렵고 어색할 때가 많을뿐더러 매우 개인적인 과정입니다. CEO는 자기 역할의 개념을 다시 잡는 것 외에도 개인적인 차원에서 자신이 스타트업에 가치를 더하는 방식을 재개념화해야 하기 때문입니다. 하지만 스타트업의 성공은 이것을 잘하느냐 못하느냐에 달려 있습니다. 그리고 CEO의 개인적 성공 역시 그것에 달려 있죠.

1) 캡틴 아메리카 / 원더우먼과 친구들: 직접 임무 수행

캡틴 아메리카 혹은 원더우먼은 생존 단계에 있는 스타트업을 책임지며 어떻게든 죽지 않게 하려고 애쓰는 실무형 CEO입니다.

그는 제한된 자원만 가지고 벽 뛰어넘기, 전투 지휘, 참호 파기, 백병전 등을 모두 해내야 하는 개인 기여자individual contributor라 할 수 있죠. 이런 CEO는 고객의 피드백을 수집하기 위해 150번씩 제품을 시연하거나, 잠재 고객을 만나기 위해 비행기를 타고 가면서도 코딩을 멈추지 않는 자라 말할 수 있습니다.

또한 그는 프로젝트 매니저와 같습니다. 스타트업이라는 기업은 하나의 거대한 프로젝트이고 CEO는 그 프로젝트의 매니저이죠. 그는 각각의 과업에 직접 개입함으로써 주요 결정을 내리기 위한 시간을 단축시키고, 조율이 긴밀하게 이루어지도록 하며, 소규모로 구성된 팀원들을 신속하게 움직이도록 합니다. 이 단계에서 의사소통은 별로 중요한 문제가 아닙니다. 이런 직접적 개입은 때로는 구성원들에게 마이크로 매니지먼트라는 느낌을 줍니다. 하지만 그가 전장으로 나아가 함께 먼지를 뒤집어쓴다는 면에서 팀의 사기를 드높이기도 하죠. 모두가 모든 것을 함께하기 때문입니다.

그는 리더입니다. 구성원들은 모두 개인적으로 리더와 연결되어 있다고 느낍니다. CEO는 아마도 구성원 대부분을 직접 채용했을 것이고, 각각 어떤 일을 하는지 잘 알고 있으며, 필요할 때마다 대면해 피드백할 겁니다. CEO는 직접 모범을 보임으로써 구성원을 이끄는 '신호등' 같은 존재입니다. 모든 구성원은 CEO를 잘 알고 있고 CEO가 원하는 바를 잘 알고 있습니다. 구성원들이 핵심 제품 개발과 고객과의 미팅에 주력하는 매 순간, CEO는 그들과 같은 장소에서 언제나 함께합니다. 스트레스가 커지더라도 CEO의 감정을 통제합니다. 승리를 쟁취하면 CEO는 적극적으로 축하합니다. CEO와 구성원들은 스스로를 응집력 높은 하나의 존재로 느낍니다.

2) 캡틴 아메리카와 어벤저스: 타인을 통해 임무 수행

다음 단계에 이르면 CEO의 역할이 바뀝니다. 자신과 어깨를 나란히 하며 경쟁에 맞서 싸울 준비가 되어 있고 시장진출 최적화 지점을 찾아내 스타트업을 영역 리더로 가속화할, 어벤저스 같은 유능한 슈퍼 히어로를 고용하고 이끄는 것이 CEO의 다음 역할이 되어야 합니다. 이제부터 회사의 각 부문은 각각의 슈퍼 히어로가 이끌게 됩니다. 세일즈 슈퍼 히어로, 제품 슈퍼 히어로, 마케팅 슈퍼 히어로, 엔지니어링 슈퍼 히어로, 고객 담당 슈퍼 히어로처럼 말입니다. 각자의 초능력과 전문성 덕에 그들은 CEO가 할 수 있는 수준보다 더 훌륭한 과업을 수행해냅니다. CEO는 더 이상 전능의 존재가 아닙니다. 이제 CEO는 슈퍼 히어로로 이루어진 강력한 경영진의 일원이 되어야 하는데, 이런 역할의 전환은 CEO 역할에 근본적인 변화를 가져옵니다. 이제부터 CEO는 타인을 통해 임무를 수행해야 합니다. 이 단계에 이른 회사의 구성원들은 CEO가 아니라 각 슈퍼 히어로에게 직접 보고합니다. 이는 CEO와 구성원들에게 매우 큰 변화죠.

- **맡기되, 책임과 관심을 유지하라:** CEO는 이제 혼자 다 하려는 영웅적 욕심을 버리고 대신 위임하는 법, 통제하지 않고 놓아주는 법을 배워야 합니다. 아드레날린과 열정으로 가득 찬 '신참 CEO'들은 직접 임무를 수행하는 리더에서 어벤저스 리더로의 전환에 실패하곤 합니다. 전환 시점을 모르기 때문이죠. 아니면, 전환의 필요성은 인식하지만 통제력을 잃는다는 두려움 혹은 아무도 자기만큼 제대로 역할을 수행할 수 없다는 두려움으로 인해 전환에 실패합니다. 유능한 슈퍼 히어로라면 CEO가 통제권을 포기할 생각이 없다는 것을 단박에 알아차리기 때문에, CEO는 그들을 채용하는 데 애를 먹고 맙니다. 이 때문에 회사와 CEO 모두 어려운 상황에 처하죠.

> **밥 팅커** "초기에 저는 제품 개발에 깊이 관여했습니다. 회사가 성장함에 따라 팀이 내 역할을 이어받게 되었는데, 그들은 (당연하게도) 저에게 뒤로 빠질 것을 요구했습니다. 때로는 아주 강한 어조로 말하더군요. 그들의 요구는 정당했습니다. 제품 리더들을 여럿 채용했으면서 저는 제품 개발을 추진하는 그들의 능력을 의심하며 매번 발목을 잡았던 겁니다. 저는 그들에게 권한을 위임했어야 했습니다."

통제권을 포기하려면 현실적인 리스크를 감수해야 합니다. 무능한 경영진에게 통제권을 넘겨줄 경우 회사에 큰 피해를 줄 수 있으니까요. 목표에 대한 책임감과 일정 수준의 관심을 유지한다는 전제로 통제권을 내어줘야 하는데, 그러려면 CEO는 각 리더에게 책임을 물을 수 있는 방법을 마련해야 합니다. 또한 CEO는 각 리더가 회사에 피해를 주기 전에 어떤 어려움을 겪는지, 혹은 정상궤도에서 얼마나 벗어나 있는지 잘 감지해야 합니다. 그러려면 충분한 관심을 유지해야 하죠. 어떻게 통제권을 유지하면서도 동시에 통제권을 넘겨줄 수 있을까요? 모순 같지만, 그렇게 해야 합니다.

'아이 컨택Eye contact'으로 통제권을 넘겨줄 수 있다

캡틴 아메리카/원더우먼처럼 모든 과업을 관리하지 않고서도 CEO는 각 슈퍼 히어로에게 권한을 부여해 임무를 수행케 하고 각자의 팀을 이끌도록 만들 수 있습니다. CEO는 슈퍼 히어로들에게 통제권을 넘겨주고 각자가 가능한 한 빠르게 결정을 내릴 수 있도록 해야 합니다. CEO와 경영진 간의 관계에는 기본적인 신뢰가 필수적입니다. A급의 슈퍼 히어로가 회사의 번창을 이끌도록 하는 것이 중요합니다. A급의 슈퍼 히어로는 통제권을 포기하지 않는 CEO와는 함께하지 않을 테니까요.

CEO와 경영진 간의 '아이 컨택'은 '통제권을 넘겨주되 임무 수행을 보장받는 일'의 핵심입니다. 아이 컨택이란 새로운 경영진과 그 밑의 팀원들이 책임져야 하는 목표와 성과지표, 자원, 상호 의존관계, 기업 문화에 대한 공통적인 관점을 말합니다. 신규 경영진이 CEO와 어깨를 나란히 하며 일하도록 일정 기간 적응과정을 거친 후, 이런 아이 컨택이 있어야 CEO는 자신 있게 권한을 위임할 수 있고, 신규 경영진 역시 실행을 주도할 수 있습니다.

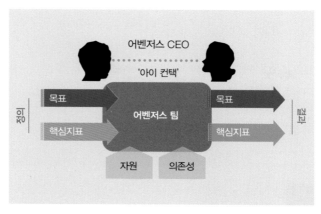

그림 2. CEO와 신규 경영진 간의 아이 컨택을 나타낸 개념 모델

아이 컨택이란 구체적으로 무엇일까요? CEO는 어벤저스와 협력하여 목표와 성과지표는 물론이고 그걸 달성하는 데 필요한 자원과 상호 의존관계를 정의해야 합니다. 그 결과물들은 어벤저스, CEO, 이사회 모두가 신경 써야 할 것들입니다.

이 모델을 통해 CEO는 각 어벤저스의 팀을 '블랙박스'로 간주하고, 각 어벤저스와 아이 컨택을 유지하며 무엇이 '들고 나는지'를 추적할 수 있습니다.

실제로는 이처럼 '흑백'이 확연하게 구분되지 않습니다. 어벤저스들에게 자율성을 부여하면서도 어느 정도 관여할 수 있고, 타 리더들과의 상호 의존관계를 용인하는 것은 블랙이라기보다 짙은 회색 상자 dark-gray box에 가깝습니다.

아이 컨택: 두 쪽짜리 양식

모든 CEO는 어벤저스와의 아이 컨택이 무엇을 의미하는지를 1~2페이지로 정의해야 합니다. 아래의 예를 참고하기 바랍니다.

페이지 1: 전사 수준의 관심 사항, 목표, 전사 수준의 핵심지표

담당팀:	연간 목표 및 핵심지표

전사 수준의 목표

'대기업 세그먼트'를 성장시킨다	X의 연간 판매 목표를 달성한다. 연말까지 대기업 고객 비중이 ARR(연반복매출, Annual Recurring Revenue)의 50% 이상이 되도록 한다.
추가판매upsell와 계약 갱신renewal을 강화한다	추가판매가 판매 활동의 핵심이 된다. 대기업 고객이 30일 이내에 충분히 운영 가능한 수준이 되게 한다.
경쟁자를 따돌린다	새로운 메시지와 연쇄판매: 고객과의 대화 방식을 변화시킨다. 경쟁사 X에서 10곳의 고객을 가져온다.

핵심지표	신규 고객	순고객추천지수	추가판매 강화	계약갱신
	50곳 신규 확보, 신규 ARR 500만 달러 확보	3분기까지 20 이상	추가판매를 통한 계약갱신의 비율 60% 이상	대기업의 계약갱신율 92% 이상

페이지 2: 세부 목표와 지표, 연동 및 의존관계

담당팀: 완료일:	분기 목표, 이슈, 의존관계	
	20XX년 3분기	20XX년 4분기

전사 수준의 목표

'대기업 세그먼트'를 성장시킨다	목표 혹은 MBO 목표 혹은 MBO 목표 혹은 MBO	목표 혹은 MBO 목표 혹은 MBO 목표 혹은 MBO
연쇄판매upsell와 계약 갱신renewal을 강화한다	목표 혹은 MBO 목표 혹은 MBO 목표 혹은 MBO	목표 혹은 MBO 목표 혹은 MBO 목표 혹은 MBO
경쟁자를 따돌린다	목표 혹은 MBO 목표 혹은 MBO 목표 혹은 MBO	목표 혹은 MBO 목표 혹은 MBO 목표 혹은 MBO
팀	목표 혹은 MBO 목표 혹은 MBO 목표 혹은 MBO	목표 혹은 MBO 목표 혹은 MBO 목표 혹은 MBO

타팀과의 상호 의존관계	해결해야 할 이슈
의존관계 #1 의존관계 #2 의존관계 #3	의존관계 #1 의존관계 #2 의존관계 #3

© 2018, Travis & Nahn

전사 수준의 목표를 구체적인 분기별 목표와 성과지표로 세분해야 합니다. 그리고 경영진이 각자의 목표를 달성하는 데에 다른 팀이나 CEO와의 의존관계(혹은 연동관계)를 명확하게 정의하는 것이 아주 중요합니다. 이 템플릿을 입맛에 맞춰 변형해도 좋지만, 성공을 위해 신경 써야 할 전사 수준의 이슈를 템플릿에 명시해야 하고 그것을 목표와 동일한 중요도로 관리해야 한다는 점을 유의하기 바랍니다.

아이 컨택을 통해 CEO는 직접 임무를 수행하는 역할에서 물러나 권한을 위임할 수 있습니다. 자기가 모든 결정을 내리는 대신 큰 결정, 까다로운 트레이드-오프 혹은 실행상의 주요 이슈가 발생할 때만 세부 사항에 직접 관여하게 되죠. 여기에서 핵심은 언제 개입해야 하고 언제 개입하지 말아야 하는지에 관한 감각을 갖는 것입니다. 그걸 어떻게 알 수 있을까요? 그러려면 올바른 성과지표를 규명해야 합니다. 상호 의존관계에 주의해야 합니다. 그리고 직관에 귀를 기울여야 하죠. 슈퍼 히어로들의 말에 귀를 기울여야 합니다. 그러면 그들은 자신들의 생각을 솔직하게 말할 겁니다.

최고의 인재를 채용하는 것은 모두에게 불편한 일일 수 있습니다. 새로운 슈퍼 히어로를 경영진으로 영입하는 것은 CEO에게 불편한 일이 되곤 합니다. 왜 그럴까요? 슈퍼 히어로는 각자의 영역에서 CEO보다 일을 더 잘하기 때문이고 또 그래야 하기 때문입니다. 이런 점이 경험이 부족한 CEO에게는 위협으로 다가올 수 있죠.

"저는 그런 CEO가 되지 않을 겁니다."라고 말하겠지만 신규 경영진의 예리하고 불편한 질문을 받게 되면 위협을 당하는 것 같은 느낌이 들 겁니다. 새로운 슈퍼 히어로를 고용하는 것은 다른 경영진에게도 불편한 일이 됩니다. 새 슈퍼 히어로가 경영진에 합류하면 기존 경영진은 그에 맞춰 적응해야 하니까요. 필연적으로 각자의 이기심을 꺾어야 하니까요.

CEO와 경영진 간 갈등의 전형적인 예는 바로 CEO가 'A급'의 세일즈 담당 부사장을 처음으로 고용할 때입니다. A급 세일즈 담당 부사장을 경영진에 합류시키는 것은 회사 성장에 매우 중요하지만, CEO를 비롯한 여러 사람을 아주 불편하게 만들 수 있습니다. 그 부사장은 CEO, 제품개발팀, 마케팅팀 등 모든 사람이 더 높은 수준으로 나아갈 것을 요구할 테니까요. 그는 그동안 회사가 자랑하던 초기 고객 확보 프로세스가 실제로는 일회성에 그칠 뿐 반복판매가 불가능하다는 점을 지적하면서 반복판매 전략을 시급히 수립해야 한다고 요구할 겁니다. 그는 제품 수준의 마케팅뿐만 아니라 기업 마케팅 전략을 대대적으로 개편해야 한다고 주장할 겁니다. 모든 자원투자 결정은 곧바로 판매 능력과 엔지니어링 능력 간의 트레이드-오프가 되겠죠. 기존의 의사결정 방식과 비즈니스 실행 방식을 바꿔야 할 겁니다. 이런 불편함은 자연스러운 것입니다. 그러니 수용해야 하죠.

어벤저스 팀의 결속을 강화해야 합니다. CEO의 역할은 슈퍼 히어로 어벤저스들을 하나의 팀으로 결속시키는 것입니다. CEO는 슈퍼 히어로 어벤저스 팀이 미션을 중심으로 뭉쳐 실질적으로 협력하고 있는지를 어떻게 파악할 수 있을까요? 사소해 보이지만 다음과 같은 강력한 지표가 있습니다.

1. **슈퍼 히어로들이 인재를 끌어들이는가?** 각 슈퍼 히어로가 자신의 평판을 걸고 팀에 영입할 인재를 모으고 있다면, 그건 그들이 미션에 적극 동참한다는 신호입니다.

2. **슈퍼 히어로들은 서로 희생하며 절충점을 찾는가?** 각자 다른 슈퍼 히어로의 성공을 위해 자기 팀의 이익을 기꺼이 희생한다면 그건 아주 좋은 신호입니다. "나는 그 자원을 포기하겠다. 그 자원은 저쪽으로 가야 더 좋다."라는 말은 CEO의 귀에 아름다운 음악과도 같은 소리입니다. 슈퍼 히어로가 회사와 다른 리더의 목표를 자신의 목표보다 우선시한다면 모두가 하나의 경영진으로 통합될 수 있죠.

이기심은 리더십의 적입니다. 캡틴 아메리카에서 어벤저스로 전환하는 과정에서 CEO가 저지를 수 있는 가장 큰 실수는 각자의 이기심을 방치하는 것입니다.

　CEO와 경영진이 리더십을 발휘하는 데에 이기심은 가장 큰 적입니다. 몇몇 CEO와 슈퍼 히어로 임원들은 이기적인 생각이 들 수밖에 없겠지만, 그 이기심을 무시해야 합니다. CEO나 다른 리더들에게 불편함을 주더라도 훌륭한 아이디어 제시, 훌륭한 실행, 솔직한 피드백 제공이 언제 어디서든 이루어져야 합니다. 이기심에 기반한 성공은 개인적 욕심일 뿐 미션이 아닙니다. 이기심을 버리고 미션에 동참하는 것이 회사와 개인 모두에게 성공을 가져다주는 길입니다.

3) 프로페서 X와 X맨들: 슈퍼 히어로 부대를 이끌며 임무 수행

이 시점에서 CEO의 역할은 다시 바뀝니다. 어벤저스 스타일의 슈퍼 히어로들을 이끄는 것만으로는 더 이상 충분하지 않기 때문입니다. 영역 리더십을 가속화하고 지속 가능한 업종의 리더로 도약해야 합니다. 이 단계에서 CEO는 부대 전체를 통솔하고 지휘해야 합니다.

이것은 매우 생소한 역할입니다. CEO의 역할은 X맨을 양성하는 특수학교의 학장인 프로페서 X에 가까워집니다. (X맨의 본산이 학교라는 건 우연이 아닙니다.) 슈퍼 히어로 임원 각자는 이제부터 전장의 전사이자 차세대 슈퍼 히어로 리더를 양성하는 교사의 역할을 동시에 수행합니다. 프로페서 X는 개별 전투보다는 전쟁에서 승리하는 데 초점을 맞춥니다. 프로페서 X의 업무량은 이전보다 줄었지만 더 많은 사람들을 위해 그 업무를 반복하게 되죠.

다수를 위해서 일을 적게 해야 합니다. 번창 단계에서 성공적으로 규모를 확장하려면 CEO는 일을 적게 해야 합니다. 하지만 더 많은 사람들을 대상으로 일해야 하죠. CEO는 제품, 사람, 고객과 관련된 개별적인 결정에는 거의 관여하지 말아야 합니다. 대신, 비전을 제시하고 회사를 최고 수준의 목표로 이끄는 데 끊임없이 집중해야 합니다. 그리고 각 리더가 올바른 역할을 수행하는지, 하나의 목표에 정렬되어 있는지 확인해야 합니다. 프로페서 X가 되어 CEO는 이렇게 물어야 합니다. "이 일이 회사 전체에 영향을 미치는가?" 만약 영향을 미친다면 바로 그 일을 본인이 수행해야 하고, 그렇지 않다면 위임해야 합니다. CEO는 과거에 자신이 아주 중요하게 여겼던 많은 역할을 언러닝하고 자신의 역할과 자기 자신을 재개념화해야 합니다. 이상하게 들릴지 모르지만, 반드시 그렇게 해야 합니다.

개별 전투가 아니라 전쟁에 집중해야 합니다. 프로페서 X단계의 CEO는 개별 전투에 초점을 맞추지 말아야 합니다. 프로페서 X는 미션을 달성하고 전쟁을 승리로 이끌기 위해 무엇이든 수행합니다. 그는 전장에 뛰어들기보다 작전상황실war room(워 룸)에서 많은 시간을 보내며 전쟁에서 이기는 방법에 집중하죠.

- **미션을 명확히 수립하고 소통해야 합니다:** 미션은 회사 내외부에서 명확하게 소통되어야 합니다. 그래야 구성원뿐만 아니라 시장이 회사가 어디로 가는지, 왜 그곳에 가려 하는지 이해할 수 있습니다.

- **조직의 '얼굴'이 되어야 합니다**: 영역 리더와 업종 리더는 시장에서 아주 중요한 존재입니다. 시장 참여자들뿐만 아니라 내부 구성원들은 리더를 만나 관계를 맺기를 원합니다.

- **목표를 설정하고 성과지표를 수립하여 실행을 촉진시켜야 합니다**: 연간 및 분기 단위로 명확한 전사 목표를 수립하는 것은 전략 실행에 아주 중요합니다. 기한이 명확하고 정량화할 수 있는 운영 지표를 설정해 결과를 측정하고 의사결정에 반영해야 합니다. 또한 이슈를 감지하고 성과를 보상하는 데에도 운영 지표를 사용해야 합니다.

- **자원의 우선순위를 정해야 합니다**: 목표, 전략, 비즈니스 제약조건에 맞게 자원의 풀을 할당하는 것이 CEO에게 점점 중요한 역할이 됩니다.

- **변화를 이끌어야 합니다**: 스타트업을 A에서 B로 이동시키던 힘이 B에서 C로 이동하는 것, 그리고 C에서 D로 가는 것을 종종 방해하곤 합니다. CEO는 새로운 단계에 이를 때마다 회사의 배선을 다시 깔아야 합니다.

- **어려운 이슈를 해결하고 큰 결정을 내려야 합니다**: 이 단계에서 큰 결정은 회사의 미래를 크게 좌우할 수 있습니다. 트레이드-오프가 항상 명확하지는 않습니다. 그 책임은 언제나 CEO에게 있습니다.

- **기업문화를 구축하고 리더십을 발휘해야 합니다**: 회사의 요구에 부합하도록 문화를 구축하고 경영진을 이끌어야 합니다. 기

업무화는 회사의 규모가 커짐에 따라 진부한 것으로 여겨지기 쉽지만, 전혀 그렇지 않습니다. 의사소통과 실행의 유일한 도구죠. 회사가 성장함에 따라 기업문화는 CEO에게 더욱 강력하고 영향력 있는 도구가 됩니다.

마지막 단계의 CEO의 역할은 완전히 다르다

벤 호로비츠 Ben Horowitz, **앤드리슨 호로비츠**Andreessen Horowitz의 파트너,
옵스웨어Opsware의 전 CEO

초기 단계의 CEO의 역할은 회사가 제품-시장 최적화에 이르도록 회사를 가속화하는 것입니다. 생존에 모든 것을 쏟아붓죠. 나는 옵스웨어가 성장함에 따라 CEO의 역할이 근본적으로 바뀌었음을 느꼈습니다.

- 지표와 측정 도구: 비즈니스 지표와 측정 도구는 임시적인 것에서 정밀한 것으로 변화했습니다.
- 시스템적 관점: 나는 기능부서들을 각각의 사일로silo로 보지 않고, 대신 시스템적 관점을 취해 회사, 고객, 투자자, 시장 등 여러 부분이 상호 작용하는 방식으로 이해해야 했습니다.
- 팀워크: 경영진에 대한 평가가 바뀌었습니다. 각자가 지닌 특정 스킬과 인재를 채용하는 능력을 평가하는 것 대신, 리더가 동료들과 얼마나 잘 협력하는지 평가하게 되었습니다.

아마도 가장 큰 어려움은 CEO가 내부적으로나 외부적으로 모든 요소가 어떻게 조화를 이루는지 파악할 수 있는 유일한 사람이라는 점일 것입니다. CEO라고 해서 특별히 똑똑하거나 관찰력이 뛰어나

지는 않습니다. CEO라는 위치가 주는 시각. 비즈니스의 모든 측면과의 꾸준한 상호 작용의 부산물로 그런 관점을 가질 수 있는 것이죠. 나는 다른 사람들도 CEO인 나처럼 당연히 시스템적 관점을 가지고 맥락을 파악할 수 있을 거라고 생각했습니다. 나는 구성원들과 나의 생각을 충분히 공유하지 않은 채 성급하게 결론 내리곤 했죠. CEO는 360°로 전체를 조망할 수 있는 관점이 자신에게만 주어진다는 점을 명심하고, 다른 사람들이 자신의 관점을 이해할 수 있도록 최대한 많은 시간을 투자해야 합니다.

자신을 재개념화해야 합니다. 그러지 않는다면 한발 물러서야 합니다. 어벤저스 CEO에서 프로페서 X CEO로 도약하는 과정은 아주 어렵습니다. 모든 CEO가 이런 전환을 무리 없이 수행하는 것은 아닙니다. 프로페서 X는 아주 새로운 역할이며, 전혀 다른 행동, 사고방식, 초점을 요구하기 때문입니다.

이 단계에서 CEO에게 가장 어려운 점은 개인적 차원의 문제입니다. CEO는 스타트업의 CEO이자 리더로서 자신이 가치를 더한다고 인식하는 방식을 언러닝해야 합니다. 새로운 역할을 맡게 된 CEO는 지금까지 본인이 회사에 기여했다고 생각하는 방식, 그리고 그 방식과 밀접하게 관련된 것들로부터 벗어나야 합니다. 모든 CEO는 매일 자신이 어떤 방식으로 가치를 더하는지에 대해 매우 개인적인 평가를 합니다. 스타트업 CEO로서 필요했던 열정적 헌신에 대한 '감정적 투자수익emotional return on investment'이 그 평가의 핵심입니다. 하지만 CEO가 가치를 더하고 자신의 역할을 뒷받침하던 일을 의도적으로 중단해야 한다면 어떻게 될까요? 불안이 엄습할 겁니다. '벌거벗은 임금님'처럼 극도의 불안감을 느끼게 되죠. CEO는 의식적으로든 무의식적으로든 자신의 정체성을 유지하고 가치를 더하기 위해 씨름합니다. "과거에 부가가치를 창출했던 일을 그만두면 앞으로는 어떻게 부가가치를 만들 수 있을까? 회사에서 나의 가치는 무엇일까? 사람들은 나를 '그냥 앉아만 있는' 형식상의 리더로 보지 않을까?" 어느 정도 시간이 지날 때까지 이런 역할의 변화는 소외감을 불러일으킵니다. 하지만 이는 지극히 정상이며 반드시 일어나야 하는 일입니다.

변화를 성공적으로 헤쳐 나가기 위해 CEO는 자신의 역할을 근본적으로 재개념화해야 하고 자신을 새로운 역할에 적응시켜야 합니다.

몇몇 CEO는 이런 역할의 전환을 성공적으로 해내지만, 전환하지 못하거나 하지 않으려는 CEO도 있습니다. 그래도 괜찮습니다. CEO와 이사회가 미래에 대해 허심탄회하게 이야기를 나눌 수 있는 중요한 시점이라는 뜻이니까요.

새로운 CEO 역할은 다른 사람들에게도 영향을 미칩니다. CEO 역할의 급격한 변화는 경영진에게 2차적으로 영향을 끼치는데, 일부 유능한 경영진은 변화된 CEO의 역할에 맞춰 더 나은 성과를 냅니다. 더 넓게 열린, 더 많은 공간에서 회사의 번창을 주도할 것입니다. 하지만 일부 경영진의 성과는 예전보다 더 나빠질 수 있는데,

그런 리더들에게는 더 많은 지침이 필요하겠죠. CEO 역할의 중대한 변화는 경영진 전체에 천천히 조금씩 전달됩니다. CEO는 본인의 급격한 역할 변화에 몰두하느라 다른 리더들에 대한 이런 2차적 영향을 간과하기 쉽습니다.

CEO는 어벤저스들이 각자의 역할을 전환하도록 도와야 합니다. 스타트업이 이 단계에 이르면, 모든 사람이 함께 언러닝해야 합니다. 당연한 말이지만 어벤저스 경영진은 두려움과 불안함 속에 언러닝하면서 동시에 자기 자신의 변화를 감내해야 합니다. CEO가 스타트업 성장의 마지막 단계에서 겪었던 것과 마찬가지로 어벤저스는 언러닝, 배선의 재구축, 위임이라는 도전과 맞서야 합니다. CEO가 리더로서 개인적 변화를 겪으며 얻은 상처와 교훈을 어벤저스 경영진에게 공유할 수 있다면, 그것은 그들에게 매우 귀중한 코칭이 될 것이고 그들의 성공과 회사의 성공 가능성을 높여줄 것입니다. 이런 선순환은 회사가 변화 단계를 거칠 때마다 반복돼야 합니다.

CEO의 언러닝 순간

언러닝은 고통스럽고 스트레스와 혼란을 유발합니다. 어떤 CEO든 간에 언러닝의 순간에 대해 물어보면, 어색해하거나 당황스러워하는 표정을 바로 볼 수 있을 겁니다.

단기적인 격변에 대한 두려움을 언러닝하다

밥 팅커, 모바일아이언 Mobilelron**의 공동창업자이자 전 CEO**

나의 가장 큰 실수: 빠르게 성장하는 번창 단계에서 나는 단기적인 격변을 두려워한 나머지 올바른 장기 결과에 도달하기 위해 꼭 필요한 변화를 어렵게 만들었습니다. 결과적으로 나는 변화를 너무 늦어지도록 했죠.

나는 격변을 피하려고 너무 많은 시간을 허비했습니다. 그래서 회사에 피해를 입히고 말았습니다.

나는 그 두려움을 '언러닝'해야 했습니다. 초기의 생존 단계에서는 그런 격변이 회사를 망하게 만들 수 있었습니다. 그래서 나는 격변을 싫어하게 됐던 겁니다. 하지만 그 후 번창 단계가 되었을 때, 격변은 90일에서 120일 동안 회사를 힘들게 만들 수 있겠지만 망하게는 하지 않을 겁니다. 장기적으로 바람직한 결과를 내는 것이 중요합니다. 격변은 고통스러운 것으로 느껴지지만, 장기적 성공에 필요한 요소는 무엇일까요? 제품의 변경은 단기적으로 고객을 화나게 만들 수 있지만 9~12개월 후에는 올바른 선택이 될 겁니다. 실행상의 혼란과 구성원의 이탈을 일으키지만, 회사가 나아갈 다음 단계를 위해 꼭 필요한 변화죠. 시장 전략이나 목표 고객의 변경 등 중대한 변화는 당장 다가올 분기에 구성원들을 우왕좌왕하게 만들고 시장을 혼란스럽게 만들겠지만, 성장을 6개월이나 9개월 혹은 1년 앞당길 것입니다.

그러나 이런 격변은 여러 사람의 분노를 유발합니다. 투자자, 고객, 구성원은 격변의 한가운데에 서 있는 CEO에게 비난을 퍼부을 겁니다. 구성원과 투자자의 신뢰가 흔들리겠죠. CEO와 구성원들의 에너지가 격변에 따른 부수적 피해에 대처하느라 소모될 겁니다. '열심히 싸우자.'는 동기가 점점 줄어들어 경쟁자에게 추월할 기회를 내줄 수도 있습니다. 이 모두가 고통스럽긴 하지만, 절대적으로 필요합니다. 어떻게 두려움을 언러닝할까요? 나는 다음의 두 가지가 도움이 된다는 걸 알게 되었습니다.

1. 잠재적인 격변과 그에 따른 부수적 피해를 예상하고 큰 변화에 저항하는 스스로를 발견할 때마다 머릿속에 알람을 울리듯 이런 생각을 떠올려야 합니다. ("아, 이것이 격변에 대한 나의 두려움이구나.") 나는 이런 알람을 들을 때마다 묵묵히 뚫고 지나가야 한다고 다짐합니다.

2. 가변 줌 variable zoom(이 장의 뒷부분에서 설명함)은 혼란스러운 격변을 견딜 수 있는 의미와 용기를 줍니다. 그 안으로 곧장 들어가 격변을 받아들이고 견뎌내야 합니다. 그러면 어느새 격변의 시기를 이겨내고 다른 곳에 다다른 스스로를 발견할 것입니다.

언러닝의 순간: 돈, 자유분방함, 판매

필 퍼낸데즈Phil Fernandez, 마케토Marketo 창립자이자 전 CEO

제품 기반의 기업을 창립한 CEO로서 나는 생존에서 성장으로 전환하는 과정에서 속사포 같은 언러닝의 순간을 세 가지 차원에서 동시에 겪었습니다.

돈: 절약은 생존에 매우 중요합니다. 그렇기에 "저축하고, 저축하며, 또 저축하라."는 문장을 마음에 새겨야 합니다. 하지만 성장하면서 나는 그런 다짐을 언러닝하고 대신 ROI가 불분명해도 "뭔가를 이루려면 돈을 투입하라."는 사고방식을 배워야 했습니다. 무모하게 느껴졌지만, 상당한 효과를 거뒀고 성장과 규모 확대를 기할 수 있었죠.

자유분방함: 마케토와 나는 자유분방함을 자랑스러운 가치로 생각했습니다. 그러나 회사의 규모가 확장됨에 따라 자유분방함에 대한 우리의 믿음은 무너지고 말았습니다. 우리에겐 공식적인 계획, 공식적인 책임, 공식적인 점검 프로세스가 필요했습니다. 건강하게 성장하려면 체계적인 것이 필요합니다. 나는 그걸 늦게 깨달았죠.

판매: 초기에 나는 고객과 제품 간의 상호 작용에 깊은 관심을 쏟는 전형적인 '제품 지향 CEO'였습니다. 가끔 소스 코드를 살펴보거나 고객의 요구사항을 충족시키도록 제품의 성능을 조정했죠. 나중에 시장진출 최적화를 구축하는 데 시간과 에너지를 집중시켜야 함에도 나는 제품에 신경을 쓰고 코드를 직접 만지려는 욕구를 버리지 못했죠. 그렇기에 한동안 애를 먹어야 했습니다. 결국 회사는 나에게 판매와 시장진출 최적화에 관심을 집중하라면서 소스 코드에 대한 접근 권한을 박탈하기까지 했습니다.

언러닝의 순간: 미래를 위해 리더십을 평가

마크 템플턴Mark Templeton, 시트릭스Citrix의 전 CEO

매년 5억 달러 이상의 매출을 달성하는 스타트업을 일구어낸 것은 엄청난 성과였습니다. 우리 시트릭스의 경영진은 불가능을 가능하게 만들었습니다. 그들이 없었다면 불가능했을 일이었기에 나는 그들에게 정말로 감사했습니다. 하지만 5억 달러 규모의 영역 리더에서 10억 달러 규모의 업종 리더로 회사를 탈바꿈시키려면 미래를 준비해야 했습니다.

나는 '결과로 리더의 능력을 판단하라.'는 일반적인 생각을 가지고 있었습니다. 그러나 그런 믿음은 백미러처럼 과거만 바라보게 합니다.

나는 '미래에 대한 적합성을 기반으로 리더를 평가한다'는 사고방식으로 전환해야 했습니다.

나는 그간 큰 기여를 했지만 회사가 미래에 필요로 하는 바에 적합하지 않은 리더를 교체했습니다. 그 과정은 매우 고통스러웠지만 절대적으로 옳은 일이었죠.

그림 3. 야누스는 앞을 보면서 동시에 뒤를 본다

어떻게 내가 '결과로 능력을 판단하라.'는 생각을 언러닝했을까요? 로마신화에 나오는 은유가 도움이 되었습니다. 야누스는 두 개의 얼굴을 가졌습니다. 하나는 뒤를 바라보고 다른 하나는 앞을 바라보고 있죠. 나는 '지금까지의 결과'와 '미래에 대한 적합성'을 구별하기 위해 한 번에 두 방향을 바라봐야 했습니다.

언러닝의 순간: 고통과 어둠을 향해 달려라(잘나갈 때라도).

벤 호로비츠, 앤드리슨 호로비츠의 파트너, 옵스웨어의 전 CEO

스타트업 초기에 CEO는 낙관주의와 냉담한 현실을 100% 직시하려는 마음가짐 사이에서 균형을 유지해야 합니다. 낙관주의는 CEO와 구성원들을 계속해서 움직이게 만드는 힘입니다. 반면 냉담한 현실을 직시하는 태도는 CEO와 구성원들이 환경에 적응해 성공을 이루는 힘이 되죠. 성장통과 실존적 위협을 구분하는 것은 아주 어렵습니다. 둘 다 실존적 위협처럼 보이니까요.

하지만 스타트업이 성장에 속도를 내 성공의 조짐을 내보이기 시작

하면 그 반대가 됩니다. 현실적 이슈를 직시하기가 더 어려워지죠. 상
승기에 발생하기 마련인 일시적인 문제라고 둘러대며 얼렁뚱땅 넘어
가기 쉽습니다. 아니면 갖다 붙이기 좋은 몇 가지 핑곗거리를 만들기
도 하죠.

그동안 나는 많은 것을 배웠는데, 그중 하나는 일이 잘 풀리는 시기
라 해도 곤란함을 면하려고 핑계를 받아들여서는 안 된다는 것이었
습니다. 초기 단계부터 현실을 있는 그대로 직시하려는 자세를 유지
해야 합니다. 아니, 그 이상이어야 합니다. 본인의 감정 상태가 어떻
든 어둠과 고통을 향해 달려가야 합니다. 성장을 구가하는 동안에도
진짜 이슈는 바로 그 어둠과 고통 속에 존재하니까요. CEO의 역할은
어둠과 고통을 향해 달려가 정면으로 맞서는 것입니다.

스타트업 CEO의 정신

스타트업 CEO는 매력적인 직업입니다. 비전, 리더십, 의사소통,
실행력 등 유능한 스타트업 CEO가 갖춰야 할 스킬을 논하는 책들
이 시중에 많이 나와 있습니다.

그런 책들에서 강조하는 스킬만큼이나 중요하지만 별로 주목하
지 않는 것이 있는데, 바로 'CEO의 정신'입니다. CEO의 정신은
훌륭한 스타트업 CEO가 되기 위한 사고방식과 행동 패턴을 말합
니다.

- **자기인식**: 학습과 언러닝을 가능케 함
- **분열적 사고방식**: 낙관주의와 비관주의를 동시에 허용함
- **진정성**: 리더십과 기업문화의 기반이 됨
- **미션에 대한 열정**: 회사가 잘 나가든 그렇지 않든 CEO와 구성원의 원동력이 됨

자기인식
분열적 사고방식
진정성
미션에 대한 열정

자기인식: 거울에 보이는 대로 행동하기

훌륭한 CEO라면 스스로를 올바르게 인식해야 합니다.

이 기질은 다른 모든 것을 대체합니다. 자기인식은 적응력, 학습, 언러닝에 아주 중요합니다. 자기인식에 능숙한 리더는 정기적으로 거울을 보듯 자신의 성과를 평가하고, 자신의 단점을 인정하며, 문제점을 진단합니다. 거울에 보이는 대로 행동하는 것이죠. 말로는 쉬운 것 같지만 자기인식은 어렵습니다. 불편하고 고통스럽기까지 하죠. 하지만 믿을 수 없을 정도로 강한 힘을 발휘합니다.

자기인식을 위해서는 생각하고 행동하는 방식을 바꿔야 합니다. 지금껏 성공으로 이끈 것들이 계속해서 성공을 보장하지 않는다는 것을 깨달아야 합니다. 이는 본인의 행동이 오히려 회사의 성공을 가로막고 있다는 것, 그래서 본인이 변화해야 한다는 것을 인식해야 한다는 의미입니다. 자기인식이 있어야 근본적인 학습

과 언러닝이 가능하죠.

자기인식에는 용기가 필요합니다. 공개적으로 자신의 실수와 결점을 인정해야 한다는 뜻이죠. 자신의 성과와 잠재력을 평가하고 미션과 회사를 위해 최선을 다해야 한다는 의미이기도 합니다. 심지어 자신이 더 이상 회사에 적합한 리더가 아님을 의미할 수도 있습니다.

무엇보다도 자기인식을 위해서는 자신의 취약성vulnerability을 스스로 드러내야 합니다. 직관에 반한다고 생각할지 모르지만, 취약성을 드러내면 주변 사람들에게 신뢰와 확신을 줍니다. 자기인식과 취약성은 구성원들과의 신뢰 관계를 구축하는 솔직함의 기반이 됩니다. 자기인식과 취약성은 조직 내부의 변화와 진화 능력의 기초가 되고 구성원들의 자신감을 고취시킵니다. 왜 그럴까요? 구성원들은 자기인식이 분명한 CEO라면 회사가 성장하면서 직면할 숱한 도전과 변화에도 흔들리지 않고, 학습과 언러닝을 통해 성공이라는 약속의 땅으로 회사를 이끌 것이라고 판단하기 때문입니다.

자기인식은 계발될 수 있습니다. 일상 속에서 매일 훈련하는 것이 비결입니다. 일상에서 벌어지는 여러 상황과 회사에 영향을 미치는 중대한 상황 모두 자기인식을 강화할 수 있는 기회입니다. 그러려면 훈련과 반성, 불편함을 정면으로 이겨내려는 의지가 필요합니다. 불편함은 정상적인 감정이며 올바른 방향으로 가고 있다는 신호입니다.

> ## 자기인식을 훈련하는 세 가지 방법
>
> **거울 테스트**: 자발적으로 거울을 보세요. 실수를 했다면 자신을 바라보고 이렇게 말하세요. "나는 그것을 잘못 처리했어. 왜 그랬을까? 나 아지려면 어떻게 해야 할까?"
>
> **방어적 태도 테스트**: 비판적인 피드백을 해달라고 요청하세요. 듣기 싫은 말이나 불편한 말을 듣는다면 이렇게 스스로에게 질문하세요. "내가 방어적이었나? 아니면 받아들이고 이해했나?"
>
> **취약성 테스트**: 공개적으로 혹은 개인적으로 실수를 인정하세요. 자신의 무지를 인정하고, 취약함을 드러내며, 불안을 털어놓으세요. 스킬과 행동을 향상하려는 자신의 노력을 이야기하세요.

리더, 직원, 이사회 멤버 등 CEO가 신뢰할 수 있는 사람들은 자기인식에 핵심이 되는 피드백을 CEO에게 제공합니다. 자기인식에 능한 CEO는 정기적으로 주변 사람들에게 피드백과 의견을 요청합니다. 어떤 면에서는 구성원들이 CEO 본인보다 CEO에 대해 더 많은 것을 알고 있으니까요.

밥 팅커 "나는 정기적으로 구성원들에게 비판적 피드백을 요청합니다. 처음에 그들은 그냥 하는 소리라고 생각했는지 쭈뼛쭈뼛하더군요. 하지만 나는 그들이 생각하는 바를 진정으로 알고 싶었습니다. 내게 어떤 말을 하든 방어적이지 않을 거라는 점, 그들의 말을 가슴에 새길 것이라는 점을 믿게 하기까지 시간이 좀 걸렸습니다. 내가 진지하다는 걸 알게 되자 그들은 내게 피드백을 쏟아부었습니다. 때로는 그들과의 대화가 고통스럽고 불편했지만,

아주 가치가 있었죠. 그들은 예전과 다른 솔직함과 신뢰를 내게 보여주었습니다. 말하기 힘든 피드백을 기꺼이 해준 것에 나는 고마움을 느낍니다. 내가 CEO로 발전하고 성장하는 데 그들의 피드백은 정말로 큰 도움이 되었습니다."

사외 코치는 CEO가 자기인식을 계발하고 그에 따라 행동하도록 돕는 데 훌륭한 역할을 수행할 수 있습니다.

밥 팅커 "유능한 코치라면 CEO에게 매주 전화를 해서 마치 머릿속을 기어다니듯 행동, 반응, 가정을 성찰하게 만듭니다. CEO 자신이 인식하지 못하거나 인식하고 싶어 하지 않는 모습, 편견, 가정을 직시하도록 도와주죠. 그는 날카로운 질문을 던지는 탐사보도 전문기자처럼 상황 자체보다 '이유'를 파고듭니다. 나에게는 어벤저스 CEO에서 프로페서 X로 탈바꿈하는 힘겨운 과정을 옆에서 도와준 코치가 있었습니다. 혼란스러웠고 고통스러웠지만 결국에 나는 회사를 이끄는 방식에 변화를 기할 수 있었죠."

자기인식은 타인의 의견의 노예가 되어야 함을 의미하지는 않습니다. 자기인식은 자신에게 주의를 기울이고 거울에 보이는 것에 따라 무언가를 실천한다는 것을 뜻합니다. 별것 아니라 생각할 수 있지만, 자기인식은 매우 강한 힘을 발휘합니다. 학습을 가능케 하는 피드백 관계를 형성하고 신뢰를 구축하기 때문입니다. 자기인식은 고정관념을 없애는 해독제이자 CEO가 회사 성공의 길을 발견할 수 있는 능력의 핵심이죠.

분열적 사고방식: 자신감 있는 낙관주의와 지독한 편집증

자기인식에 버금갈 정도로 중요한 CEO의 기질은 분열적 사고방식입니다.

"분열적 사고방식이라고?" 직관적이지 않은 것 같지만 사실입니다. CEO는 낙관적이고 열정적이어야 하며 구성원들과 스스로에게 영감을 주어야 합니다. 동시에 CEO는 전적으로 편집증적이어야 하고 끊임없이 주변을 살펴야 하며 잘못될 수 있는 모든 것을 염려해야 합니다. 동시에 두 가지 정신상태를 가져야 하는 것이죠.

이런 '이원론'은 회사의 성공에 중요합니다. 겉으로 볼 때 CEO는 공격적으로 인재를 영입하고 투자자로부터 자본을 조달하며 컨퍼런스의 연사로 나서고 고객과의 계약을 성사시키는 듯합니다. 하지만 마음속으로는 잘못될 수 있는 모든 것에 편집증적으로 매달리고 회사의 모든 불안정한 부분에 깊이 관여할 뿐만 아니라 재빠르게 움직이는 경쟁사를 어떻게 대적할까 걱정하며 잠을 이루지 못합니다. CEO는 회사를 약속의 땅으로 이끌겠다는 자신감과 신념을 내보임으로써 구성원들과 이사회에 희망을 심어주어야 합니다. 동시에 CEO는 올바른 결정을 내리기 위해 현실과 리스크를 냉철하게 평가해야 합니다.

이 이원론에는 리스크가 존재합니다. 두 페르소나의 격차가 너무 커지면 CEO에 대한 신뢰도가 떨어지기 때문이죠. 그렇지 않으려면 적절한 시기에 적절한 이미지를 적절하게 드러내도록 균형을 유지해야 합니다. 물론 이중적 사고를 유지하기란 어렵습니다. 확실하고 효과 빠른 방법은 없습니다. CEO란 역할의 태생적 어려움이죠. 그러니 균형을 잃는 경우가 생기더라도 스스로에게 실망하지 마세요. 그런 경우가 생기는 게 자연스러우니까요.

자기인식과 분열적 사고방식은 감정적으로나 정신적으로 CEO를 지치게 만들 수 있습니다. 끊임없는 자기성찰과 이중적 사고는 CEO란 역할을 아주 외로운 자리로 만들지만, CEO 본인의 성장과 경력 성장에 강력한 기회를 주기도 합니다.

진정성

진정성은 CEO에 대한 신뢰의 기반이고, 리더십과 기업문화의 기반이기도 합니다. CEO의 진정성은 스타트업과 관련된 모든 사람(임원, 직원, 고객, 이사회, 주주)에게 영향을 미칩니다. 진정성을 가지고 회사를 경영하는 것은 CEO의 필수조건입니다. 진정성을 잃으면 회사에 손실을 끼칠 뿐만 아니라 '죽음의 소용돌이'를 촉발할 수 있습니다. 진정성은 항상 정답을 알고 있다는 의미는 아닙니다. 주변 사람들이 'CEO는 항상 정직하고 솔직하게 행동한다'고 믿는다는 뜻입니다.

미션에 대한 열정

미션에 대한 열정은 CEO의 가슴 안에 존재하는 원자로라고 말할 수 있습니다. 그 열정은 CEO 본인과 구성원들에게 활력을 불어넣는 에너지를 생성합니다. 제품, 고객, 구성원, 회사에 대한 열정은 훌륭한 인재를 끌어들입니다. 고객의 구매 욕구를 자극하고, 투자자들의 투자를 유도합니다. 판매 실적이 저조할 때, 제품 출시가 늦을 때, 거대 경쟁사가 위협을 가할 때, 전망이 낙관적이지 않을 때, 든든한 지지자조차 의심하기 시작할 때와 같은 힘든 시기에 미션에 대한 열정은 CEO 자신과 구성원들을 이끄는 힘이 됩니다. 그럴 때 발휘되는 열정은 CEO 본인과 회사를 한 차원 성장시킵니다.

CEO의 의사결정 스킬

CEO의 역할 중 핵심은 의사결정입니다. 직원, 임원, 이사회 멤버는 언제나 CEO에게 의사결정을 요청합니다. 데이터가 충분하면 결정을 내리기가 쉽죠. 하지만 스타트업 CEO는 제한된

전방에서 결정

시간과 제한된 정보로 결정을 내려야 하는 매우 역동적인 환경에서 회사를 경영해야 합니다. 다음은 스타트업 CEO가 의사결정을 내리는 데 도움이 되는 세 가지 스킬입니다.

비즈니스의 '육감sixth sense' 개발

창업 초기에 CEO는 고객, 제품, 구성원을 일상적으로 접하기 때

문에 비즈니스에 대한 직관을 갖게 됩니다. CEO는 근육과 뼈, 항체와 감정을 지닌 생명체처럼 회사를 감지함으로써 일이 어디에서 어떻게 잘못되는지 예측할 수 있습니다.

> **밥 팅커** "잠재적으로 나쁜 상황이 발생할 곳에는 긴장이나 문제를 희미하게나마 알려주는 왜곡장$^{\text{distortion field}}$이 형성되어 있곤 합니다. 그것이 무엇인지 콕 집어 말하기란 어렵습니다. 서로 연결된 신호들, 특정 주제에 대해 구성원들이 기피하는 모습들, 시각의 차이, 좋지 않은 분위기 등이 복합적으로 느껴지는 것이라고 말할 수 있어요. 아무튼 뭔가 이상하다고 느껴지면 아마도 그것이 왜곡장일 겁니다. 그 왜곡장을 뚫고 들어가야 합니다. 상황을 파헤치고 들어가 현실을 있는 그대로 파악해야 합니다."

회사가 성장함에 따라 CEO는 세부적인 관심 상당수를 버려야 합니다. 이때 어려운 것은 세부사항에 관심을 줄이면서 희미한 무언가를 감지할 수 있는 육감을 유지하는 것입니다. 요약된 지표만 보면 육감이 약화되어 결국 CEO의 직관이 흐려지고 말죠. 핵심은 요약지표 뒤에 존재하는 이야기를 파악하는 것입니다. 이를 위한 좋은 방법은 CEO가 비즈니스의 세부사항을 파악할 수 있도록 3~4개의 '탐지점$^{\text{scope point}}$'을 선정하는 것입니다. 중요한 것은 세부사항 자체가 아닙니다. 패턴을 감지하고 문제를 조기에 감지하며 비즈니스에 대한 직관적 느낌을 유지하는 능력을 CEO가 갖는 것이 중요합니다.

밥 팅커 "회사가 성장하는 동안 나는 어떻게 회사가 돌아가는지 파악하고 싶었습니다. 그래서 경영진이 나를 미쳤다고 생각할 만한 고집을 부렸죠. 영업 성과 보고서, 신규 직원에게 보낼 모든 입사 통지서, 고객 서비스 증감 보고서 등 3가지 사항을 계속 확인하겠다고 주장했거든요. 그렇지만 나는 구성원들을 다그치지 않았고, 그 보고서들을 매일 들여다보지도 않았습니다. 나는 패턴과 새로운 정보 파악을 위해 영업 성과 보고서를 주기적으로 살폈고, 어떤 팀이 누구를 채용했는지 확인하기 위해 입사 통지서를 확인했습니다. 그리고 서비스를 요청하는 고객의 코멘트를 읽었죠. 정확한 데이터를 파악하려고 했던 것은 아닙니다. 좋은 일이든 나쁜 일이든 현장에서 일어나는 일을 직접 관찰하기 위해서였고요, 비즈니스에 대한 육감을 유지하기 위해서였습니다.

가변 줌 Variable Zoom : 미시와 거시, 그 사이의 모든 것

성공한 CEO는 큰 그림에만 초점을 맞춘다는 사회통념이 있습니다. 하지만 스타트업 CEO는 그러면 안 됩니다. 수평선 너머의 큰 그림뿐만 아니라 바로 코앞에서 벌어지는 세부적이고 전술적인 사항들, 그리고 그 사이에 존재하는 모든 것을 파악하기 위해 끊임없이 시각을 확대하고, 때로는 축소해야 합니다. CEO는 가변 줌 렌즈처럼 끊임없이 초점을 조정해야 합니다.

가변 줌을 야구에 비유하면 이렇습니다. 외야수는 플라이볼을 잡기 위해 직관적으로 정보를 처리합니다. 타자가 공을 치면 외야수는 즉각 거시적 관점으로 전환합니다. '공이 얼마나 세게 맞았을까? 어디로 날아갈까? 어떻게 날아갈까?' 공이 공중을 날아갈

미시적인 것: 줌 인 zoom in	그 사이의 모든 것	거시적인 것: 줌 아웃 zoom out
세부사항과 전술적이고 일상적인 실행에 초점을 맞춤	중기 실행계획을 수립하고, 까다로운 트레이드-오프를 해결하기 위해 미시와 거시 사이의 점을 연결함	전략과 장기 목표에 초점을 맞추고, 현재의 트레이드-오프나 이슈를 장기 목표의 관점으로 파악해야 함

때면 외야수는 공을 잡기 위해서 본능적으로 '중간 in-between 계획'을 세웁니다. 공에서 눈을 떼지 않고 공을 향해 달리면서 손과 발이 정확한 타이밍에 정확한 곳에 위치하도록 속도와 방향을 모두 조정하죠. 마지막으로 공을 성공적으로 잡기 위해 글러브의 위치와 타이밍을 조정할 때 외야수의 눈은 미시적 관점을 취하죠. 이런 방식으로 가변 줌이 작동합니다.

CEO를 위한 가변 줌도 이와 비슷합니다. 이때의 가변 줌이란 CEO가 단기, 중기, 장기 관점을 혼합하여 모든 상황을 처리할 수 있도록 실행되는 정신적 알고리즘 mental algorithm이라고 말할 수 있습니다. 성공적인 CEO는 가변 줌을 사용해 큰 그림을 보는 동시에 세부사항에 집중할 뿐만 아니라 목표, 실행계획, 월별 혹은 분기별 사안 등 중간지대에 흩어진 점들을 서로 연결합니다. 가변 줌을 장착하지 않아도 CEO는 3년 후의 이상적인 세계가 어떤 모습인지 구성원들에게 알려줄 수 있고 현재의 기술적 세부사항을 파고들어 갈 수 있습니다. 하지만 최종단계에 이르기 위한 실행계획, 의사결정 사안, 선후관계 등 중간지대에 존재하는 점들을 성공적으로 탐색할 수 없고 서로 연결할 수 없습니다.

선후관계가 중요하다: 어떤 순서로 해야 하는가?

흔히들 CEO 역할의 핵심은 '해야 할 일'과 '하지 말아야 할 일'을 결정하는 것이라고 말합니다. 맞는 말이지만, 이것은 스타트업 CEO의 역할을 지나치게 단순화한 것일 뿐만 아니라, 그에 못지 않게 중요한 '선후 관계 결정'을 빠뜨리고 있습니다. 초창기의 스타트업은 제한된 자원으로 운영되기 때문에 무엇을 하고 무엇을 하지 않을지 결정하는 것만큼 무엇을 어떤 순서로 할지 결정하는 일이 중요합니다. 선후관계 결정은 스타트업 CEO가 자주 직면하는 진퇴양난과도 같은 딜레마로 나타납니다.

- **고객 대 자본**: 스타트업이 자본을 조달하려면 고객을 확보해야 하지만, 자본이 투입돼야 하는 제품 없이도 고객을 확보할 수 있습니다.
- **'훌륭한 제품' 대 '당장은 괜찮은 제품'**: 언제나 훌륭한 제품을 개발하기 위해 끊임없이 노력을 기울여야 하는지, 아니면 당장은 괜찮은 것을 출시하고 나중에 개선하면 되는지를 놓고 스

타트업 개발팀은 항상 고민합니다. '무엇을 먼저 해야 하는지'란 딜레마죠. 특정 부분을 너무나 일찍 과도한 수준으로 구축하는 것은 시간을 잘못 할당하는 것입니다. 만약 그 부분이 필요치 않게 되면 귀중한 자원을 낭비하는 꼴이니까요.

- **구성원 대 자본:** 훌륭한 스타트업이 되려면 훌륭한 구성원을 채용해야 합니다. 하지만 훌륭한 구성원은 자본이 넉넉한 회사에 합류하기를 원하죠. 그리고 투자자들은 투자를 결정하기 전에 훌륭한 구성원이 있는지 확인합니다. 이것은 또 다른 딜레마입니다.

이처럼 '무엇이 먼저인가'란 딜레마를 극복할 방법을 찾는 것이 CEO의 역할입니다.

흔히 범하는 실수: 선형적으로 단계를 밟으려는 것

초기 단계에 있는 스타트업의 임원들, 특히 대기업 출신 임원들은 효율적이고 논리적이며 구조화된 방식으로 스타트업을 구축하려고 합니다. 자본 조달, 구성원 채용, 제품 개발 및 고객 확보와 같은 주요 작업을 각각 1단계, 2단계, 3단계, 4단계로 설정하려고 하죠. 그들은 이런 선형적인 '일괄 프로세스batch process'가 논리적이라고 여기곤 합니다.

놀랄지 모르겠지만, 이런 식으로 하면 스타트업은 절대 성공하지 못합니다. 왜 그럴까요? 스타트업을 구축하는 과정은 절대 선

그림 4. 스타트업은 이렇게 작동하지 않음: 선형적인 프로세스가 아님

형적이지 않습니다. 앞서 언급한 딜레마들로 인해 선형적인 접근
은 애초에 불가능합니다.

나선형적인 흐름이 옳다

선후관계를 적절하게 설정해야 이런 문제를 해결할 수 있습니다.
스타트업의 구축 과정을 순차적이고 상호 연관된 작은 마일스톤
들(주요 마일스톤이 아니라)로 이루어진, 위로 올라가는 나선으로 시
각화해야 합니다. 각 마일스톤은 성공적으로 실행할 수 있을 만큼
작아야 하고, 그래야 다음에 오는 마일스톤이 맞는지를 충분히 검
토할 수 있습니다.

　마일스톤들을 나선에 순차적으로 배치한 모습은 일괄 프로세스
가 아니라 균형을 유지해야 하는 화학제품 제조 공정의 연속적 흐
름과 유사합니다. 한쪽 영역을 제대로 수행하지 않으면 프로세스
전체를 지연시키는 병목현상이 발생합니다. 또한 어떤 영역에서
과도하게 작업이 이루어지면 귀중한 자원을 낭비할 수 있습니다.
각 단계의 아웃풋은 다음 단계의 인풋이 됨으로써 전체 프로세스
를 가속화하는 루프를 반복합니다.

　잠재고객이 증가하면 더 많은 영업 인력이 필요하기 때문에 영

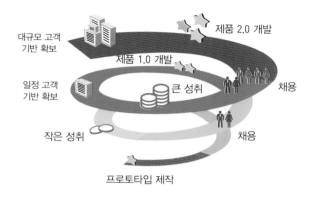

그림 5. 스타트업 나선: 작은 마일스톤들을 따라 스타트업 구축이 진행됨

업에 더 많은 투자를 해야 합니다. 그래야 영업 성공률을 높일 수 있죠. 하지만 자원에 대한 압박이 커져서 다음 해가 되면 고객의 추가 주문에 영향을 끼칩니다. 모든 영역에 동시에 투자하는 것은 비현실적일 뿐만 아니라 필요치 않은 데 괜히 자원을 낭비하는 꼴이 됩니다. 제품 개발과 제품 출시 역시 마찬가지입니다. CEO는 나선의 위쪽으로 회사가 나아가도록 하려면 제한된 자원과 마일스톤의 선후관계를 결정하는 방법을 규명하는 데 시간과 에너지를 투여해야 합니다. 새로운 마일스톤에 도달할 때마다 회사의 특정 영역이 한층 진화합니다. 이는 기분 좋은 일이죠. 하지만 그런 진화는 다른 영역에서 새로운 병목현상을 일으켜서 회사의 성장을 저해하곤 합니다. CEO와 경영진은 회사를 둘러싸고 새로운 병목현상이 끊임없이 발생한다고 느낄 것입니다. 그러나 이는 자

연스러운 일이고, 선후관계를 어떻게 설정해야 하는지에 대한 문제를 해결하기 위한 유용한 모델이기도 합니다. 좋은 소식은 모든 병목현상이 해결되고 나면 모든 제약조건이 제거되고 성공하는 스타트업으로 발전하는 데 도움이 된다는 점입니다.

CEO의 실행 스킬

스타트업 CEO가 성공을 이루려면 의사결정만 하는 게 아니라, 사람들과 소통하고 사람들을 참여시키며 실행을 주도해야 합니다.

정제 distillation 와 반복

초기 단계에 있는 스타트업 CEO는 모든 일에 관여합니다. 많은 일들을 동시에 실행해 완료하고 다음 단계로 넘어갑니다. 결코 뒤를 돌아보지 않죠.

반면 후기 단계 스타트업 CEO의 경우에는 소통과 실행 방식이 다릅니다. 직관적이지 않겠지만, 회사가 성장하고 복잡성이 증가함에 따라 CEO의 실행과 소통은 단순화되어야 합니다. CEO는 이전보다 개수는 적지만 더 중요한 목표의 실행에 초점을 맞춰야 합니다. CEO의 소통 포인트는 이전보다 적은 수로 '정제'되어야 합니다.

성공한 대형 스타트업 CEO에 주목하세요. 그들은 아주 제한된

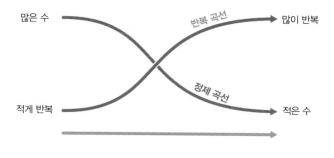

그림 6. 정제와 반복의 곡선

수의 문장을 신중하게 준비하여 말합니다. 그들은 몇 개의 주요 목표에 초점을 맞추고 그 핵심 사항을 계속 반복합니다.

CEO 입장에서 볼 때 정제는 레임덕이나 자신에 대한 제한으로 느껴질 수 있지만, 사실은 그 반대입니다. 의사소통의 요점을 조심스럽게 정제하는 CEO는 회사에서 더욱 강력한 존재감을 발휘할 수 있습니다. 회사의 규모가 확대되면 그에 따라 CEO의 말을 들어야 할 '청취자'가 많아지는데, 그들에게 몇 가지 강력하면서도 단순한 요점을 전달해야 기억하고 행동할 가능성이 커집니다. 이런 정제된 소통은 이제 막 CEO가 된 이들에게는 어색한 일입니다. 연습이 필요하죠.

반복 역시 강력한 효과를 발휘합니다. 몇 가지 핵심 사항을 반복하면 회사 전체가 CEO의 메시지를 이해하고 행동할 수 있습니다. 초창기의 CEO는 목표를 설정하고 달성한 후에 계속해서 다음 단계로 넘어가는 것에 익숙하기 때문에 무언가를 주기적으로 반복해야 한다는 점에 자주 당황하곤 합니다. 하지만 CEO는 스타트업이 성장하고 성과를 쌓아가는 과정에 따라 어벤저스 및 여러 영웅들이 한곳에 정렬해 임무를 수행하도록 반복 지시해야 합니다.

정제와 반복은 프로페서 X의 역할로 전환하는 데 특히 중요합니다.

> **밥 팅커** "나에게 정제는 부자연스러운 과정이었습니다. 회사의 규모가 커짐에 따라 나는 주요 관심 사항을 하나, 둘 혹은 셋으로 압축시키느라 애를 먹었습니다. 모든 구성원이 동일하고 간단하며 강력한 메시지를 받도록 하기 위해 정제 과정은 점점 더 중요해졌죠.
> 처음에 나는 반복 과정 때문에 미치는 줄 알았습니다. 이상하게도 불안감이 엄습하더군요. 나는 내 말이 구성원들에게 망가진 레코드판에서 흘러나오는 소리로 들리지 않을까 염려했고, 구성원들과 고객에게 휘둘리는 것은 아닌지 내내 의심스러웠습니다. 하지만 나중이 되니까 동일한 메시지를 지속적으로 반복하는 것이 대규모로 무언가를 실행하는 데 꼭 필요한 것임을 깨달았습니다."

버스에 태우기: 마무리하는 능력

'CEO는 판매를 잘해야 한다'고 모든 사람이 입을 모읍니다. 사실이긴 하지만, 훨씬 더 중요한 포인트를 놓치고 있습니다. CEO는 마무리를 잘해야 하기 때문입니다.

마무리는 판매보다 중요합니다. 마무리 능력은 고객, 투자자,

직원 등 다양한 사람들을 한곳으로 모아 스타트업의 여정에 합류케 하고 헌신케 하죠. 대형 고객사와의 계약 성사, 주요 판매 채널과의 협업 결성, 새로운 투자 유치의 마무리, 주요 신규 임원에 대한 채용 완료, 다음 12개월의 목표에 대한 경영진의 합의 이끌기, 중대한 방향 변경이 필요할 경우 회사 전체의 공감대 형성하기 등과 같은 마무리는 스타트업 CEO에게 가장 기본적인 역할 중 하나입니다.

> **밥 팅커** "훌륭한 스타트업 CEO는 마무리를 잘 해냅니다. 처음에 나는 고객과의 계약 마무리, 판매 채널과의 협업 마무리, 경영진 채용 마무리, 투자 유치 마무리 등이 실제로 관련이 있다는 걸 이해하느라 애를 먹었습니다. 마무리는 CEO의 역할에 전반적으로 요구되는 스킬입니다. 다른 사람들(고객, 판매 채널, 투자자, 임원, 직원 등)이 스타트업이라는 버스에 올라타도록 설득하는 것이 스타트업 CEO의 기본적인 역할입니다."

좋은 소식: 마무리는 배우고 연습할 수 있는 스킬입니다. 몇몇 사람들은 그 스킬을 타고났지만, 대부분의 CEO들은 시간이 지남에 따라 마무리 스킬을 배우죠. 스타트업의 여정 초기에는 어떻게 마무리해야 하는지 잘 알지 못했지만, 그리고 영업 마인드보다는 기술 마인드가 강했지만, 끝내 그 방법을 알아내 스타트업을 훌륭한 회사로 성장시킨 CEO가 많이 있습니다.

안전지대 밖으로 밀어내기: 수영장 레인 모델

스타트업의 초기 단계에서 CEO가 제품−시장 최적화를 찾는다는 말은 제품 개발에 몰두한다는 뜻입니다. 만약 CEO가 영업이나 마케팅 부서 출신이라면 자연스럽게 고객과 시간을 보낼 수 있는 안전지대 쪽에 마음이 끌릴 겁니다. 이는 자연스러운 현상이지만, 급성장하는 스타트업의 CEO는 비즈니스의 모든 측면에서 리더십을 발휘해야 합니다. 보다 총체적인 업무를 수행하려면 CEO는 안전지대를 벗어나야 하고 과거에 통했던 스킬과 교훈을 버려야 합니다. 어떻게 해야 할까요? 수영장의 레인을 떠올려보세요.

> 밥 팅커: "나는 이런 전환에 어려움을 겪었습니다. 성과를 계속해서 내기 위해 습관처럼 내 시간의 80%를 제품과 고객에 쏟았습니다. 그게 바로 나의 안전지대였기 때문입니다. 하지만 구성원들은 내가 회사 전체에 관심 갖기를 원했고 자신들이 어떤 경로로 실행해야 하는지 큰 그림을 제시해주길 바랐습니다. 어떤 CEO 코치가 나에게 새로운 사고방식을 수용해야 한다고 강조하더군요. 바로 '수영장 레인'이란 이미지를 가지라고 말이에요. 이 사고방식은 총체적인 입장의 CEO가 되어 회사가 나아갈 경로를 계획하는 데 도움이 되는 강력한 도구였습니다.
>
> 나는 가로 11인치, 세로 14인치의 종이 위에 연필로 수영장 레인 계획^swim-lane plan을 작성했습니다. 이 계획은 우리가 무엇을 해야 하는지, 내 시간을 어떻게 사용할지, 여러 가지 사항이 어떻게 연결되어 있는지, 어떻게 진행 상황을 측정할지 등을 조망할 수 있는 일종의 지도가 되었습니다. 나는 이 그림을 내 사무실 벽에 걸어두고 회사가 성장함에 따라 계속 수정하고 개선했습니다. 아직도 가지고 있습니다."

수영장 레인 모델

수영장 레인 계획을 수립하려면 다음 3가지 단계를 진행하세요.

1. 레인을 정의하세요: 회사 전체로 볼 때 몇 개의 레인이 존재합니까? (예: 제품 개발, 시장진출을 위한 판매 및 마케팅, 고객 및 고객 니즈, 구성원 및 기업문화, 재무 및 자본 조달 등 구성원들에게 의미 있는 모든 것)
2. 목표치를 설정한 다음, 그걸 달성하기 위해 해야 할 일을 거꾸로 생각해보세요. 각 레인에 대해 6, 12, 18, 24개월의 중기 목표치를 설정하세요. (구성원들에게 적절한 주기를 선택하세요.) 그런 다음 그 목표를 달성하기 위한 일을 거꾸로 고안하고 달성 여부를 판단할 수 있는 주요 중간 마일스톤을 설정하세요.
3. 의존관계를 설정하세요. 전체 레인에 걸쳐 마일스톤과 상호 의존 관계를 연결시키세요.

제안: 목표와 진척도가 자본 조달과 어떤 관련이 있는지 명확히 알려면, 스타트업의 현금이 바닥날 때 ZCD=Zero Cash Date를 위한 선을 하나 추가하고 계속 업데이트하세요.

1단계: 회사 전체에 대한 레인 정의
회사 전체의 실행계획을 나타내는 레인을 그립니다.
ZCD를 나타내는 선을 추가합니다. 회사의 재무 상황이 변화하면 그 선을 이동시킵니다.

실행계획을 위한 수영장 레인

2단계: 각 레인의 중기 목표치를 수립하고, 그걸 기준으로 마일스톤을 설정합니다.

가장 오른쪽 열에는 회사가 목표로 하는 주요 장기 성과를 적습니다. 실행이 순조롭게 이루어짐을 알려주는 주요 중간 마일스톤을 장기 성과 기준으로 설정합니다. 이것이 생각보다 어려운데요, 특히 발등 위에 떨어진 것을 처리하느라 급급한 상태라면 더 그렇습니다.

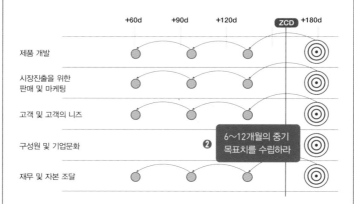

실행계획을 위한 수영장 레인

3단계: 마일스톤 간의 의존관계를 링크로 표시합니다.

이 단계에서는 의존관계를 파악합니다. 한 레인의 마일스톤이 다른 레인의 마일스톤에 따라 달라집니까? 예를 들어, 판매목표를 달성하려면 제품의 특정 기능이 필요합니까? 제품개발의 목표를 달성하려면 특정 시점까지 특정 자원을 확보해야 합니까? 한 레인의 마일스톤이 지연되면 다른 레인에 영향을 미칩니까?

상황이 바뀌면 언제든지 이 수영장 레인 모델을 수정하세요. 유용하면 그만이지, 예쁘게 만들 필요는 없습니다.

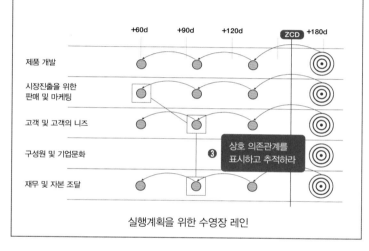

실행계획을 위한 수영장 레인

수영장 레인 모델은 CEO가 안전지대를 벗어나 전체적인 사고방식을 개발하는 데 도움이 됩니다. 눈앞에 보이는 것만 그때그때 처리하는 관행에서 벗어나 실행계획 전체를 조망할 수 있습니다. 구성원들과의 의사소통에 강력한 도구가 되고, CEO가 올바르게 시간을 사용하는지도 보여주죠. 또한 회사가 궤도를 이탈할 때 조기경보를 울려줍니다. CEO는 이 모델을 통해 회사가 필요로 하는 존재가 될 수 있습니다. 즉 회사 전체를 조망하고, 남들보다 앞서 생각하며, 목표를 달성하기 위해 무엇을 해나가야 하는지 잘 알고, 구성원들 역시 자신처럼 행동하도록 이끄는 리더가 될 수 있죠.

신참 CEO를 위한 조언

CEO는 거대한 '신호 발생기'

CEO의 모든 움직임은 언제 어디서나 관찰될 뿐만 아니라 해석의 대상이 됩니다. 이것이 CEO는 거대한 신호 발생기라고 말하는 이유입니다. 신호를 발생시킬 수 있는 CEO의 능력은 긍정적 신호, 부정적 신호, 아니면 의도치 않은 신호로 사용될 수 있죠.

CEO의 신호 발생 예시

긍정적 신호: 중요한 회의에서 자신감 있는 몸짓을 보인다면 비즈니스와 제품에 대한 믿음을 강화시킵니다.

부정적 신호: 경영진이 비즈니스 리뷰 회의 중에 다른 일을 하거나 문자메시지에 답장을 보낸다면 해당 프로젝트에 대한 믿음과 관심이 부족하다거나 발표자에 대한 믿음이 부족하다는 것을 나타냅니다.

의도치 않은 신호: CEO가 회사 건물 앞에 차를 급정거시키고 쿵쿵거리며 사무실로 들어오면 회사에 좋지 않은 일이 발생했다는 구성원들의 우려를 불러일으킵니다.

CEO가 무엇을 주목하는지, 그 자체도 신호입니다. CEO의 관심은 손전등과 같아서 무엇을 비추는가가 그의 관심을 나타내죠. 일부러 그러든 아니면 모르고 그러든, 그저 무언가에 관심을 기울임으로써 CEO는 구성원들이 우선순위를 결정하거나 행동을 변화시키도록 신호를 보낼 수 있습니다. 하이젠베르크Heisenberg의 '불확정성의 원리Uncertainty Principle'처럼 관찰하는 것만으로 물질의 상태를 변화시킬 수 있죠.

CEO의 즉석 코멘트는 구성원들이 CEO의 희망을 바로 따르도록 만들 수 있지만, 반대로 기존의 목표와 계획을 엉망으로 만들고 관련된 모든 이를 좌절시킬 수 있습니다. 2주 전 회의에서 무심코 했던 말이 앞뒤 설명 없이 널리 퍼져서 어느새 이의를 제기하지 못하는 지시사항이 될 수 있으니까요.

모두가 CEO를 보고 있습니다. 언제나 그렇습니다. 그렇기에 CEO는 책임감과 자기 점검, 자기인식의 수준을 더욱 높여야 합니다. 행동과 의사소통에 신중하고 세심해야 하지만, 진정성을 유지함으로써 균형을 잘 잡아야 합니다. 자기 점검을 하느라 아무것도 하지 않으면 안 됩니다.

말과 행동이 구성원들에게 미치는 영향을 늘 염두에 두세요. 말과 행동을 관리하는 간단한 방법은 없습니다. 최선을 다하면 됩니다. 늘 침착하게 행동하고, 늘 긍정적으로 생각하세요. 그런 다음, 자기 모습 그대로를 보이세요.

무자비하면서 동시에 감성적이 되어라

CEO는 힘들고 때로는 무모한 결정을 내려야 합니다. 비즈니스를 위한 옳은 결정이 때로는 누군가의 피해로 이어질 수 있습니다. 회사를 위해 열심히 일한 직원들을 해고하고 결국엔 그들의 삶에 큰 영향을 미치곤 하죠. 그들은 고개를 숙인 채 가족이 기다리는 집으로 돌아가야 합니다. 한 영업사원은 대형 거래를 성사시키기 위해 1년이나 애를 썼지만, 제품 출시의 차질로 거래가 물 건너가면서 성과급이 절반으로 줄었습니다. 개발팀은 신제품 출시를 위해 1년 동안 노력했지만, 비용 절감의 필요성이 대두되어 프로젝트가 취소됐습니다. 제품에 기대를 걸었던 고객은 핵심 기능이나 성능이 삭제되자 나 몰라라 하며 외면하고 말았습니다. 이처럼 CEO의 결정으로 모두가 손실을 입을 수 있죠.

　CEO가 무자비한 결정을 내려야 하긴 하지만, 그 결정의 영향을 고려하는 모습을 보인다면 영향을 받게 되는 당사자와 그 주변인들에게 많은 도움을 줄 수 있습니다. 때로는 상황을 솔직하게 설명하는 것이 감성적이 되는 방법입니다. 충성심을 나타내기 위해서 특별한 예외를 만드는 것일 수도 있죠. 아니면 단순히 경청하고 공감하는 것이 감성적인 모습이 될 수 있습니다. 최고의 CEO는 결정을 내릴 때는 무자비하지만 그 결정이 사람들에게 미치는 실질적 영향에는 감성적인 모습을 보입니다. 성장을 이어가는 스타트업을 운영하려면 무자비함과 감성이 모두 필요합니다.

남태희 "CEO의 의사결정 과정에 대한 내 생각은 많이 발전했습니다. 젊은 투자자였을 때 나는 전략과 의사결정의 재무적 의미를 있는 그대로 고려하는 수준에 그쳤습니다. 하지만 이제 나는 CEO들에게 구성원들과 기업문화에 미치는 영향을 고려하도록 독려합니다.

예를 들어보죠. 나에게 어떤 CEO가 새로 채용한 영업 담당 부사장과 관련된 상황에 대해 조언을 요청했습니다. 그 신임 부사장은 대형 거래에 상당한 노력을 기울였고 1분기 매출 목표를 달성하기 직전이었는데, 그 거래가 이루어지려면 제품을 고객에게 상당 부분 맞춰줘야 했습니다.

대형 거래를 반드시 성사시켜야 했지만, 그렇게 커스터마이제이션하기가 곤란했습니다. "커스터마이제이션을 하면 다른 고객에게도 가치가 있나?" 아니었습니다. "제품 커스터마이제이션을 하면 다른 개발 프로젝트가 밀려나게 되나?" 그랬습니다. 전략적 결정은 명확했습니다. 그 거래를 하지 않는 것이었죠. 5년 전이었으면 나는 단순하고 무자비한 조언을 했을 겁니다. "신임 부사장에게 '계약하지 말고 다음 거래에 집중하라'고 말하세요."라고 말이죠. 하지만 나중에 나의 관점은 바뀌었습니다. 신임 영업 담당 부사장은 자신에게 주어진 임무, 즉 '계약을 성사시킨다'란 임무를 열성적으로 수행했을 뿐입니다. 그리고 CEO가 신임 부사장과 함께한 첫 몇 개월은 상호 신뢰를 구축하는 데 중요한 시기입니다. 그래서 내 조언이 바뀐 것이죠. 물론 여전히 나는 '계약하지 마시오'라고 조언했는데, 그것이 정말로 옳은 비즈니스 결정이었기 때문입니다. 하지만 나는 이사회가 신임 부사장에게 가하는 영업 부담을 경감시켜야 한다고 권고했습니다. 그래야 'CEO-부사장' 관계를 중요하게 여긴다는 것을 보일 수 있다고 말입니다. 또한 그래야 CEO가 부사장에게 '계약하지 마시오'라고 말한다 해도 신임 부사장에 대한 지원과 신뢰를 보여줄 수 있으니까요."

경영진 간의 신뢰망 구축

CEO는 경영진(리더)과 신뢰를 구축해야 합니다. 동일한 중요도로 CEO는 경영진이 서로 간의 신뢰망을 형성하도록 도와야 합니다. 스타트업 초창기에는 모든 리더가 다른 리더의 일을 쉽게 볼 수 있기 때문에 리더 간의 신뢰가 자연스럽게 형성됩니다. 하지만 스타트업의 규모가 커질수록 리더들 사이의 신뢰 구축이 어려워집니다. 리더들은 다른 팀의 목표와 일상업무가 무엇인지 알기가 쉽지 않죠. 이렇게 가시성visibility이 떨어지면 리더들 간의 신뢰는 느리게 형성되고 맙니다.

마케토의 창립 CEO인 필 퍼낸데즈는 신뢰 구축의 어려움을 큰 배 한 척과 작은 배 여러 척이 각각 노를 젓는 상황으로 설명합니다. 초기에는 모든 리더와 CEO가 한 배를 타고 최선을 다해 열심히 노를 젓습니다. 리더들은 모두 서로의 의존관계와 실행 과정을 쉽게 볼 수 있고 이해할 수 있기에 각자 동일한 수준으로 이해하고 서로를 믿게 되죠. 하지만 급속히 성장하게 되면 회사는 6척의 작은 배들이 나란히 노를 젓는 것 같은 상황으로 변합니다. 각각의 뱃머리에는 리더가 한 사람씩 앉아 있죠. 각 리더는 다른 배의 미션을 알지 못하고 일상적 행동 또한 보지 못하니

그림 7. 큰 배 한 척 vs. 작은 배 여러 척

다. 이렇게 팀 간의 이해 부족과 가시성 저하는 신뢰 구축을 더디게 만들고 자신감을 약화시킵니다.

CEO는 배들 간의 신뢰를 구축하고 각 배가 다른 배의 미션을 이해하도록 도와야 합니다. CEO는 리더들이 서로를 잘 볼 수 있도록 해야 하고 정기적으로 상호 작용을 촉진시켜야 합니다. 리더들 간의 신뢰가 있어야 여러 배로 이뤄진 함대가 함께 행동하고 하나의 대형 전함처럼 싸울 수 있습니다.

'1대1 아이 컨택'은 'N대N 아이 컨택'으로 이어진다

이 장의 앞부분에서 언급한 바와 같이, CEO와 어벤저 리더 사이의 아이 컨택은 CEO와 어벤저 간의 신뢰를 구축하기 위한 바탕입니다. 각 어벤저 리더와 아이 컨택을 유지하면 어벤저들 간에 N대N 아이 컨택이라는 생산적이고 매혹적인 결과가 생기는데, 부작용이 발생한 리더 간의 신뢰망을 구축하고 강화하는 데 도움이 됩니다.

CEO와 어벤저 리더 간의 아이 컨택은 목표, 지표, 자원, 의존 관계를 설정한다는 뜻입니다. 각각의 아이 컨택 결과를 서로 볼 수 있도록 하면 어벤저 리더 간의 실행을 촉진하는 데 도움이 됩니다. 그리고 개인적 차원에서 서로에 대한 이해와 가시성은 리더들 간의 신뢰망 구축을 위한 기반이 됩니다.

회사에 대한 '시스템적 관점'을 형성하기

이런 아이 컨택들을 취합하면 CEO가 비즈니스를 이해하는 데 도움이 됩니다. 회사에 대한 시스템적 관점을 형성할 수 있죠. CEO의 입장에서 비즈니스의 여러 부분(각각의 어벤저가 이끄는)이 어떻게 조화를 이루고 협력해 실행을 이루어내는지를 시각화하는 것이 매우 중요합니다. CEO라는 역할의 복잡함을 단순화하는 데 도움이 될 수 있죠.

관점 취합하기

각 어벤저의 아이 컨택 문서에 나오는 핵심을 취합함으로써 CEO는 목표, 성과지표, 자원, 상호 의존관계가 시스템적 관점으로 어떻게 정렬되고 통합되는지, 회사 전체의 목표와 어떻게 연결되는지를 파악할 수 있습니다.

그림 8. 시스템적 관점의 개념

앞서 논의한 바와 같이, CEO는 각 어벤저가 팀을 블랙박스처럼 운영하도록 계속 허용하면서 어벤저들의 아웃풋(부서 목표)과 인풋(다른 어벤저의 자원과 의존관계)을 조정하고 올바른 운영지표를 사용하여 각 어벤저가 정상궤도상에 있는지를 확인합니다.

이를 통해 CEO는 시스템 관점을 가질 수 있습니다. '어벤저들의 목표들이 회사 전체의 목표와 연결되어 있는가? 주요 운영지표가 정상궤도상에 있는가? 아니면 조기경보가 울리는 상황인가? 자원의 총합과 지출 계획은 무엇이며 예산에 얼마나 부합하는가? 회사의 채용 과정은 순조로운가? 팀 간의 핵심 의존관계가 효과적으로 관리되고 있는가? 각 팀이 한 곳으로 정렬돼 있고 절충점을 잘 찾아가는가?'

CEO는 부서 목표가 전사 목표로 이어지는지, 모든 자원 요구사항의 합계가 인력 증감 혹은 운영비용 증감으로 이어지는지, 다른 어벤저들에 의해 의존관계들이 충족되는지 확인해야 합니다.

간단한 시스템적 관점

시장진출, 고객의 니즈, 재무 상태를 보여주는 시스템적 관점의 예시는 다음과 같습니다.

영업팀과 관계 형성하기

제품 개발 부문이 배경인(영업 출신이 아닌) CEO에게 영업팀은 낯선 용병들처럼 느껴질 수 있습니다. 하지만 유능하고 의욕에 찬 영업

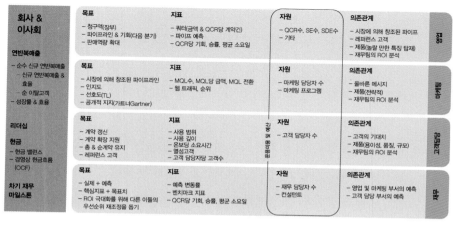

그림 9. 세부 시스템적 관점의 예

팀은 고객을 확보하고 시장에 진입하기 적합한 곳(시장진출 최적화)을 찾아내는, 비즈니스를 발전시키기 위한 핵심 존재입니다. 영업 조직과 좋은 관계를 형성하고 영업팀의 역량을 최대한 활용하려면 CEO는 공감과 동기부여라는 두 가지 핵심 기질을 개발해야 합니다.

- **공감:** 많은 CEO들이 영업조직에서 일하는 것이 얼마나 힘든지 잘 알지 못합니다. 고객에게 힘겹게 판매를 시도하지만 계속해서 거절을 당하죠. 고객을 확보하고 판매 목표를 달성하는 능력에 따라 급여의 50%가 결정되는 보상 구조는 영업 사원들을 불안하게 만듭니다. 하지만 비영업 부서들은 왜 잠재고객이 구매를 하지 않는지 따지며 영업부서를 향해 불만

을 터뜨리죠. "영업의 실행에 문제가 있는 게 틀림없어. 우리 제품은 훌륭해. 영업팀이 우리 제품을 어떻게 팔아야 하는지 잘 모르는 것 같아." 영업사원은 자신의 재무적 리스크(급여의 반을 못 받을 수 있다는 리스크-옮긴이)를 감수하는 것과 동시에, 회사 내부 부서와 모든 걸 당장 원하는 잠재고객 사이에서 압박을 받고 있습니다. CEO는 영업팀에게 자신이 영업의 역할을 잘 이해하고 있고 영업의 성공을 돕고 싶다는 것을 보여줘야 합니다.

- **동기부여**: 영업팀에게 동기를 부여하려면 CEO는 무엇이 그들을 움직이게 하는지 잘 알아야 합니다. 무엇이 그들로 하여금 앞으로 맹렬히 나아가 제품을 판매하게 하고 무엇이 그들을 꼼짝 못 하게 하는지 파악해야 합니다. 그들의 내재적 동기와 금전적 동기를 잘 알아야 하죠. 영업 지역을 설정하고 보상계획이 작동하는 방식 역시 잘 숙지해야 합니다. 각 영업사원의 동기를 회사 목표에 일치시키는 방법을 찾아야 합니다. 그리고 영업사원이 매일 처리해야 하는 단기 및 장기 트레이드-오프를 파악해야 합니다. 그들의 동기를 잘 알아야 그들과 관계를 형성할 수 있습니다. 이 모든 노력이 오히려 CEO에게 즐거움이 될 수 있습니다.

영업팀은 스타트업의 성공에 아주 중요한데, 일반적으로 가장 큰 비용을 지출해야 하는 곳입니다. 영업은 사람, 감정, 프로세스가 혼합된 일이라고 볼 수 있죠. 그들을 이해하고, 그들과 관계를 형성하고, 그들에게 동기를 부여하고, 그들에게 투자하면, 그들은 무시무시하게 강력한 '시장진출'의 전사가 될 수 있습니다.

CEO의 고충

해도 욕먹고, 안 해도 욕먹고

CEO들은 승산이 없는 상황을 수없이 경험합니다. 때때로 좋은 선택지가 하나도 없는 경우도 있죠. 한쪽을 고치면 다른 쪽에서 문제가 악화되는 일도 생깁니다. 중요한 이슈를 지금 해결하느라 나중에 고통스러운 대가를 치러야 할 때도 있습니다. 때로는 누구와 이야기하는가에 따라 CEO는 너무 이르게 혹은 너무 늦게 결정하고, 타인을 너무 가혹하게 혹은 너무 관대하게 대하게 됩니다. 현실이 그렇습니다. CEO가 이 현실에 익숙해지려면 어느 정도 시간이 필요합니다.

초기 단계에 있는 어떤 스타트업은 판매가 성사될 때마다 '거래의 종 deal bell'을 울렸습니다. 재미있는 이벤트였죠. 그 후 이 회사는 성장하면서 하루에도 수십 건씩 거래를 성사시켰습니다. 차츰 종을 울리는 이벤트가 일상적으로 느껴지기 시작했고 몇몇 직원들은 주의력을 분산시키기만 하는 불필요한 일이라며 불평했습니다. 그래서 CEO는 '거래의 종'을 중지하기로 결정했습니다. 그런데 '파블로프의 아이러니'도 아니고, 원래부터 회의적 시각을 가진 비영업부서의 몇몇 직원들이 이상한 목소리를 내기 시작했습니다. 회사가 거래 성사를 줄이려고 하고 나쁜 소식을 감추려 한다고 오해했던 겁니다. 해도 욕먹고, 안 해도 욕먹는 상황이 된 거죠. 다음의 예시처럼 말입니다.

CEO의 상황	해도 욕 먹고	안 해도 욕 먹는
주요 구성원 교체하기	중요한 역할을 수행하는 리더를 교체하면 단기적인 혼란, 실행의 공백, 손실이 발생한다.	교체하지 않으면 장기적으로 실행 문제와 팀워크 문제가 발생한다.
성취 축하하기	성사할 때마다 '거래의 종'을 울리는 일이 일상이 되고 직원들은 무감각해진다.	'거래의 종'을 울리지 않으면 해당팀은 자신들의 성과를 인정하지 않는다는 뜻으로 받아들이고 비즈니스가 잘 진행되지 않는다고 걱정한다.
누군가를 해고하기	빠르게 해고하는 것은 기회를 주지 않았다는 것과 학습문화를 중요시하지 않는다는 것을 암시한다. 또한 실수에 대한 두려움을 유발한다.	해고를 늦게 한다는 것은 결단력이 부족하고 저성과를 용인한다는 것을 의미한다.
재무적 성장을 가속화하기	고성장 계획을 수립하면 실행의 효과와 기업가치 향상에 대한 기대치만 높아질 뿐만 아니라, 실행이 실패할 리스크도 커진다.	안정적인 성장 계획을 수립하면 기대치는 충족될 수 있지만, 매출 감소, 기업가치 하락으로 이어지기 때문에 실행의 실패보다 잠재적으로 더 나쁜 결과를 초래할 수 있다.

CEO의 상황	해도 욕 먹고	안 해도 욕 먹는
어떤 거래를 성사시키고 어떤 거래를 포기할지 결정하기	모든 거래를 성사시키려는 것은 단기적 매출을 증가시키지만, 비용을 또한 증가시키고 회사의 자원을 고갈시킨다.	거래를 포기하는 결정은 전략적으로 신중한 것이지만, 경쟁자는 우리의 손실을 널리 알린다. 그러면 우리의 평판이 추락해 다른 거래에 악영향이 미치며 구성원들의 사기가 떨어질 수 있다.
잠재적인 큰 변화를 논의하기	구성원들과 함께 변화를 미리 검토하면 그들에게 소속감을 심어주고 의견을 청취하는 데 도움이 된다. 하지만 변화 계획이 새어나가 사내정치가 심화되고, 구성원들의 불안과 두려움이 고조되며, CEO는 구성원들에게 체계적이지 못하다는 인상을 준다.	많은 구성원들과 함께 변화를 논의하지 않으면, 구성원들의 불안과 두려움 상승을 피할 수는 있지만, 소외감을 느끼게 한다.
이사회 개최 전에 브리핑하기	이사회 회의 전에 여러 번 소통하고 브리핑하는 것은 원활한 운영에 도움이 되지만, 이사회는 그럴 시간에 CEO가 회사 성장에 더 많은 시간을 쏟아야 한다고 생각한다.	소통과 브리핑을 덜하면 시간을 절약할 수는 있지만, 회의가 원활하게 돌아가지 않는다. CEO는 적극적으로 의견을 경청하지 않으려는 사람으로 인식된다.

해도 욕먹고, 안 해도 욕먹습니다. 참 고약한 일이죠. 하지만 이는 CEO란 역할의 현실이니 마음의 준비를 단단히 해야 합니다. 모든 CEO가 고군분투한다는 사실에 위안을 얻기 바랍니다. 본인에게 맞는 균형점을 찾으려고 애쓰고 자신이 옳다고 믿는 일을 하기 바랍니다.

내적 모멘텀의 함정

스타트업은 여러 가지 경로를 실험함으로써 어떤 경로가 견인력을 얻을 수 있는지 파악한 다음, 가능한 한 빠르고 힘차게 그 경로를 따라 달려갑니다. CEO는 성공의 길을 열렬히 독려하고 긍정적인 조언을 아끼지 않습니다. 회사가 바람직한 길로 질주하면 고객을 확보하고 모멘텀을 얻을 수 있죠. 모든 구성원이 하나의 거대한 미션을 수행하는 것처럼 느끼게 됩니다.

그런 다음에는 커다란 변화가 필요합니다. 제품의 방향을 변화시킴으로써 더 나은 성장 기회에 초점을 맞추거나, 아니면 경쟁 환경의 변화에 적응하기 위해 더 나은 영업 방식을 도입해야 합니다. 한데 아이러니하게도, 민첩하고 발 빠른 스타트업일수록 변화를 추진하는 데 애를 먹고 있습니다. 왜 그럴까요? 바로 내부 모멘텀의 함정에 빠졌기 때문입니다.

스타트업이 특정 방향(특정 시장진출 플레이북 혹은 제품 전략을 추구함으로써)으로 오랫동안 움직일수록 구성원들이 방향을 바꾸기가 더 어려워집니다. 물리적으로 그렇습니다. 맹렬한 속도로 앞서 달리면 급격하게 회전하기가 어려우니까요. 그러나 심리적이기도 합니다. 경로를 변경하는 것은 구성원들에게 배신처럼 느껴지거나, 한눈을 파는 것처럼 느껴질 수 있죠. 그렇기에 CEO는 경로를 충실히 따르는 것("망치질을 멈추지 말아야 한다.")과 실용을 따르는 것("이 경로로 가고 있다고 해서 항상 이리로 가야 하는 것은 아니다.") 사이에서 균형을 유지해야 합니다. 내부 모멘텀의 함정에서 벗어나는 것은 고통스러울 뿐만 아니라 때로는 부수적인 피해를 유발하기도 합니다. 극단적인 경우, 창업을 함께했던 구성원들 몇 명이 배신감이나 환멸을 느끼고 회사를 떠날지도 모릅니다. 그렇지만 이는 아주 정상적인 현상입니다. 변화에 동의하지 않는 사람들은 그렇게 하도록 놔둬야 합니다. 어려운 결정을 내리고, 난기류를 받아들이고, 앞으로 나아가야 합니다. CEO의 역할은 비즈니스를 이끌어 가는 것입니다.

감정의 롤러코스터

회사의 모든 사람, 특히 CEO는 사업 초창기에 엄청난 감정적 변화를 순식간에 경험합니다.

> **남태희** "에어스페이스Airespace의 CEO였을 때 나는 감정의 최고점에 이르렀다가 5분도 안 되어 최저점으로 추락한 적이 있습니다. OEM 파트너가 될 업체와 기분 좋은 만남을 가진 후 나는 우리의 미래에 대한 희망이 솟구치는 것을 느꼈습니다. 하지만 회의실 밖으로 나가는 길에 핵심 엔지니어 한 사람과 마주쳤죠. 그는 사직서를 제출하더군요. 그때 나는 CEO로서 감정의 롤러코스터를 탄다는 것이 무슨 의미인지 깨달았습니다."

미칠 듯이 기분이 최고조에 달할 때라 해도 상황이 보기보다 좋지 않을 수 있음을 명심하세요. 반대로, 감정이 최악이라 해도 상황이 보기보다 나쁘지 않을 수 있다는 것 또한 명심하세요. 주 단위로 오르락내리락하는 변동에 신경 쓰지 말고 가야 할 목적지에 집중해야 합니다.

모든 걸 혼자 감당하기

스타트업 CEO라는 역할은 외
로운 자리입니다. 너무 흔한
말이라서 진부한가요? 하지만
사실입니다. 그리고 외로운 것
에서 그치지 않습니다. CEO는
혼자서 사방의 공격을 감당해
야 합니다. 중요한 비즈니스

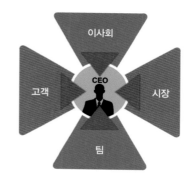

문제와 제안들이 CEO의 책상 위에 가득 쌓여 있습니다. 사람에
관련된 이슈와 구성원들의 요구사항 역시 한가득이죠. 모든 사람
이 CEO에게 무언가를 원하지만, CEO에겐 모든 사람을 만족시킬
시간과 자원이 충분하지 않습니다.

스타트업이 곤경에 처할 때, 비록 CEO는 여러 사람들에게 둘러
싸여 있지만, 홀로 있는 것이나 마찬가지입니다. CEO는 위로는
이사회, 아래로는 경영진과 구성원들을 책임져야 합니다. CEO는
고객에게 서비스해야 하고 시장과 경쟁자들에 대응해야 합니다.
CEO는 회사와 관련된 모든 측면을 홀로 대처해야 하죠.

그나마 좋은 소식은, CEO가 생각하는 것보다 많은 지원을 받을
수 있다는 것입니다. 이사회 멤버들, 구성원들, 고객 모두가 CEO
의 강건함을 원합니다. 모든 사람이 CEO에게 리더십을 원하고,
결과를 바라며, 영감을 얻기를 기대합니다. 그렇기에 CEO에게
도움을 주고자 합니다. CEO는 혼자가 아닙니다. 도움을 요청하

세요. 놀랍게도, 많은 이들이 화답할 겁니다.

CEO의 실행 독려

결국 실행에 달려 있습니다. CEO의 실행 독려가 모든 것을 좌우
합니다. 그리고 독려하는 방법은 스타트업이 성장함에 따라 진화
하죠. CEO의 마음가짐은 어떨까요? CEO는 어떻게 목표를 설정
할까요? 최우선순위는 무엇입니까? CEO와 경영진은 어떻게 매

	캡틴 아메리카/ 원더우먼과 친구들	캡틴 아메리카와 어벤저스	프로페서 X와 X맨들
미션	죽지 않기!	전투에서 이기기!	전쟁에서 승리하기!
계획 수립	• 문제와 기회 파악 • 3가지 주요 마일스톤(예: 제품, 고객, 자본조달)을 설정하고 마일스톤에 도 달하기 위한 단기 전투 계획을 수립한다.	• 연간 전사 목표 및 공 식적 출시 계획 • 리더(경영진)별 분기별 목표 • 상호 연계성과 의존관 계 명확화	• 향후 3년 전사 목표 • 리더의 목표는 하위조 직(팀)의 목표로 캐스캐 이딩Cascading • 예산과 지표별 목표치는 각 부서의 재량에 맡김
실행 독려법	• 경영진은 매주 2회 스탠 드업 미팅 • 수많은 백병전 치르기 • 그 밖의 것들은 상황에 따라 처리	• 분기별 경영진 워크숍 (회사 외부) • 운영 및 주요 관심 주 제를 3~5시간의 주간 경영진 회의로 논의 • CEO 주최로 정기적인 전사 토론회 개최	• CEO 주최로 정기적인 전사 토론회 개최 • 정기적으로 여러 부서 가 참석하여 비즈니스 검토 • 현 경영진보다 높은 지 위의 리더십팀 구축 • 비전과 전사 목표를 강 조하기 위한, CEO 주 관의 방송

주 혹은 매월 단위로 실행을 추진할 수 있을까요? CEO는 회사와 어떻게 소통할까요? 모든 CEO는 자신만의 실행 독려법을 개발해야 합니다. 원하는 것이 무엇인지를 분명히 하고, 회사가 변화하는 것에 따라 자신 역시 어떻게 변화해야 하는지 알아야 합니다. 이를 위한 확실한 규칙은 없지만, 옆 페이지의 표를 통해 몇 가지를 제안합니다.

스타트업 CEO: 최고의 자리이자 최악의 자리, 하지만 중요한 자리

스타트업 CEO는 훌륭한 역할입니다. 하지만 대부분의 시간을 혼란스럽고 외로운 감정에 빠져 기진맥진한 상태로 보내기도 합니다. 스타트업 CEO가 된다는 것은 아무것도 없는 상태에서 시장에서 중요한 역할을 수행하고, 세상에 없던 가치를 창출하며, 구성원의 삶과 경력에 긍정적인 영향을 미치는 기업을 만들어나감으로써 변화를 일으킬 기회를 얻는 것입니다. CEO란 역할은 누구도 필적할 수 없는 직업적 성장과 개인적 성장을 촉발시킵니다. 스타트업 CEO의 여정은 미친 듯 가파른 학습곡선이라 할 수 있습니다. 그리고 한 사람의 리더로 탈바꿈되어가는 자신을 인식하는 과정입니다. 그 과정을 즐기세요. 행운을 빕니다!

○ 회사가 바뀌면 CEO의 역할도 바뀐다. 그렇기 때문에 CEO는 스스로를 바꿔야 한다.

○ 초창기에 CEO의 역할은 캡틴 아메리카 혹은 원더우먼과 비슷하다. 그 후, CEO의 역할은 캡틴 아메리카와 어벤저스로 바뀌는데, 각각의 어벤저는 자신만의 초능력을 가진 임원(경영진)이라고 말할 수 있다. 규모가 커지면 CEO의 역할은 프로페서 X와 X맨들에 가깝다. 프로페서 X는 X맨들이 모인 대학의 학장이다.

○ 언러닝은 CEO가 알아야 할 핵심이다. A에서 B로 진행했던 방법이 B에서 C로 옮겨가는 데 오히려 방해될 때가 있다. 회사의 성공은 CEO가 스스로를 재정의하고 자신과 자신의 역할을 재개념화하는 능력에 달려 있다. 미션 달성을 위해 스스로 변화하거나, 아니면 변화당해야 한다.

○ 'CEO의 정신(자기인식, 분열적 사고방식, 진정성)'은 CEO의 스킬 못지않게 중요하다.

○ CEO 스킬은 배우고 연습할 수 있다. 몇몇 스킬은 자연스럽게 배울 수 있지만, 어떤 스킬은 습득하기조차 어려울 것이다.

○ 초짜 CEO를 위한 조언: 적응하는 데 앞장서라. 본인이 신호 발생기라는 점을 명심하라. 신뢰를 쌓아라. 자기 자신을 안전지대 밖으로 밀어내라.

○ CEO는 어려운 자리다. CEO는 항상 혼자 일하며, 사방에서 공격을 받는다. CEO는 뭔가 해도 욕먹고, 안 해도 욕먹는 자리다. 감정의 롤러코스터를 수시로 경험하는 역할이다.

○ CEO는 훌륭한 자리다. 미션을 향해 회사를 이끌어갈 기회다. 구성원들을 리드하고 활력 있는 기업문화를 구축할 기회다. 직업적인 성장을 경험할 수 있는 자리다. 의미 있는 개인적 성장의 경험이다. 그 과정을 재미있게 즐기기 바란다!

제2장

리더

생존 모드에 있을 때는 창업자를 포함한 모두가 각각 리더라고 말할 수 있습니다. 팔로워를 위한 자리는 없습니다. 리더십은 과업에 따라 유동적입니다. 회사의 공식적 리더는 CEO이지만, 각자 특별한 스킬을 지니고 있는 초창기의 구성원들은 각자 담당하는 과업에 따라 여러 국면에서 비공식적 리더로 활동하게 되죠. 제품을 관장하는 CEO와 리더들은 회사 전체와 미션, 구성원들을 주도합니다. 회사 전체를 대표하는 공식적 리더십은 없다고 해도 과언이 아닙니다. 누구나 백엔드back-end 플랫폼의 리더일 수 있고, 누구나 고객 참여를 이끄는 자가 될 수 있습니다. 모든 구성원들은 현금이 바닥나기 전에 제품-시장 최적화와 시장진출 최적화를 발견할 수 있을 만큼 '충분히 오래 생존하여 성장을 이룬다.'는 단순한 임무를 가지고 있습니다.

생존 단계의 리더: 스타의 등장

생존은 고난의 단계입니다. 인력과 자본에 한계가 있습니다. 모두가 제품과 고객에게 매달려 있습니다. 방향은 끊임없이 변경됩니다. 제품—시장 최적화와 시장진출 최적화에 대한 탐색이 스타트업의 흥망을 결정합니다. 불확실성이 팽배하고 스트레스가 쌓일 수밖에 없죠.

그러나 생존해야 한다는 긴장감 속에서 스타가 탄생합니다. 스타트업 초창기에 등장하는 스타들은 자신이 해야 할 일을 훌륭하게 해냅니다. 그들은 불가능한 상황에 직면하더라도 리더십을 발휘하죠.

이런 스타는 스타트업 초창기에 언제나 존재합니다. 스타트업 리더십을 처음 발휘해야 하는 신생 스타도 있지만, 스타트업이 좋아서 합류한 경험과 능력이 많은 스타도 있습니다. 초창기의 영업 담당 엔지니어는 첫 번째 고객을 확보하는 데 도움을 주고, 제품 관리에 중요한 피드백을 제공하며, 제품 마케팅 피칭을 어떻게 조정해야 하는지 알려주고, 고객 지원에 적극 관여합니다. 초창기의 QA(품질보증) 리더는 밤새워 신제품 출시에 온 힘을 다하고, 고객을 돕기 위한 새로운 네트워크 진단 도구를 설계하며, 담당 임무가 아님에도 IT 관련 작업을 수행합니다. 초창기의 고객 지원 엔지니어는 미국과 유럽 전체의 고객을 지원하기 위해 매일 12시간 이상 일합니다(미국과 유럽의 시간대가 다르기 때문). 초창기의 엔지니어링 리더는 고객의 불만에 귀를 기울이고 제품 아키텍처의 핵심 부분이 되는, 완전히 새로운 기능의 개발을 추진합니다.

그림 10. 언제나 우울해하고 부정적으로 생각하는 이요르가 되지 말라(곰돌이 푸)

스타트업을 구축하는 일은 어렵습니다. 모든 스타트업은 자원, 인재, 고객의 부족이라는 도전에 직면합니다. 이런 도전을 받을 때마다 '곰돌이 푸Winnie-the-Pooh'에 나오는 이요르Eeyore처럼 우울해하고 부정적으로 생각하기 쉽습니다. 스타트업이 이요르처럼 부정적인 감정 상태에 빠지게 되면 결코 헤어나올 수 없습니다. 정말로

그림 11. 스타는 도리처럼 모험을 통해 힘을 얻는다(《니모를 찾아서》, 픽사 애니메이션 스튜디오, 2003)

치명적이죠. 이요르처럼 되지 않도록 해야 합니다.

스타는 초창기 스타트업의 '할 수 있다' 정신을 고취시킵니다. 자원, 인재, 고객이 부족하다고 해서 그들은 자신의 동기를 꺾지 않습니다. 픽사Pixar의 《니모를 찾아서Finding Nemo》에 나오는 도리Dory처럼, 그들은 배움의 기회와 도전과 극복을 통해 에너지를 얻

습니다. 스타들은 무에서 유를 창조하고 정면으로 도전할 수 있는 기회로 인해 활력을 느낍니다.

초창기의 스타들은 아주 작은 것만 가지고도 놀라운 일을 해냅니다. 그들은 여러 가지 다양한 역할을 맡아 해내며 헤라클레스 같은 힘을 보여주죠. 장대한 계획을 추진하기보다는 작은 시도를 반복하곤 합니다. 그들은 이런 식으로 엄청난 기여를 해 주위의 인정을 받습니다. 그들은 초창기 스타트업 구성원의 핵심이자 기업문화를 정의하는 기반이 됩니다. 이 초창기의 스타들은 생존이라는 고통스러운 도전을 통해 회사를 앞으로 나아가게 합니다. 그들은 고객을 확보하고 제품−시장 최적화를 증명할 기회, 성공적인 시장진출 플레이북을 수립하고 시장진출 최적화를 달성할 기회, 성장의 문을 열어젖힐 기회, 그래서 고도 성장의 스타트업의 세계에서 리더로 인정받을 기회로부터 에너지를 얻습니다.

번창 단계의 리더: 개별 스타에서 '슈퍼 히어로 경영진'으로

시장진출 최적화는 성장의 문을 열어젖히는 단계뿐만 아니라 생존("어떻게 해야 죽지 않을까?")에서 번창("어떻게 해야 이길 수 있을까?")으로의 전환을 의미합니다. 스타트업은 번창 모드에서 영역의 리더가 되기 위한 경로를 따라 성장을 가속합니다. 이 번창 모드에서는 리더의 역할이 크게 바뀝니다. 개별 스타들이 했던 일들을 이제부터는 '팀'이 수행하게 되죠. 이제 개별 스타들은 각자 팀을 구성해 이끌어야 합니다. 5명으로 구성되었던 소수정예팀은 50명, 100명, 200명 규모의 팀으로 확대됩니다. 1년 전 회사 전체 인원수보다 더 많은 구성원을 이끌어야 하는 리더가 생기기도 합니다. 리더가 되기 위해서는 헤라클레스보다 더 큰 능력을 발휘해야 합니다.

스타트업의 성장을 가속하기 위해 이제 새로운 경영진을 구성해야 합니다. 그들은 자신만의 특별한 초능력을 갖추고 팀을 구성해 이끄는 슈퍼 히어로들입니다.

- 영업 담당 슈퍼 히어로는 영업사원들을 신속하게 채용하여 시장진출을 위한 영업체계를 구축해야 합니다.
- 제품 및 엔지니어링 슈퍼 히어로는 기존 고객의 요구사항을 충족시킬 뿐만 아니라 급변하는 시장의 요구사항을 놓치지 말아야 합니다.
- 고객 담당 슈퍼 히어로는 새로운 제품과 세계적인 고객기반을 통해 고도성장을 보장할 수 있는 '엔진'을 구축해야 합니다.
- 마케팅 슈퍼 히어로는 영업의 시장진출을 지원하기 위해 신속하게 잠재고객을 창출하고, 동시에 영역 리더가 되는 데 도움이 되는 인지도와 브랜드를 구축해야 합니다.

각 슈퍼 히어로는 성장의 청사진을 제시하고, 우수성과자·high

performer를 채용해야 하며, 성과를 내야 합니다.

생존에서 번창으로 가속하기 위해 기어를 변경하는 것은 스타트업 리더에게 벅차고 아주 어려운 일입니다. 사고방식을 바꿔야 하고, 실행 방식에 변화를 줘야 합니다. 기업문화를 바꾸고, 리더의 역할도 변해야 합니다. 모든 리더는 회사가 '생존'에서 '번창'이라는 획기적 전환을 통해 영역 리더 혹은 그 이상으로 나아가기 위한 과정에 반드시 적응해야 합니다.

규모 확대: 슈퍼 히어로에서 슈퍼 리더로

슈퍼 히어로의 여정은 결코 끝나지 않습니다. 큰 변화 속에서도 구성원들을 이끌고 영역 리더가 되는 것은 슈퍼 히어로에겐 자랑스러운 성취일 겁니다. 하지만 그 후 리더의 역할은 또 다시 바뀌어야 합니다. 슈퍼 히어로는 이제 슈퍼 리더가 되어야 합니다. 슈퍼 리더란 대규모 팀과 복잡한 운영체계를 지휘하고 자신만의 슈퍼 히어로를 채용하는, 리더들의 리더라고 말할 수 있습니다. 이전까지는 고도성장을 위해 의도적으로 무모하게 움직였다면, 이제는 세계를 무대로 활약하는 영역의 리더 기업답게 철저한 운영과 계획, 예측을 바탕으로 움직여야 합니다. 한 부문에 집중하던 '부족tribal 리더십'은 여러 기능을 두루 관장하는 스타일로 변화돼야 하죠. 이런 리더십 변화에 있어 핵심은 당연히 '언러닝'입니다.

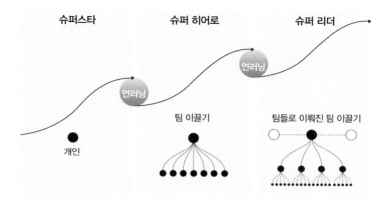

슈퍼스타   슈퍼 히어로   슈퍼 리더

언러닝

언러닝

팀 이끌기

팀들로 이뤄진 팀 이끌기

개인

그림 12. 슈퍼스타에서 슈퍼 히어로로, 슈퍼 히어로에서 슈퍼 리더로

슈퍼 히어로는 지금껏 자신을 성공으로 이끌었던 여러 가지 리더십을 버려야 하고 회사의 다음 단계를 위해 슈퍼 리더로 나아가야 합니다. 앞에서 본 적 있는 말일 겁니다. CEO가 '캡틴 아메리카/원더우먼과 친구들'에서 '캡틴 아메리카와 어벤저스'로 진화하는 것처럼, 슈퍼 히어로 경영진도 진화해야 합니다. 슈퍼 히어로에게 그 진화가 순조롭지 않듯 CEO 역시 난항을 겪게 되고 이 과정에서 여러 사람들이 진화에 실패하고 맙니다. 그래서 슈퍼 히어로가 슈퍼 리더로 진화하는 것처럼 놀라운 일은 또 없습니다.

슈퍼 히어로와 슈퍼 리더:
채용해야 하나? 아니면 육성할 수 있는가?

미션을 향해 가는 스타트업으로서 번창 모드에서 성공하려면, 경영진이 먼저 슈퍼 히어로 그룹이 된 다음에 슈퍼 리더 그룹으로 뛰어넘어 가야 합니다. 이 과정에서 '스타'와 '슈퍼 히어로'에 대한 의문이 생기는데, 이에 관한 판단은 CEO에게 달려 있습니다. "스타에게 슈퍼 히어로가 될 기회를 주어야 할까? 슈퍼 히어로에게 슈퍼 리더가 될 기회를 줄까? 실패할 수 있으니, 대신 다음 단계에 적합한 새로운 리더를 고용해야 할까?"

몇몇 슈퍼 히어로와 슈퍼 리더는 내부에서 선발됩니다. 그들은 원래의 역할을 초월하여 각각 슈퍼 히어로와 슈퍼 리더가 될 수 있는 적응력과 재능을 보유한 스타입니다. 그들은 다른 사람들도 그렇게 할 수 있도록 영감을 불어넣습니다. 그들은 스타트업 성공 스토리의 한자리를 차지합니다. 조직 내부에서 슈퍼 히어로와 슈퍼 리더로 육성되는 모습은 학습과 직업적 성장의 문화를 강화하고 엄청난 사기 진작의 효과를 가져오죠. 채용 경쟁력을 높여주기도 합니다. 훌륭한 인재를 키우는 조직으로 유명해지고, 이를 통해 더 많은 인재를 끌어들이는 선순환의 구조를 갖추게 됩니다.

그러나 여러 이해관계자들이 시장에서 검증된 임원(리더)을 채용할 것을 원하기 때문에 많은 슈퍼 히어로와 슈퍼 리더들이 외부에서 영입되는 것이 사실입니다. 이런 해결책은 초창기 스타들에게는 무척 씁쓸한 일이죠. CEO가 자신들을 신뢰하지 않고 자신들의 헌신과 희생을 고맙게 여기지 않는다고 생각하게 됩니다. 부당한 대우를 받는다는 생각도 합니다. 이 시점에 몇몇 스타들은 조용히 조직을 떠납니다. 또 몇몇 스타들은 불만 많은 부정적인 세력으로 낙인이 찍혀 해고를 당하죠. 하지만 일부 스타들은 이 상황에 잘 적응해 스타트업의 성장과 경험 많은 슈퍼 히어로로부터 배울 점을 찾아냄으로써 다음 단계에서 리더의 역할로 넘어가곤 합니다.

이런 결정(누구를 선발하고, 누구를 채용할까?)은 CEO에게 가장 까다로운 결정 중 하나입니다. 리더 선발 및 채용에 관한 결정은 회사의 성공에 영향을 미칠 뿐만 아니라 문화적으로 강력한 메시지를 전달합니다. 또한 각각의 결정은 아주 중요한 것을 고려해야 하죠(이 장의 말미에 자세히 설명함).

어떻게 다음의 역할로 나아갈까?

기존의 리더 역할에서 다음의 리더 역할로 전환하는 것은 직업적 성장에 있어 가장 큰 도전 중 하나입니다. 어떤 리더에게는 타고난 기질이라서 쉬운 일이지만, 대부분의 리더에게 이런 전환은 스트레스를 유발하는 거센 변화입니다. 많은 리더들이 첫 번째 시도에서 나가떨어지곤 하죠.

모두에게 고통스러운 순간이겠지만, 스타트업을 위해 무엇이 옳은 일인지 생각하고 실패로부터 배우기 바랍니다. 배우고 적응하려는 리더는 실패에서 얻은 교훈을 내재화하고 새로운 시도를 할 때마다 그 교훈을 되새깁니다. 성공할 수도 있고 그렇지 않을 수도 있지만, 다음 단계에 요구되는 리더 역할로 도약을 시도하는 것 자체는 모든 리더에게 강력한 학습과 개인 성장의 경험이 됩니다. 이를 수용하기 바랍니다.

다음 역할로 나아가기 위한 3단계
- **인식하기**: 리더십 역할이 변화하고 있다.
- **이전 역할을 언러닝하기**: 성공으로 이끈 것들을 폐기한다.
- **다음 역할을 예상하고 수용하기**: 불편함을 예상한다.

리더십 역할이 변화하고 있음을 인식하라

역할의 변화는 리더 자신도 모르게 이루어지기도 합니다. 그들의 직위, 보상, 보고 라인은 바뀌지 않았지만, 스타트업이 성장함에 따라 리더의 역할은 근본적으로 변화합니다.

시스코Cisco의 전 엔지니어링 담당 부사장이자 에어로하이브 네트웍스Aerohive Networks, 모바일아이언, 넷스크린Netscreen의 이사인 프랭크 마셜Frank Marshall은 다음과 같이 말했습니다. "역할 변화(수준의 전환)의 가장 큰 문제는 이러한 변화가 일어나고 있다는 사실을 모르는 것이라고 나는 생각합니다. 알아차리는 순간, 이미 손상을 입은 후죠."

CEO의 역할은 스타트업이 생존 모드에서 번창 모드로 이동함에 따라 계속해서 변화됩니다. 다른 리더들의 역할도 마찬가지입니다. 회사에 제품-시장 최적화를 탐색하는 영업 담당자가 1명이든(초기), 10명이든(성장이 가속화되는 단계), 아니면 100명이든(영역 리더가 되는 단계) 영업 담당 부사장이란 직위명은 똑같지만, 역할 자체는 단계마다 크게 다릅니다. 엔지니어링 담당 부사장이든 CFO(최고재무책임자)이든 마찬가지입니다.

예전의 역할을 언러닝하라: 성공을 이끌었던 것을 버려라

리더의 역할은 계속 변화하기 때문에 이에 적응을 하려면 스스로를 변화시켜야 합니다. 리더는 예전의 역할을 언러닝하고, 반사적으로 취하던 행동을 재정비하며, 새로운 리더 역할을 학습해야 합니다. 그리고 이 모든 노력을 매일 지속해야 합니다. 리더와 회사에게 이런 언러닝이 이루어지려면 고강도의 압박이 가중되는 상황에서도 스스로를 재배선해야 합니다. 그러면서 각 팀의 리더들은 계속해서 영업, 제품, 마케팅을 이끌어야 하고 자신이 아는 최고의 방법으로 구성원들을 지원해야 합니다. 머리말에서 언급했듯이, 언러닝은 필사적으로 고도를 높이려는 비행기에서 배선을 다시 까는 것과 같습니다. 모든 리더에게 고통스럽고 두려운 과정이지만 절대적으로 필요한 단계죠.

변화를 가능하게 만드는 것은 언러닝하고 다시 학습하려는 열망과 의지입니다. 아무도 이를 강요할 수는 없습니다. 내면에서 그 열망과 의지가 우러나와야 합니다. 누구나 변화하고 싶다고 말하겠지만, 마음속 깊은 곳에도 정말로 변화하고 싶은 욕구가 있을까요? 몇몇 슈퍼 히어로는 그렇지 않습니다. 그들은 자신의 일을 너무나 잘하기 때문에 새로운 스킬을 배워 성장하기보다는 현 상태를 유지하고자 합니다. 그래도 아무런 문제가 없으니까요. 그들은 현재의 역할을 훌륭하게 수행하면서 지금의 상태를 유지하고 싶어 합니다. 하지만 다른 리더들은 언러닝을 통해 한 차원 높은 역할로 뛰어넘어가려는 고통스러운 노력과 도전 그리고 기회를 기꺼이 받아들입니다.

이렇게 변화를 수용하는 리더들에게도 전환은 쉽지 않습니다. "현재의 역할에서 성공하는 데 도움이 된 스킬이 다음 역할에서는 오히려 걸림돌이 된다는 사실을 인식하고 있는가? 본능에 가까운 행동을 기꺼이 재배선할 의향이 있는가? 구성원들(팀)과 의사소통하는 방식을 바꿀 수 있는가? 시간을 사용하는 방식을 근본적으로 바꿀 수 있는가?" 이런 질문에 '네'라고 답하려면 매우 개인적 차원에서 자기인식과 스스로를 변화시키려는 열망이 있어야 합니다.

새로운 역할을 예상하고 수용하라

새로운 역할로 뛰어넘어 가기가 더 어려운 이유는 다음에 올 역할이 어떤 모습일지 명확하게 그리지 못하기 때문입니다. 몇몇 리더에게는 다행히도 다음 역할의 요구사항을 명확하게 알려주는 멘토나 CEO가 있지만, 대부분의 스타트업 리더들에게는 그런 존재가 없습니다. 그들은 이 여정을 한 번도 경험해보지 못했기 때문에 앞으로의 상황이 어떻게 펼쳐질지 분명한 그림을 보지 못한 상태에서 다음 역할의 모습을 상상해야 합니다. 이런 가시성의 격차는 스타트업 리더의 고충을 불필요하게 가중시킵니다.

리더의 다음 역할 이해하기: 시장진출, 기술, 재무

다행히도 스타트업이 변화함에 따라 리더의 역할이 어떻게 변화되는지에 관한 패턴이 있습니다. 비록 그 패턴은 완전하지 않고, 모든 스타트업에 적용되는 것은 아니지만, 핵심 내용은 CEO, 이사회, 리더 본인이 각각 다음에 올 역할을 예상하고 적응하는 데 도움을 줍니다.

스타트업이 생존 모드에서 번창 모드로 이동함에 따라 리더는 생존, 성장, 규모 확대라는 3가지 중대한 전환을 경험합니다. 전환할 때마다 리더의 역할이 크게 바뀝니다. 지금껏 리더를 성공으로 이끈 여러 스킬과 행동이 방해꾼이 됩니다. 각 전환 과정은 언러닝의 순간과 난관으로 가득 차 있습니다.

다음은 생존 모드에서 번창 모드로의 여정에서 시장진출 리더(영업 리더), 기술 리더(엔지니어링 리더), 재무 리더에게 발생하는 역할의 변화를 요약한 것입니다. 각 역할에 대한 개요와 함께 시간이 흐름에 따라 역할이 어떻게 변하는지 설명하겠습니다. 그리고 역할 전환 과정에서 고통을 겪었던 스타트업 리더들의 언러닝 일화를 공유하겠습니다.

시장진출 리더: 역할 변화와 언러닝의 순간

창업자 중 한 사람이 영업 리더가 되는 경우가 종종 있습니다. 그는 잠재고객을 찾아내 고객이 시제품을 사용하도록 설득하여 최초의 유료 거래를 이끌어냅니다. 제품에 강점을 지닌 창업자들은 독특한 영업 능력을 가지고 있는데, 이는 분명한 강점인 것과 동시에 약점이기도 합니다. 창업자가 주도하는 영업은 고객의 반복구매를 효과적으로 이끌어내지 못하기 때문입니다.

영업 활동이 자동적으로 이루어지고 마케팅에 크게 의존하는 성격을 갖고 있는 스타트업이더라도 처음부터 '시장진출 리더GTM leader'를 임명해야 합니다. 이 시장진출 리더는 일반적인 의미의 영업 담당 부사장이 아닙니다. 18세기의 개척자인 데이비 크로켓Davy Crockett과 같은 존재입니다. 시장진출 리더는 반복성과 시장진출 최적화에 대한 다양한 경로를 반복하고 실험합니다(1권 3장 '시장진출 최적화' 참조).

스타트업이 시장진출 최적화를 달성하면 시장진출 리더의 역할이 크게 진화합니다. 이제 그 역할은 작은 스타트업에서 영역 리더십으로 가속화하여 크고 작은 경쟁자를 물리치는 것이 됩니다. 이 역할은 전투를 거듭하며 더 큰 적들에 맞서 군대를 지휘한 잔다르크Jeanne d'Arc나 윌리엄 월리스William Wallace(일명 브레이브하트)와 유사합니다. 이런 '잔다르크/브레이브하트'형 시장진출 리더는 시장진출 플레이북이라는 전투 계획에 완벽을 기하고, 전사들을 규합하며, 플레이북을 반복적으로 실행함으로써 성장을 주도하고, 경쟁자를 물리치며 영역 리더십을 가속화합니다.

규모 면에서 스타트업이 더 이상 스타트업이 아닌 단계에 이르면 어떻게 될까요? 이 단계의 스타트업은 세계를 상대로 비즈니스를 운영하고 여러 가지 제품 라인을 보유하게 됩니다. 복잡한 '시장진출 기계'를 통해 빠르게 성장하는 영역 리더라 할 수 있죠. 이 단계에 있는 시장진출 리더는 제2차 세계대전 당시 연합군 총사령관이었던 아이젠하워Eisenhower 장군을 닮았는데, 그는 기골이 장대한 전장의 리더나 전술가가 아니었습니다. 그는 마치 건축가처럼 전쟁 상황실에 앉아 이질적인 그룹들을 조직화한 작전 지휘자라 할 수 있습니다. 그는 이질적인 성격을 지닌 다양한 그룹들이 서로 연합하여 원활하게 임무를 수행하도록 조정했습니다. 영역 리더가 된 스타트업의 시장진출 리더는, 영역 리더십에서 업종 리더십으로 가속하도록 좀더 크고 복잡한 시장진출 기계를 설계하고 구축해 회사를 운영해야 합니다. 또한 그는 전장에서 통할법한 행동과 개인적 관계를 버려야 합니다. 즉, 신뢰와 단결심과

초창기의 엔지니어링 담당 부사장 (제품-시장 최적화/시장진출 최적화)	성장 단계의 엔지니어링 담당 부사장 (영역 리더)	규모 확대 단계의 엔지니어링 담당 부사장 (업종 리더십)

데이비 크로켓	잔 다르크/브레이브하트	아이젠하워 장군(앞줄 중앙)
미션 • 숲속 길 찾기: 제품-시장 최적화 및 시장진출 최적화 • 초기 고객을 발굴하고 확보하기	• 더 큰 적과의 전투에서 영업팀을 구성하고 이끌기 • 전투를 통해 성장과 가속화를 주도하기	• 전쟁에서 승리하기 위해 시장진출 기계를 설계하고 구축하며 이끌고 운용하기 • 전쟁 상황실에서 최고사령관의 역할 수행하기
하드 스킬 hard skill • 시장진출 플레이북 만들기 • 영업, 제품 마케팅, 잠재고객 창출 전반을 스스로 해결하기 • 영업 운영계획 없음	• 시장진출 플레이북을 실행하기 • 파이프라인과 성장에 따른 영업계획 결정하기 • 효율을 지나치게 중요하게 여기지 않기 • 영업 운영계획 1.0: 예측 및 보상 • 마음이 맞는 '전사'를 채용하고 전 회사로부터 신뢰할 수 있는 시장진출팀을 구성하기	• 시장진출 플레이북을 단일 시장 너머로 확장하기 • 가중되는 복잡성과 어젠다에 대처하기 • 영업 운영계획 2.0: 의사결정 및 장기 예측을 위한 기계 • 매출과 이익을 책임지는 영업 담당 '장군'과 전투 지휘관을 채용하기
소프트 스킬 soft skill • 고객 핫스팟과 인접영역 찾아내기 • 제품팀과 긴밀히 협력하기	• 강력한 시장진출 문화와 기업 정신을 확립하기 • 요구사항을 팀원들에게 설명하기 • 때로는 불편할 정도로 팀원들을 압박하기 • '전투에서 승리'한다는, 경쟁력에 관한 평판 얻기	• '비즈니스 우선' 및 운영 마인드 • 인간관계와 신뢰를 초월하는 리더십 • 단기와 장기가 균형을 이루는 '전쟁에서 승리하라.'는 사고방식이 요구하는 고통스러운 희생을 견디기

같은 잔 다르크/브레이브하트형 리더의 본질을 언러닝해야 합니다. 전장의 지휘관에서 전쟁 상황실의 최고사령관으로 변화해야 한다는 의미입니다.

언러닝의 순간: 전장에서 전쟁 상황실로

마크 스미스Mark Smith, 루브릭Rubrick, 아리스타 네트웍스Arista Networks, 인포블록스InfoBlox, 넷스크린에서 영업 담당 수석 부사장 역임

영업 담당 부사장으로서 나에게 가장 어려운 리더십 전환은 전장을 벗어나 전쟁 상황실로 들어가는 것입니다. 가속화 단계(고객과의 거래 성사, 성장 궤도 안착, 경쟁 우위 확보) 중에 전장 한가운데 서 있는 것은 엄청난 경험입니다. 나는 회사의 모든 사람에게 어떻게 고객과 한바탕 전쟁을 치렀는지, 그 이야기를 전하는 것을 좋아합니다. 그리고 충성스러운 '형제자매들'을 한데 모아놓고 그들을 멘토링하는 것과, 판매 목표 달성을 위해 온갖 장애물을 격파해가는 것을 아주 좋아합니다. 이것이 나를 비롯한 여러 영업 담당 부사장들이 회사에 기여하는 방법이라고 생각합니다.

하지만 회사의 규모가 커지면 그간 내가 배운 것들은 영업 리더들이 해서는 안 되는 일이 됩니다. 새로운 단계에서 성공을 거두기 위해 나는 시간을 사용하는 방식을 바꿔야 했고 영업 리더로서 매일 가치를 기여하는 방식을 완전히 재정의해야 했습니다. 그러한 변화는 내게 불안감을 주었고 인간관계의 변동이라는 고통을 주었죠.

전쟁 상황실에 앉아 전군을 지휘한다는 것은 내가 현장에서 보낼 수 있는 시간이 적다는 것과, 전할 수 있는 현장의 이야기가 별로 없다는 의미였죠. '영업 기계'와 운영계획을 설계하고 수립하는 일은 대인 리더십과는 거리가 멀었습니다. 영업 담당자들과 현장에서 이루어지는 거래에 직접 접근할 수 없었으니까요. 회사의 이익을 위해 전략적 투자와 조직 차원의 의사결정을 내려야 하는 임무가 나를 의지했던 전장의 동료들에게 때때로 개인적인 상처를 주기도 했습니다. 꼭 맞는 리더가 꼭 맞는 자리에 두는 조치는 신입 영업 담당자들을 멘토링할 시간이 줄어듦을 의미했죠. 이 모두가 가치, 인간관계, 자아에 대한 나의 자기인식에 영향을 미쳤지만, 회사를 위해 해야 할 일임이 틀림없었습니다. 아이러니하게도 시장진출 리더는 전장에서 전쟁 상황실로 자리를 이동하는 순간 '존경의 상실'이라는 강한 역풍에 직면합니다. 여러 회사에서 영업 리더로서 나의 역할이 '전투를 지휘하는 것'에서 '전쟁 상황실에서 전군을 대규모로 조직화하는 것'으로 전환할 때마다 나는 초창기를 함께한 영업 전사들이 존경심을 철회하는 모습을 목격했습니다. 그들의 존경심이 사라지지 않도록 현장에 뛰어들어 그들과 개인적으로 시간을 보내고 싶은 마음이 굴뚝같았지만, 그것은 회사가 영업 리더인 나에게 원하는 바가 아니었습니다. 규모 확대 단계의 영업 리더로 전환한다는 것은 나 자신을 인식하는 방식과 타인이 나를 인식하는 방식을 좋게든 나쁘게든 변화시킨다는 뜻입니다. 나는 예전의 역할을 언러닝하고 폐기해야 했습니다.

그레고리 펙Gregory Peck이 주연을 맡은 제2차 세계대전 영화 《정오의 출격Twelve O'Clock High》은 역할이 바뀜에 따라 스스로를 변화시켜야 했던 리더의 고민을 표현하고 있습니다. 처음에 편대장이었던 주인공은 나중에 장군으로 승진합니다. 영화 말미에 이르러 그 자신은 변했고 함께했던 부하들과의 관계도 변했습니다. 그 변화는 어색했고 고통스럽기까지 했습니다. 이 영화에는 자신이 더 이상 전투 리더가 아니기 때문에 편대원들의 존경심을 잃어버렸다고 느끼는 장면이 나옵니다. 나는 모든 리더에게 이 영화를 보도록 권하고 감상평을 공유하도록 합니다. 이 영화는 보면 볼수록 새롭습니다.

기술 리더: 역할 변화와 언러닝의 순간

제품-시장 최적화와 시장진출 최적화를 탐색하는 동안 기술 리더는 고객을 기쁘게 할 제품을 개발하는 데 누구보다 초집중합니다. 끊임없이 반복하고, 적용하고, 때로는 실패합니다. 요구사항이 무엇인지를 옆에서 가르쳐주는 고객이 있고, 그 고객과 긴밀하게 상호 작용하기 때문에 가능한 일입니다. 하지만 기술 리더에겐 자원과 시간이 충분하지 않습니다. 이 첫 번째 역할은 겨울이 오기 전(즉, 회사의 현금이 바닥나기 전)에 설계도도 없이 주변에서 구할 수 있는 자재로 이웃 몇 명과 함께 오두막을 짓는 개척자와 비슷합니다.

스타트업이 제품-시장 최적화를 발견하면 기술 리더는 훨씬 많은 자원을 갖게 되지만, 그만큼 그가 받는 기대치 역시 높아지게 됩니다. 성장 가속 단계에 있는 기술 리더는 엄청난 압박을 받습니다. 신규 고객을 확보하기 위해 영역을 선도할 만한 흥미로운 기능을 제공해야 하는 것과 동시에 기존 고객을 만족시키기 위해 기존 제품을 지원해야 하기 때문이죠. 그래야 경쟁에서 앞서 나갈 수 있으니까요. 개척자와 같았던 기술 리더의 역할은 이제 건축업자가 되어 새로운 방을 추가하면서 동시에 기존의 방을 리모델링하고 하청 업체들을 구성하는 작업을 수행하게 됩니다. 적시 납품, 품질, 아키텍처, 신속한 채용, 자원 할당, 여러 프로젝트 간의 트레이드-오프 해결 등의 역할에 중점이 맞춰집니다.

규모 확대 단계에 이르면 기술 리더의 역할은 단일 제품을 개발

초창기의 엔지니어링 담당 부사장 (제품-시장 최적화/시장진출 최적화)	성장 단계의 엔지니어링 담당 부사장 (영역 리더)	규모 확대 단계의 엔지니어링 담당 부사장 (업종 리더십)

개척자적인 장인	샌프란시스코 미션 베이에 재 건축 중인 빌딩들 중 한 곳 **건축업자**	샌프란시스코 미션 베이 전체에 대한 재개발 계획 **부동산 개발업자**
임무 • 제품-시장 최적화 및 시장 진출 최적화를 찾기 위해 신속히 실행을 반복하고 제 한된 자원으로 제품 1.0을 구축하기	• 경쟁에서 이기고 영역(카테 고리)을 선도하는 제품 구 축하기	• 플랫폼과 여러 제품을 구축 하여 비전과 비즈니스 결과 달성하기
스킬 • 직접 코딩 혹은 시스템 아 키텍처 설계하기 • 신속한 혁신 추진과 신기술 습득하기 • 신뢰할 수 있는 네트워크를 통해 채용된 소수정예팀 이 끌기	• 직접 코딩에서 한걸음 물러 나 전반적인 엔지니어링 실 행을 주도하기 • 영역을 이끌 흥미진진한 기 능과 기존 고객을 위한 제 품 간에 균형 맞추기 • 여러 엔지니어링팀을 구성 하고 이끌기. 현장 리더가 될 뛰어난 후보자를 채용하 기. 현재의 인맥을 뛰어넘 어 채용하기	• 전사 전략과 연결된 여러 가지 동시발생적 엔지니어 링 프로그램을 주도하기 • 다양한 단계에 있는 여러 제품에 걸쳐 투자 결정, 동 적 자원 할당, 실행을 주도 하기 • 계획, 자원 할당, 결과 측 정, 결과물 예측을 위해 제 품 출시 기계를 구축하기 • 리더의 리더 되기. 글로벌 팀을 이끌기. 기존의 인재 와 새로 채용된 인재를 잘 융합시키기
챌린지 • 불확실성과 빈번한 변화에 대처하기 • 미래가 불확실한 스타트업 에 핵심 기술 인재를 채용 하기 • 신속히 수행할 작업(그리고 나중에 다시 수행할 작업) 과 올바른 장기적 아키텍처 기반을 보장하기 위해 신중 히 수행해야 하는 작업 파 악하기	• 고객 지원, 영업, 마케팅 전 체에 걸친 연결망 구축하기 • 기술부채를 줄이면서 핵심 제품 기능을 확장하기(기술 부채에 관해서는 1권의 2 장 참조)	• 개별 제품팀의 요구사항과 회사 전체의 요구사항 간의 균형 유지하기 • 관성과 복잡성으로 인한 실 행의 경직성을 방지하기 • 모든 제품, 모든 기술과 친 밀도를 유지하기

하는 일에서 여러 제품을 포괄하는 플랫폼을 구축하는 일로 다시 변화됩니다. 각각의 제품이 포괄적인 플랫폼으로 함께 연결된다는 점을 제외하고는 이전 단계(성장 단계)와 동일한 문제(적절한 자원 확보, 납품 및 비용 목표 달성, 적합한 리더 확보)를 갖고 있습니다. 이제 기술 리더의 역할은 몇 년에 걸쳐 여러 동의 건물을 건설하는 부동산 개발업자와 유사합니다. 사무용 빌딩들은 각각 별도의 프로젝트이지만, 도로, 녹지, 주차장과 수도전기 시설과 같은 인프라를 모두 고려해야 합니다. 기술 리더는 하위에 있는 제품 리더에게 자체 재량권을 부여할 때와 상위 기준을 준수하라고 명령할 때를 결정해야 합니다. "건설 단지의 목표보다 개별 건물의 요구를 우선시해야 하는가? 지금 어디에 투자하고 어디를 정리해야 하는가?" 부동산 개발업자처럼 규모 확대 단계에 있는 기술 리더는 동시에 벌어지는 여러 프로젝트의 비즈니스 결정, 아키텍처 결정, 실행 결정을 조율해야 하고, 재무 수익과 비용 목표치에 대해 책임을 져야 합니다. 다양한 단계에 있는 대규모 기술 프로젝트들에 관한 투자, 실행, 자원 할당의 결정을 내리려면, 운영 프로세스와 '운영 기계'가 필요합니다. 그리고 전 세계에 흩어져 있는 수백 명의 직원들이 하나의 문화를 따르도록 하려면 새로운 수준의 리더십과 의사소통이 필요합니다.

언러닝의 순간:
놓아주기, 회색지대에서 편안함을 느끼기

제이슨 마틴 Jason Martin, **파이어아이**FireEye**의 엔지니어링 담당 수석부사장**

나는 35명으로 구성된 스타트업의 CEO에서 엔지니어링 담당 수석부사장이 된 지난 5년 동안 전 세계에 퍼져 있는 800명 이상의 구성원들을 이끌며 여러 번 언러닝의 중요한 순간을 경험했습니다. 학습은 고통스럽습니다. 하지만 언러닝은 훨씬 고통스러울 수 있습니다. 기존의 습관을 쉽게 없애지는 못합니다. 특히 자신의 성공에 기여한 바로 그 습관과 기술(매우 유익했던 습관)은 버리기가 훨씬 어렵죠.

'유레카'를 외칠 만한 순간은 없었습니다. 자기 성찰, 구성원들과의 토론, '그토록 쉬웠던 것'이 어려워졌다는 좌절감을 통해 나는 서서히 깨달았습니다. 내 경력 초기에 기술 리더로서 효과가 있었던 것들은 내가 관장하는 팀이 확장됨에 따라 더 이상 효과가 없었습니다(혹은 효과적으로 작동하지 않았습니다). 과거에 내가 의사소통하고, 프로젝트를 관리하고, 기술적으로 감독하던 방식은 더 이상 먹히지 않았죠. 내가 과거의 것들을 더 세게 붙들수록 나 자신이 방해꾼이 되었을 뿐만 아니라, 팀원들은 내가 원하는 것을 달성해내지 못했습니다. 언러닝은 고통스러웠지만, 돌이켜보면 뿌듯합니다. 나 자신에 대해 많은 걸 배웠으니까요.

언러닝의 순간 1: 애도하고 놓아주기
기술 리더이자 기술 CEO로서 나는 주제 전문성subject-matter expertise, 기술적 신뢰감, 팀원들과 깊이 협력해 도움을 주는 능력에 자부심을 느끼고 있었습니다. 이런 스킬은 내 경력 형성에 큰 역할을 했죠. 나는 그런 전문성을 유지하고 입증함으로써 내가 이끄는 팀원들로부터 존경을 받을 수 있다고 생각했습니다. 이것이 나 자신뿐만 아니라 리더로서 팀원들에 대한 나의 가치를 인식하는 방식이었습니다.

하지만 팀 규모가 200명을 넘어서면서 나는 여러 하위팀으로 내 시간을 쪼개야 했습니다. 곧바로 나는 큰 부담을 느꼈고 여러 가지 결정과 문제에 뛰어들다 보니 효율도 떨어지고 말았습니다. 사람 관리people management 쪽으로 무게중심을 이동하면서 나는 스스로 자랑스러워했고 팀원들의 존경을 받았던 기술적 스킬들이 별 의미가 없다는 사실을 깨달았습니다. 팀원들은 "슬라이드와 스프레드시트만 다루시는군요." 혹은 "당신은 더 이상 순수 엔지니어가 아닙니다. 경영진이에요."와 같은 말로 나에게 충고하기 시작했습니다. 선의의 농담이었지만, 기술 리더라면 누구나 그렇듯이 정말 신경이 쓰이더군요. 그래도 나는 200명으로 구성된 엔지니어링팀의 리더가 해야 할 일을 정확히 수행했습니다. 하지만 팀 규모가 800명으로 성장하자 혼란스러운 상황은 더욱 증폭되었죠. 최고의 엔지니어들을 따라잡기 위해 기술과 코드를 직접 다루는 일이 얼마나 어려운지 나는 깨달아야 했습니다. 나는 나의 전문성과 스스로에 대한 존경심이 점차 사라지는 것을 느끼며 애도의 시간을 보냈습니다. 결국에 나는 나의 역할을 '무언가를 만드는 것'에서 '무언가를 만드는 팀을 만드는 것'으로 재구성해야 한다는 영감을 얻었습니다. 아주 어려웠지만, 그만큼 뿌듯한 경험이었습니다.

언러닝의 순간 2: 회색지대에 익숙해지기

소프트웨어 엔지니어로서 나는 코드 모듈을 구축하는 옳고 그른 방법, 플랫폼을 설계하는 옳고 그른 방법, 단위 테스트의 옳고 그른 방법이 있다는 걸 잘 알고 있었습니다. 언제나 답을 알고 있었죠. 나는 사물을 올바른 방식으로 구축하는 데에서 오는 명확함에 뿌듯함을 느꼈습니다. 하지만 제품 가짓수가 많아지고 거의 800명에 달하는 팀으로 구성된 거대 소프트웨어 기업의 임원이 되니 올바른 답이라 해도 항상 명확하지 않고 결정을 내리는 데 필요한 정보가 완벽하지 않은 경우가 많았습니다. 운영 규모가 커짐에 따라 나는 엔지니어의 명확함과 정확성을 갈망했고 거대 조직의 운영으로 인해 피어나는 흐릿한 '전쟁의 징조' 때문에 어찌할 바를 몰랐습니다.

나는 어떤 조직에서든 문제 대부분은 사람과 관련되어 있고, 사람의 문제는 이분법으로 깔끔하게 나눌 수 없음을 깨달았습니다. 나는 조직의 기능을 간소화하는 것이 코드를 간소화하는 것보다 어렵다는 사실을 발견했습니다. 나는 엔지니어의 흑백 사고방식 혹은 '옳다/그르다' 사고방식을 언러닝해야 했고, 안개 속에서 그림을 그리고 회색 지대에 있어도 편안함을 느끼기 위해서 일부러 상황의 위험요소를 찾아내는 법을 배웠습니다. 처음에는 부자연스러웠지만 점점 능숙해졌고 이제는 오히려 지적 자극과 재미를 얻고 있답니다.

재무 리더: 역할의 변화와 언러닝의 순간

초창기에 재무 리더는 스타트업의 생존을 보장하는 데 초집중합니다. 그러기 위해 운영계획 수립, 비용 통제, 현금 관리, 영업 성사 지원, CEO의 투자 유치 지원 등의 다양한 임무를 수행하죠. 실제로 이런 역할은 초기 단계의 CFO 혹은 재무 담당 부사장이 수행하는데, 군대가 전투를 치를 때 생존에 필요한 것을 확보하면서도 보급품을 절약하기 위해 애쓰는 군수장교(병참 장교)의 역할과 유사합니다.

회사가 가속화 단계로 이동하면 스타트업에는 성장 단계의 CFO가 필요합니다. 그의 역할은 항법사에 비유할 수 있습니다.

초창기의 CFO/재무 담당 부사장 (제품-시장 최적화/시장진출 최적화)	성장 단계의 CFO/재무 담당 부사장 (영역 리더)	규모 확대 단계의 CFO/재무 담당 부사장 (업종 리더십)
군수장교	항법사	부조종사
미션 • 전술 계획을 수립하고 현 금 절약하기	• 항로와 속도 설정하기 • 비즈니스 계획 추진하기 • 성장을 위해 비즈니스 조 정하기	• CEO와 협력하여 비즈니 스를 운영하고 비즈니스 가치를 구축하기
하드 스킬 • 생존 단계에 대한 운영계 획 수립하기 • 비용 통제하기. 현금 고 갈 및 현금 제로일zero- cash date을 파악하기 위 한 지식 습득하기 • 초기 시장진출 최적화를 위한 재무 모델 및 주요 지표를 구축하기	• 번창 단계와 성장을 위한 운영계획 수립하기 • 항로 계획: 투자와 성장 결정에 도움이 되는 재무 계획 및 분석법을 수립 하기 • 속도 결정하기. 시장진출 최적화, 단위 경제unit economics, 성장 속도를 높이거나 늦추는 레버를 추적하기 위한 핵심지표 개발하기	• 장기적 지속 가능성을 위 해 비즈니스 조정하기 • 비즈니스 동인을 깊이 이 해해 결정을 내리고 주요 비즈니스 및 리더 자리에 자원 할당하기 • 조직 전체에 지표와 운영 프로세스를 수립하여 결 과를 측정하고 규모 확대 를 가능케 하며 예측 가 능성을 확보하기
소프트 스킬 • 영업 성사와 고객과의 계 약을 지원하기 • 투자 유치와 재무실사를 지원하기	• 계획, 할당량 제시, 예측, 생산성 모델 제공으로 시 장진출 최적화 리더 돕기 • 투자자들과 신뢰를 쌓아 성장 자본을 확보하고 배 분하기	• 경영진 및 사업부와 팀을 이루어 계획을 수립하고 자원을 할당하기 • 월스트리트 애널리스트와 소통하고 신뢰 구축하기

항법사는 비행경로에 관한 계획을 수립하고, 어느 정도의 속도로 날지 결정하며, 여러 지표를 통해 비행기가 항로를 이탈하지 않았는지 파악합니다. 그리고 도중에 연료가 바닥나지 않을지 경계를 늦추지 않습니다. 성장 단계의 CFO는 CEO하고만 일하지 않습니다. 또한 그는 시장진출 리더와 긴밀히 협력해 시장진출 모델을

고안함으로써 어디에 투자하고, 언제 속도를 높이고 늦출지 결정합니다. 성장 단계의 CFO는 제품팀과 협력하여 투자 결정을 내립니다. 결과적으로 CFO는 CEO와 함께 비즈니스의 모든 측면을 조망합니다.

회사가 영역 리더십을 달성하고 업종 리더십을 위한 준비를 시작하면 CFO의 역할이 다시 바뀝니다. 규모 확대 단계의 CFO는 CEO의 부조종사가 되어 시장가치를 높이고, 운영 규모의 확대를 주도하며, 예측 가능성을 위해 비즈니스를 조정하고, 주주 가치를 높이기 위한 투자 혹은 투자 철회 결정을 가능케 합니다. 외부적으로는 이 단계의 CFO는 증권가와 공공 투자자들과 함께 핵심적인 역할을 수행합니다.

언러닝의 순간: 항상 옳을 수는 없다. 목적의식을 다시 배우다

프레드 볼Fred Ball, 마케토, 웹루트 소프트웨어Webroot Software,

빅밴드 네트웍스BigBand Networks, 볼랜드 소프트웨어Borland Software CFO 역임

재무 분야의 사람들은 훌륭한 재무 모델을 구축하기 위해 많은 시간과 노력을 투자합니다. 비즈니스에 대한 깊은 이해를 보여주기에 재무 모델에 큰 자부심을 느끼죠. 올바른 모델을 수립해 그 모델에 따라 실행하는 것이 재무 리더로서 내가 가치를 더하는 방법이었습니다.

회사가 성장하면서 재무 모델을 비즈니스의 다른 부분에 적용하는 것이 자연스러운 흐름이었습니다. 엄격한 재무 모델을 통해 타 부서

의 리더들을 분석했고 필요할 때는 그들을 몰아세우곤 했죠.

시간이 지나면서 나는 항상 옳고자 하는(혹은 올바른 모델을 가지고자 하는) 욕망을 언러닝해야 했습니다. 나는 재무 모델을 엄격히 적용하기보다는 다른 경영진(리더)이 성공하도록 돕는 것이 중요하다는 점을 깨달았습니다. 나는 수치로 분석하기보다(혹은 재무 모델의 올바름을 강조하기보다) 새로운 미션을 설정하기로 했습니다. 바로 경영진에게 수치 및 비즈니스 모델과 각자의 운영 현실이 어떻게 연결되어 있는지 알려주고, 그들의 운영 방침이 실제 계획상의 지표에 의해 검증되었는지 알 수 있도록 돕기로 한 것이죠. 나는 각 리더가 수치를 중요시하는 다른 임원(혹은 이사회)에게 각 부서의 계획과 성과를 잘 설명할 수 있도록 도와, 경영진과 이사회의 역학 관계를 긍정적인 방향으로 변화시켰습니다. 규모를 확장해나가는 단계의 CFO는 계획과 모델을 뛰어넘어 경영진이 성공하고, 비즈니스의 여러 부분과 동기화되도록 도와야 합니다. 이 단계의 CFO는 CEO의 부조종사 역할을 맡아야 합니다.

규모가 커지는 단계의 CFO로서 역할을 잘 수행하기 위해 나는 경영진은 물론이고 각자의 운영 현실과 하나가 되어야 했습니다. 그토록 자랑스러워하던 재무 모델에 더 이상 빠져 있을 수 없었죠. 나는 CFO로서 내가 짊어진 많은 짐을 분담하기 위해 최고 수준의 능력을 보유한 재무 담당 부사장을 채용해야 했습니다. 감정적으로 힘든 일이었죠. CFO로서 나의 가치와 목적을 부정당하는 것 같았기 때문입니다. "그 재무 담당 부사장이 입사해도 회사는 여전히 나를 필요로 할까? 내 가치가 사라지지 않을까?" 나는 불안해하면서 변화에 대한 저항감을 키웠죠.

회사는 결국 능력 있는 재무 담당 부사장을 채용했습니다. 처음에 나는 재무 모델에서 손을 떼기 주저했습니다. 나만의 깊이 있는 지식으로 팀원들에게 좋은 인상을 남기고 싶었기에 그의 존재는 나를 힘들게 했습니다. 하지만 나는 점차 나만이 할 수 있다고 믿었던 여러 가지 'CFO 업무'를 신임 부사장에게 위임했습니다. 두려움의 순간이었지만, 6개월이 지나자 그렇게 놓아주는 것이 오히려 나의 역할을 한 단계 더 업그레이드시켰다는 것과 아웃바운드에 더 집중하도록 했다는 것을 깨달았습니다. 그리고 나는 다음 단계에 이르러서도 회사와 주주가 필요로 하는 CFO가 될 수 있음을 또한 깨달았죠. 그 과정에서 가치와 목적의식을 되찾을 수 있었습니다.

리더가 다음 역할로 넘어가도록 돕기

다음 역할로 넘어가려면 새로운 도전을 이해하고 예상해야 합니다. 또한 리더는 이전까지 회사를 성공으로 이끌었던 행동 패턴을 폐기해야 합니다. 이는 매우 불편하기 그지없는 성장통입니다. 리더가 된다는 것이 무엇을 의미하는지를 학습해야 하고 동시에 언러닝을 해야 하니 혼란스러울 수밖에 없습니다.

리더가 현재의 역할을 뛰어넘어 다음 역할에 적응할 수 있게 도우려면 회사는 무엇을 해야 할까요?

학습	다음 역할처럼 생각하기 위해 도전적 과제 부여하기
솔직함	투명하고 솔직하게 피드백하기
언러닝	예전 역할 폐기하기. '30%의 법칙' 따르기
도움 받기	멘토링과 코칭

학습: 다음 역할처럼 생각하기 위해 도전과제 부여하기

다음 단계의 역할을 학습해야 한다는 임무는 기존의 책임 위에 얹어지기 때문에 순탄하게 이루어지지 않고, 리더들을 힘들게 합니다. 리더가 관점을 전환하고 다음의 역할에 입각해 생각하도록 스스로를 밀어붙이는 일은, 이미 부족한 정신적 에너지를 더욱 고갈시키고 맙니다. 일상업무를 하면서 이처럼 확장된 과제까지 수행하려면 정신적 훈련과 '우선순위의 균형'이 필요합니다. 확장된 과제는 기존 임무에 비해 그다지 중요치 않게 여겨지곤 합니다. CEO는 새로운 근육을 키우기 위한 도전과제를 제시하고 다음 단계에 맞춰 생각을 조정하도록 함으로써 전도유망한 리더들을 도울 수 있습니다. 리더로서 그들의 역할이 실시간으로 변화하고 확장된다는 건 현실입니다. 리더들이 이미 경기장에 들어선 운동선수처럼 '제자리에 서서 천천히 스트레칭'하도록 만드는 것이 핵심입니다.

제자리에서 스트레칭하기:
12개월 앞서 생각하고 그 결과를 발표하기

리더를 스트레칭하도록 만드는 좋은 방법은 그에게 주기적으로 '12개월 앞서' 생각하도록 요구하는 것입니다. 특히 다음의 3가지 질문에 집중하도록 해야 합니다.

12개월 후…

1. 팀의 목표는 무엇일까?
2. 팀은 어떻게 실행할까?
3. 팀은 어떤 모습일까?

하지만 리더들에게 이 3가지 질문에 대답하는 것 이상을 요구해야 합니다. 이사회와 함께 하는 연례 전략회의나 경영진 워크숍에서 그들의 생각을 발표하게 하세요.

리더는 눈앞에 닥친 과제를 수행하는 데 너무나 바쁜 나머지 자신의 역할이나 회사 전체가 나아가야 할 방향을 상상할 시간과 시각이 부족합니다. 당연히 그렇습니다. 그렇기에 CEO를 포함한 리더들에게 앞서 생각하도록 하고 그 생각을 발표하도록 강제하는 것은 리더가 변화하고 자신의 역할을 확장하는 데 반드시 필요한 일입니다.

회사의 실행력을 위해 앞서 생각하고 그 생각을 함께 논의하는 일은 아주 중요합니다. 이사회에게는 핵심적인 토론과 피드백을 위한 더없이 좋은 기회입니다. 다른 임원(리더)들은 동료 임원들의 생각을 청취함으로써 학습할 수 있죠. 임원 본인에게는 이런 프레젠테이션이 자신의 역할을 이해하고, 회사의 요구에 맞춰 스스로를 확장하며, 다음 역할로의 전환을 시작할 수 있는 중요한 기회입니다. 또한 어떤 리더가 다음 역할을 맡을 수 없는지도 이 프레젠테이션을 통해 분명해집니다.

투명하고 솔직하게 피드백하기

의미 있는 조언이 되려면 투명하고 솔직하게 피드백하고 코칭해야 합니다. '조언한다'는 것만으로 그 조언은 이미 바람직한 조언입니다. 훌륭한 리더라면 누구나 솔직한 피드백과 있는 그대로의 투명한 조언을 받을 자격이 있습니다. CEO가 리더와 함께 스타트업의 다음 단계에서 요구되는 역할을 명확하게 이해하고 무엇이 잘 되고 있는지, 잘 안 되고 있는지 솔직하게 논의하는 것은 정말로 중요합니다. 솔직한 피드백과 코칭은 리더의 역할 전환에 무엇보다 중요하니까요. 리더는 팀원들로부터도 피드백을 받아야 합니다. 사려 깊고 솔직한 피드백은 훌륭한 리더가 받아야 할 선물입니다.

리더와 CEO의 입장에서 솔직한 피드백과 코칭을 받아들이는 것은 피드백을 하는 것만큼이나 중요합니다. 좋은 소식은 자기인식과 적응 의지가 건강한 고성과자들은 다음 역할로 전환할 수 있다는 것입니다. 나쁜 소식은 불행히도 가장 열정적인 고성과자들 중 몇몇은 과거 성과에 대해 종교적이라 할 만한 자부심을 지니고 있어서 변화와 피드백을 수용하지 않을 수도 있다는 것입니다. 솔직한 평가는 약간의 리스크를 초래할 수 있지만, 그래도 어쨌든 해야 합니다. 건설적인 피드백을 수용하지 못하는 리더가 성공적으로 다음 역할을 행할 가능성은 낮습니다. 직접적인 피드백을 주고받는 것이 성장하기 위한 유일한 방법임을 명심하기 바랍니다.

언러닝을 장려하기: '30%의 법칙' 따르기

리더의 역할에 변화가 요구될 때 리더가 가장 어려워하는 것은 "더 이상 하지 말아야 할 것은 무엇인가?"란 질문입니다. 무언가를 폐기하는 것은 어려운 일입니다. 폐기하려면 행동의 근본적인 변화가 필요한데, 폐기해야 할 것들 상당수가 자신에게 자부심과 자기만족을 주는 것들이기 때문입니다. 다행히도 리더가 이런 문제를 인식하고 해결책을 마련하는 데 도움이 되는 경험법칙이 있습니다. 바로 '30%의 법칙'입니다.

하나의 기능, 문제 혹은 조직의 관심사에 대해 자기 시간의 30% 이상을 소비한다는 사실을 발견할 때마다 "왜?"라는 질문을 던지세요. 대답은 다음과 같이 네 가지 유형으로 나올 겁니다.

대답	조치
1. 요구사항이 많아짐	요구사항의 30%를 당신 대신 담당할 사람을 채용하라
2. 해서는 안 되는 일을 하고 있음	그 일을 팀의 누군가가 담당하도록 하라
3. 문제를 일으킨 팀원의 뒷수습을 하고 있음	팀원을 평가하고 인사 조치를 고려하라
4. 통과의례적인 일(예: 투자 유치)임	지나갈 일이니 아무것도 하지 마라. 지금은 상황이 괜찮다.

이 법칙은 리더가 시간을 어떻게 보내고 있는지와 어디에서 행동을 변화시켜야 하는지 식별하기 위한 실용적 '렌즈'라 할 수 있습니다.

CEO는 이 법칙을 사용하여 자신의 행동을 변화시키고 경영진을 평가할 수 있습니다. 그리고 경영진은 이 법칙을 사용하여 자기 자신뿐만 아니라 조직 전체를 평가할 수 있습니다.

도움받기: 멘토링과 코칭

임원들을 위한 멘토는 다양한 형태와 범위로 제공되지만, 가장 가치 있는 멘토는 두 가지 유형입니다. 바로 '경험 많은 멘토'와 '젊은 멘토'죠. 경험 많은 멘토는 15년에서 20년 이상의 경력을 보유한 고위 경영진으로서 여러 가지 전문 경험과 지혜가 풍부합니다. 젊은 멘토는 경력이 3~5년밖에 안 된 젊은 임원으로서 최근에 비슷한 성장 문제를 겪은 자입니다. 멘토는 주기적으로 긴급 지원, 조언, 관점 등을 멘티에게 제공하는데, 그의 멘토링은 도전과 변화의 시기에 리더를 돕는 데 필수적일 수 있습니다.

단기적 경력 성장과 도전을 위해서는 경력이 15~20년인 멘토보다 3~5년 앞서 경험했던 젊은 멘토를 추천합니다. 젊은 멘토는 성장 과정에 있는 임원들에게 보다 효과적인 경우가 많습니다. 왜냐하면 최근에 비슷한 도전을 겪었기에 그들의 조언이 더 공감을 불러일으키기 때문입니다.

코칭은 성장 과정의 임원을 위한 보다 집중적인 형태의 도움입니다. 코칭의 일환으로 CEO는 정기적으로 피드백하고 기대 수준을 명확하게 제시해야 합니다. 그러나 많은 리더들, 특히 리더로서 커다란 변화를 겪고 있는 리더들은 임원 코칭에 특화된 외부 전문가의 도움을 받을 수 있습니다. 리더가 다음 역할로 전환하도록 제삼자로서 편견 없이 도울 수 있기 때문입니다.

훌륭한 코치는 때로는 임원을 밀고 당기면서 강력한 수준의, 상당히 불편할 수 있는 자기인식을 요구합니다. 그 불편은 리더로서 성장하고 변화할 기회를 수용한다는 좋은 신호입니다.

현재의 역할을 초월할 수 있는가?

모든 리더는 스스로에게 이렇게 묻습니다. CEO는 스타와 슈퍼 히어로가 성공하기를 바랍니다. 슈퍼 히어로의 성공은 회사의 성장을 가속화하고 팀원들에게 더 많은 기회를 제공하며 전반적으로 자신감과 사기를 높이는 데 도움이 됩니다. 반면 슈퍼 히어로의 실패는 회사에 피해를 주고 기회를 줄이며 팀원들의 자신감과 사기를 저하시키죠. 비싸고 위험한 실험을 행동에 옮기기 전에 CEO는 스타가 다음 단계에서 성공할지 어떻게 예측할 수 있을까요? 다음과 같이 구체적인 몇 가지 질문을 던지는 것이 도움이 될 수 있습니다.

스타는 변화의 필요성을 인식하는가?

다음 단계로 올라가려면 리더는 자기 자신과 운영 방식을 바꿔야 합니다. 그러려면 자기 자신과 행동을 변화시켜야 할 필요성을 인식하는 것이 무엇보다 중요하죠. 자기인식이 필요하다는 뜻입니다. 자신의 역할을 훌륭하게 수행하여 그 업적을 인정받은 슈퍼스타와 슈퍼 히어로에게는 지금껏 해오던 것을 계속하는 것이 더 쉽고 편안할 겁니다. 변화의 필요성을 인식하는 것은 변화에 대한 요구를 실천으로 만족시키는 것만큼이나 불편한 일입니다. 하지만 다음 역할로 넘어가려면 인식과 실천 모두가 중요합니다.

스타는 우수 인재 채용으로 인한 불안과 두려움을 극복할 수 있는가?

슈퍼 히어로나 슈퍼스타에게 우수 인재를 채용하는 것은 성공의 중요한 척도입니다. 하지만 리더의 자리에 처음 오른 자에게 우수 인재 채용은 불편한 질문을 던지게 만듭니다. "그들이 나보다 뛰어나면 어떻게 될까?", "나에게 비친 스포트라이트를 그들이 가져가지 않을까?", "내가 담당하던 역할을 그들이 이어받아 잘 수행할 수 있을까?" 이렇게 불안해하는 리더는 자신에게 위협적이지 않은 B급 인재만을 채용하기 때문에 회사뿐만 아니라 스스로에게 해가 될 가능성이 높습니다. 훌륭한 인재를 뒤늦게 채용하거나, 훌륭한 인재를 채용해놓고서도 회사를 그만둘 때까지 권한위임을 하지 않음으로써 말입니다. 리더가 다음 단계로 올라가려면 이렇게 스스로에게 질문을 던져야 합니다. "이런 자연스러운 불안을 극복하고 우수 인재를 채용해 그에게 권한을 부여할 수 있을까? 그들이 스포트라이트를 받도록 돕고 나는 새로운 역할에 집중할 수 있을까?"

스타는 더 빨리 달리길 바라는가, 아니면 더 잘 달리고 싶어 하는가?

마케토의 창립 CEO인 필 퍼낸데즈는 다음 역할로 넘어가야 하는 리더를 평가하거나 코칭할 때 이렇게 단순한 질문을 던졌습니다. "스타는 더 빨리 달리고 싶어 하는가, 아니면 더 잘 달리길 바라는 가?" 이 질문에 대한 답을 얻으려면 스타에게 현재의 주요 목표, 과제, 조직, 프로세스를 설명하도록 요청하고, 그런 다음 6개월이나 12개월 후의 모습에 대해 설명하도록 하면 됩니다. 또 이런 질문들을 던지는 것이 도움이 되죠. "어떻게 검증된 잠재고객 규모를 10배로 늘릴 수 있습니까?", "10배로 증가한 고객에 어떻게 대응할 겁니까?", "기능에 대한 요구가 폭발적으로 증가하면 어떻게 대응하겠습니까?", "지원 요청이 10배 많아지면 어떻게 처리할 겁니까?", "현금 고갈의 위험이 증가하면 어떻게 대처하겠습니까?" 그들의 답변은 임원들에게 기하급수적으로 증가하는 요구를 얼마나 잘 파악하고 있는지, 또 얼마나 잘 해결할 수 있는지를 보여줍니다.

'더 빨리 달린다.'란 사고방식을 지닌 스타는 팀에게 쇄도하는 요구사항을 충족시키기 위해서 '더 빨리 일하겠다.'고 응답하는 경향을 보입니다. 그들은 스스로를 힘든 업무환경의 희생자라고 느끼는데, 일반적으로 그들은 '또 다른 나'를 뽑겠다는 계획을 세우곤 합니다. 그들의 해결책은 더 많은 사람을 뽑아서 모두가 동일한 일을 수행하게 하는 것입니다.

반면에 '더 잘 달린다'는 사고방식을 가진 스타는 팀에게 쌓여가는 요구사항을 충족시키기 위해 '다르게 일하겠다'고 답하는 경향을 보입니다. 그들은 힘든 업무환경을 해결해야 할 도전과제로 인식하고 더 나은 전략, 더 나은 조직, 더 나은 실행계획을 마련하려고 노력합니다.

아래는 둘 사이의 차이를 개념화하는 데 도움이 되는 간단한 그림입니다. 점점 늘어나는 짐을 더 빠른 속도로 운반해야 한다는 요구를 충족시키기 위해 '더 빨리 달린다'형 리더는 더 많은 말을 들여야겠다고 생각하지만, '더 잘 달린다'형 리더는 트럭을 사용하도록 팀을 구조조정 하겠다는 생각을 합니다.

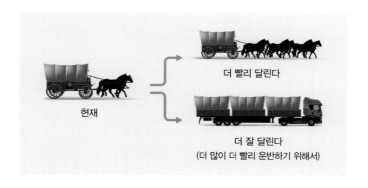

현재

더 빨리 달린다

더 잘 달린다
(더 많이 더 빨리 운반하기 위해서)

리더가 역할 전환을 하지 않으면: 교체하라

어떤 리더는 다음의 역할로 전환하지 못하거나 전환할 의지를 보이지 않습니다. 빠른 속도로 성장하는 스타트업이 리더의 적응능력과 변화능력을 능가하는 경우가 있죠. 또는 리더가 현재의 역할과 운영 방식을 선호하는 경우도 있습니다. 두 경우 모두 해결책은 사람을 교체하는 것입니다.

리더 교체는 어려운 일입니다. 교체하는 것이 스타트업과 미션을 위한 올바른 결정이지만, 개인의 경력과 그 가족이 영향을 받게 되죠. 리더를 교체하려면 결의와 솔직함이 필요하고 동시에 존엄을 지키도록 배려하는 마음과 연민이 있어야 합니다. 모든 변화는 혼란을 야기하기 때문에 대비를 잘 해야 합니다. 또한 모든 변화는 배선을 바꾸고 운영 방식을 개선할 좋은 기회이기에 이를 잘 활용하기 바랍니다. 그리고 모든 변화는 리더십을 발휘하고 회사 전체와 다른 리더들에게 메세지를 전하는 기회이기도 하니 현명하게 사용해야 합니다. 변화는 어렵긴 하지만 기회이기도 합니다. 미션 달성을 위해서 변화를 수용하기 바랍니다.

슈퍼스타와 슈퍼 히어로가 '평범한 인간'이 되었다는 문제

잘못된 리더를 채용했거나 그 리더가 제대로 역할을 수행하지 못한다면 교체 결정에는 어려움이 없습니다. 회사를 일구는 데 중요한 역할을 수행했던 스타나 슈퍼 히어로가 회사의 요구에도 불구하고 언러닝에 실패하고 변화하지 못한 경우일 때가 어렵고 도전적인 상황이죠. 한때 영예로웠던 리더들은 슈퍼스타나 슈퍼 히어로에서 그저 하나의 평범한 인간이 되어버리곤 합니다. 이런 문제는 스타트업이 가장 대응하기 어려운 일 중 하나입니다.

어떤 일이 일어날까요? 리더와 주변인들에게는 고통스러운 시간일 겁니다.

회사가 변화하는 과정 동안 슈퍼스타와 슈퍼 히어로는 계속해서 뛰어난 역할을 수행합니다. 그들은 사람들로부터 격찬을 받고, 모두가 그들을 좋아합니다. 그러고 나면 어느새 그들은 중압감을 느끼게 되죠. 그래서 미래에 대한 계획을 물으면 방어적인 태도를 보입니다. 결국 실행률이 저조해지고, 사람들은 그들에게 손가락질합니다. 리더는 앞에 나서기보다는 은둔하려고 하죠. 이것이 종말의 시작입니다.

물론 모든 상황은 각기 다릅니다. 하지만 공통적인 패턴이 존재하죠.

슈퍼스타가 평범한 인간이 된다

초기 슈퍼스타는 회사에 엄청난 공헌을 한 기여자contributor로서 자신에게 방해가 되는 모든 것을 제거하는 데 매진합니다. 슈퍼스타는 팀에서 '주전선수'로 인정받고 보상받습니다. 하지만 성공했다는 것은 슈퍼스타의 역할이 변화될 시점이라는 뜻입니다. 이제부터는 인재를 채용하고 목표를 설정하며 실행을 주도하고 팀을 이끌어야 할 시기입니다. 슈퍼스타는 팀을 이끄는 일 대신 관성에 따라 행동하고 슈퍼스타라는 평판을 얻게 해줬던 개인 수준의 노력에 과도하게 많은 시간을 할애합니다. 그들은 어떤 후보자도 자신이 할 수 있는 만큼의 성과를 낼 수 없다고 믿기 때문에 채용에 어려움을 겪습니다. 실행을 주도하는 데에도 곤란을 겪죠. 모두가 스타를 바라보기에 방어기제가 작동하기 시작하고 긴장감이 고조됩니다. 슈퍼스타의 좌절감이 커지는 바람에 급기야 부정적인 문화 세력으로 전락하죠. 슈퍼스타는 그제야 자신이 그저 하나의 평범한 인간에 불과함을 깨닫게 됩니다.

슈퍼 히어로(임원) 역시 평범한 인간이 된다

초기 슈퍼 히어로는 회사의 성장과 성공에 크게 기여한 임원입니다. 그들이 없었다면 회사가 존재하지 못했을 겁니다. 많은 스타트업 구성원들은 그들에 의해 채용되었죠. 회사는 경영진의 핵심 구성원인 슈퍼 히어로를 존중합니다. 하지만 회사가 확장되고 성장이 가속화됨에 따라 균열이 나타나기 시작합니다. 급속한 성장으로 인해 발생하는 시스템 이슈는 명확한 해결책이 없기에 크게 확대됩니다. 미래를 위한 계획은 과거에 수립했던 계획에 비해 크게 다르지 않습니다. "그것이 우리를 이곳까지 오게 했습니다… 우리는 지금 변화를 기할 수가 없어요(여력이 없어요)." 실행상의 어려움이 존재하고, 계획은 정체되며, 긴장이 고조됩니다. 슈퍼 히어로 리더는 좌절감을 느끼며 변화의 필요성은 인식하지만, 무엇을 해야 할지 확신을 갖지 못합니다. 외부의 압박은 방어기제만 불러일으킵니다. 어떤 경우에는, 문화적으로 시금석의 위치에 있던 슈퍼 히어로가 돌연 부정적인 세력으로 이동하기도 합니다. 자신이 지닌 초능력과 지휘 능력을 자부했던 슈퍼 히어로들은 실망스럽게도 그저 한 사람의 평범한 인간이 된 자신을 발견합니다.

근본적인 이슈는 동일합니다. 예전의 역할을 언러닝하고 새로운 역할을 학습하는 속도가 회사가 성공하는 데 필요한 속도에 미치지 못한다는 것이죠. 공정하게 말한다면, 다음 역할에 따른 요구사항을 명확하게 표현하지 않는 것은 CEO의 책임일 때가 많습니다. 이슈를 신속하게 해결하는 것은 CEO(그리고 리더)의 몫입니다. 몇몇 리더는 자기가 가장 잘하는 일을 고집하느라 스스로를 바꾸지 않는 선택을 합니다. 또 몇몇 리더는 빠르게 도약할 만한 스킬이나 능력이 부족하기도 합니다. 다시 말하지만, 해결책은 사람을 교체하는 것입니다. 그런 리더를 회사 밖으로 내보내 자신이 원하는 걸 하도록 하는 것이 해결책이죠. 반면에 어떤 리더는 상황을 이해하고 회사를 위해 의미 있는 역할을 또다시 하고 싶어합니다. 이는 아주 훌륭한 선택입니다. 회사 내에서 긍정적인 문화적 힘을 유지하면서 계속 기여하고 배울 수 있으니까요. 이런 리더는 미래에 벌어질 리더십 전환에 있어 좋은 본보기가 됩니다.

배려와 과감함

리더의 교체를 고려하는 CEO는 배려와 무자비한 과감함 사이에서 줄타기를 잘 해야 합니다. 이와 같은 트레이드-오프는 경영진과 팀원들에게 모두 적용됩니다. 그러나 간결한 설명을 위해서 이 섹션에서는 CEO만 언급하겠습니다. 현재 CEO는 역할 전환에 혼란을 겪는 슈퍼 히어로 임원에게 차기 역할로 성장할 기회를 주는 데 열심입니까? 아니면 혼란스러운 모습을 보이는 임원을 바로 교체할 만큼 지나치게 과감한가요?

너무 빨리 조치를 취하면 리더를 코칭하고 성장시키는 데 충실하지 못하고 무관심한 것으로 인식됩니다. 반면 너무 오래 지연하면 우유부단한 사람으로 인식되죠. 해도 욕먹고 안 해도 욕먹는 함정처럼 느껴질 겁니다. 균형을 잘 맞춰야 하는 일인데, 모든 CEO에겐 본인만의 균형점이 있을 겁니다. 하지만 균형과 상관없이 항상 지켜야 할 일이 있는데, 그것은 바로 '회사를 위해 옳은 결정을 하라'는 것입니다.

배려하고 있음을 보이세요. 슈퍼 히어로에게 성장할 기회를 주면 CEO는 팀에 투자할 수 있고, 성장에 관심이 있는 인재를 영입할 수 있으며, 불가피한 기복에도 불구하고 리더들에게 배려심을 보일 수 있습니다. 하지만 그런 배려심은 슈퍼 히어로에서 평범한 인간으로 전락한 임원을 지나치게 지원하게 된다는 리스크를 가지고 있습니다. 실행에 적극적이지 않고 팀에 부정적인 영향을 끼치며 회사를 난관에 빠뜨리는 그런 임원을 말입니다. 자칫 잘못하면 구성원들과 투자자들이 비즈니스와 CEO에 대해 가지고 있는 신뢰를 잃게 만들 수 있으니 조심해야 합니다.

과감하게 조치를 취하세요. 리더에게 배울 기회를 제공하지 않을뿐더러 변화에 난항을 겪는다는 첫 징후가 나타나면, 무자비할 정도로 즉시 사람을 교체하는 것이 바로 과감한 대안입니다. 여기에서 적용되는 격언은 "확실하지 않다면, 확실한 것이다."입니다. 이 접근방식을 통해 CEO는 회사와 이사회에 자신의 결단력을 보여줌으로써 다음 단계에 필요한 인재를 영입할 수 있습니다. 그러나 리스크도 있습니다. 난항의 첫 징후가 나타나자마자 바로 임원을 해고하는 것은 CEO가 구성원의 성장에 투자할 의사가 없고 배려심이 없다는 것으로 보일 수 있으니까요. 이 모습은 다른 임원들에게 전달되고, 새로운 리더를 채용하기 어렵게 만들며, 실수에 대한 두려움으로 기업문화를 훼손시키기도 합니다.

이런 트레이드-오프는 CEO와 슈퍼스타/슈퍼 히어로 간의 사적인 문제로 보일 수 있지만, 사실 그렇지 않습니다. 다른 리더들

그림 13. 관객을 기억하라

과 직원들이 관객이 되어 그 장면을 유심히 지켜보고 있으니까요. 임직원들은 해당 리더가 곤경에 처해 있음을 보거나 들으면서 속으로 긴장감을 느낄 겁니다. CEO가 이 상황을 어떻게 해결하는지 예의주시하죠. 관객 속의 임원들에겐 두 가지 의문점이 있을 겁니다. 첫째는 'CEO가 회사의 이익을 위해 어려운 결정을 내릴 것인가?'이고 둘째는 '언젠가 나도 저렇게 된다면 어쩌지? CEO가 내게 기회를 줄까? 내가 해고되더라도 CEO는 정중한 태도를 보일까?'입니다. 관객이 CEO의 결정을 몰고 가도록 해서는 안 되지만, 관객은 구성원을 대표하기 때문에 신경 쓰지 않을 수 없습니다. 물론 이것은 CEO만의 문제가 아닙니다. 모든 계층의 리더는 각자의 하위 리더로 인해 이런 트레이드-오프에 직면하기 때문입니다.

'배려심 없음'과 '우유부단함'의 차이는 무엇일까요? 해도 욕먹고 안 해도 욕먹는 함정처럼 느껴지겠지만, 현실에서는 적절한 균형점을 찾아야 합니다. 너무 일찍(배려하지 않음)과 너무 늦게(우유부단함) 사이, 즉 CEO의 결정이 회사를 위한 선견지명이라고 평가되면서 동시에 임원들에게 공정하다고 여겨지는 지점이 적절합니다. 모든 CEO는 자신만의 균형점을 찾아야 합니다.

배려심과 과감함의 균형 맞추기

너무 일찍	적절한 시기	너무 늦게
배려심 없음	선견지명 & 공정	우유부단함

이런 상황에 직면한 경우, 우리의 조언은 해당 리더에게 최대 90일의 시간을 주고 무엇을 할지 결정케 하라는 것입니다. 솔직하게 피드백하세요. 자신이 하고 있거나 하지 않는 것 중에 리더를 방해하는 것이 있는지 스스로에게 질문을 던지세요. 몇몇 핵심 경영진과 이런 이슈를 공유하여 의견을 구하세요. 정리하자면, 먼저 곤경에 처한 리더를 돕고, 그다음에 그가 변화될 준비가 되었다고 판단되면 역할의 전환을 도우라는 말입니다. 90일 후에 리더의 교체가 필요한지 아니면 신임할 것인지를 결정하세요. 결단력 있게 결정하기 바랍니다. 회사는 꼭 맞는 리더를 필요로 하고, 리더에게는 자신의 역할을 훌륭하게 수행할 것인지, 아니면 존중을 받으며 회사를 떠날 것인지 결정할 자격이 있습니다. 그러므로 CEO의 판단을 분명하게 전달받아야 마땅합니다.

오래 일한 리더를 떠나 보내는 결정은 잔인하게 느껴집니다. 그러나 회사를 일구는 데 핵심적인 역할을 했던 충성스러운 슈퍼스타와 슈퍼 히어로는 그저 하나의 평범한 인간이 되었으니 떠나 보내야 합니다. 변화를 위한 교체(해고) 결정은 그들에 대한 존경심을 표할 기회이기도 합니다. 그들은 회사의 성공에 기여했습니다. 그 성공으로 회사는 그 이상 진화했으니 그들에겐 자신들의 기여에 대해 존경받을 자격이 충분합니다.

나는 결국 모두를 교체했습니다.

익명을 요구한 모 CEO

우리 경영진은 서로 사이가 좋았습니다. 우리는 출장을 함께 다녔고 밤늦도록 일했으며 회사가 아닌 곳에서도 어울리는 등 여러 해 동안 유대감을 형성했습니다. 우리는 회사를 수백만 달러 규모에서 10억 달러 규모의 매출을 올리는 기업으로 일구었습니다. 경영진은 거대한 도전을 성공적으로 극복했고, 많은 임원이 고위 리더로 자리를 잡았습니다. 그들이 회사를 만들었다 해도 과언이 아니죠.

하지만 2년이란 시간이 지나고 나서 나는 결국 그들을 모두 내보내야 했습니다. 몇몇 리더는 그저 번아웃된 것이었지만, 나는 회사 성장의 다음 단계를 위해 외부에서 대부분의 리더를 영입해야 했죠. 고통스러운 시간이었지만, 회사뿐만 아니라 당사자들에게도 옳은 조치였습니다. 5년 후 회사는 산업 전체를 선도하는 수십억 달러 규모의 기업이 되었습니다.

나는 우리가 새로운 경영진을 구성하지 않았더라면 그런 도약을 이룰 수 없었을 것이라고 믿습니다.

투명성 딜레마 Transparency Dilemma

임원들은 CEO로부터 솔직한 피드백과 코칭뿐만 아니라 앞으로의 과제를 투명하게 전달받을 자격이 있습니다. 하지만 그런 투명성에는 단점이 존재합니다. 아무리 좋은 의도를 가지고 있더라도 한없이 투명한, 있는 그대로의 메시지는 임원의 동기와 헌신을 약화시킬 수 있습니다. 물론 솔직함은 리더십과 성장에 있어 중요한 부분이지만, CEO와 리더 모두에게 희망과 두려움이 뒤섞인 불안한 상황이라는 느낌이 들게 만듭니다.

현장에서의 투명성 딜레마

CEO가 임원에게 "빌, 팀을 이끌어준 것에 감사합니다. 당신은 진정한 변화를 이끌어냈어요. 하지만 앞을 내다보니 몇 가지 우려되는 것이 있습니다. 당신은 다음 단계에 적합한 리더가 아닌 것 같다는 생각이 들지만, 나는 여러 문제에도 불구하고 당신과 함께 일하기 위해서 최선을 다하고 있습니다. 자, 목표와 계획을 수립해봅시다. 그러면 내가 지원을 해주고 코칭도 해드리겠습니다. 계속해서 100%의 노력을 기울여주시기 바랍니다."

CEO의 관점

- **희망 사항**: "투명하고 솔직한 피드백은 리더십의 한 부분이다. 다음 단계에 대해 고민하는 것은 정당하다. 그런 우려를 임원과 공유하여 해결할 수 있게 하는 것이 유일한 방법이다. 나는 훌륭한 실적을 내는, 잠재력을 가진 이 임원에게 기꺼이 투자할 것이다."
- **두려움**: "하지만 이 임원이 나의 솔직한 우려를 불길한 징조로 해석하여 남들 모르게 새 직장을 찾기 시작할 것 같아 두렵다. 그러면 당연히 실행은 멈추겠지? 다른 유능한 임원들도 이직 제의를

받을 테고, 개발 계획을 실행하는 도중에 그들이 기습적으로 타사로 이직하게 되면 실행에 커다란 구멍이 생길 거야. 그러면 처음부터 인재 채용을 다시 시작해야 해. 아⋯. 어쩌지?"

임원의 관점

- **희망 사항:** "나는 그동안 열심히 일했고 많은 기여를 했다. 나는 내 역할이 변하고 있음을 인식하고 있다. 나의 발전에 기꺼이 투자할 것이라고 말하는 CEO의 솔직한 피드백에 감사한다."
- **두려움:** "그렇지만, 떨쳐버릴 수 없는 생각이 있다. CEO가 날 좋아한다는 것은 알고 있지만, 걱정이 된다. 어느 날 일어나보니 내 자리가 없어졌다는 사실을 알고 싶지는 않다. 가족을 위해서라도 그래서는 안 된다. 그렇기 때문에 나는 내 시간의 25%를 다른 직장을 찾는 데 써야 한다. 그러려면 현재 내가 추진하는 장기 계획에 소홀할 수밖에 없다. CEO에겐 못 할 짓이지만, 해고당할 것에 대비해야 하니 어쩔 수 없다."

이 상황은 흔히 알려진 '죄수의 딜레마prisoner's dilemma'와 유사합니다. 그런 함정에 빠지지 않기 위한 몇 가지 방법이 있습니다.

솔직한 대화를 '정상적인' 일상으로 만들라: 임원들과 건설적인 방식으로 솔직한 대화를 나누는 것에 문제가 없다는 공감대를 미리 형성하기 바랍니다. 물론 말은 쉽지만 실제로는 어려운 일입니다. 리더들이 각자의 팀원들과 솔직한 대화를 나누도록 독려하세요. 또 팀원들이 자신의 리더와 솔직한 대화를 나누도록 권장하세요.

솔직함은 리더와 팀원 간에 '어른스러운 대화'가 이루어지도록 하는 데에 아주 중요한 요소입니다. 이런 솔직한 대화가 일상적이라고 느낄수록 정직한 코칭이라 인식될 가능성이 높아지고, 두려움에 압도돼 불필요한 불안감으로 이어질 가능성은 낮아집니다.

변화 논의에 대한 두려움을 제거하라: 난항을 겪는 임원과 CEO 모두 합리적인 이유로 두려움을 느끼고 있습니다. 핵심은 서로가 서로를 놀라게 하지 않는 것이고, 서로 책임을 떠넘기지 않도록 하는 것입니다. 그 방법 중 하나는 CEO와 리더가 투명함을 바탕으로 오래 신뢰를 쌓는 것입니다. 또 하나의 방법은 '상호 안전망mutual safety net'이란 개념을 형성하는 것입니다.

> *밥 팅커* "상호 안전망은 내가 CEO로 재직하는 동안 알았더라면 좋았을 것입니다. 서로의 긴장과 두려움을 생산적으로 해결하는 데 도움이 됐을 텐데 말입니다. 상호 안전망이란 개념은 임원을 채용하면서 체결하는 개인들 간의 계약을 의미합니다. 예를 들어 이런 것이죠. '당신이 다음 단계에 적합한 임원이 아니라고 결정되면 나는 당신에게 사전 통지를 할 것이고 합리적인 수준의 퇴직금을 지급할 겁니다. 그리고 당신이 퇴사하기로 결정한다면 나에게 미리 통지해주고, 내가 대체할 사람을 찾는 동안 담당 업무 수행에 소홀히 하지 않을 것을 약속해주기 바랍니다.'"

변화에 대한 기대치 설정: 성공의 신호

채용할 때 역할 전환의 가능성을 미리 알리기

모든 구성원은 스타트업이 빠르게 성장하고 성공을 거두면 자신들에게 요구되는 역할이 커질 수 있음을 '머리로는' 잘 알고 있습니다. 문제는 대부분의 구성원들이 새로운 역할에 대한 기대보다는 부담을 토로한다는 것이고 성장과 변화가 일어나야만 사람들이 변한다는 것입니다. 그러면 너무 늦습니다. 새 역할에 대한 논의는 채용 과정에서 이루어져야 합니다.

성장과 학습을 강조하세요. 그리고 모두가 훌륭한 역할을 수행한다면 회사가 그 이상으로 성장할 수 있다는 가능성에 대해서도 공개적으로 이야기하세요. 그리고 이 동일한 역학이 CEO를 포함하여 회사의 모든 리더에게 적용된다는 점을 분명히 하세요.

> **밥 팅커** "어느 시점이 되자 모바일아이언의 공동 창업자 세 명(아제이Ajay, 수레시Suresh, 나)은 초기에 맡았던 역할에서 물러나야 했습니다. 기분이 좋지 않았죠. 어색하고 이상했습니다. 하지만 때가 됐을 때 변화를 가하는 것은 미션을 위해, 그리고 당신에게 의지하는 수백 명의 직원과 가족을 위해 100% 옳은 일입니다. 당신은 그들과 투자자들에게 빚을 지고 있으니까요."

이와 함께, 성공을 위해 성장과 학습을 지원할 것임을 지원자에게 강조하세요. 이런 대화는 지원자에게 앞으로 나눠야 할 껄끄러운 대화와 피할 수 없는 변화를 미리 예상할 수 있게 합니다.

이사회에게 변화 가능성을 미리 알리기

이사회도 비슷한 문제를 안고 있습니다. 이사회의 주요 역할 중 하나는 꼭 맞는 리더가 꼭 맞는 역할을 수행하도록 하는 것입니다. 스타트업이 성공과 성장의 가능성을 보일 때, 이사회는 역할 전환과 교체와 같은 어려운 주제에 대해 적극적으로 논의하는 것을 알게 모르게 피하려고 합니다. 문제가 불거지지 않았는데도 이사회가 미리 걱정한다, 혹은 이사회가 리더의 실행과 성장을 방해한다는 낙인이 찍힐까 봐 두려워서입니다. 그러나 적극적으로 토론이 이루어져야 합니다. 경험 많은 이사회 멤버는 임원에 대한 문제를 조기에 감지할 수 있습니다. X라는 슈퍼 히어로가 훌륭한 업적을 쌓아왔음에도 불구하고 다음 단계에 적합한 사람인지 의문을 제기할 수 있는 것이죠. 슈퍼 히어로 X는 코칭을 통해 도전에 응할 수도 있고 아닐 수도 있습니다. 아니면 교체될 수도 있습니다. X에 대해 명확한 판단을 하기 어렵다면 이사회와 CEO가 솔직하고 적극적인 대화를 나눠야 하지만, CEO에게 딜레마를 야기하기도 합니다. "그 리더에게 현재 역할 수행과 새로운 역할 적응을 위한 지원을 끊지 않으면서도 그에 관해서 이사회와 솔직하게 대화하려면 어떻게 해야 할까?" 어려운 일이 분명합니다.

특정 슈퍼 히어로가 다음 역할로 전환할 잠재력이 있다고 판단한다면 CEO가 취할 수 있는 가장 좋은 접근방법은 이사회에게 변화 가능성을 미리 알리는 것입니다. 예를 들면 이렇게 말입니다. "지금 시점에서 슈퍼 히어로 X는 다음 역할에 적임자라고 생각합니다. 하지만 나는 그가 A, B, C를 어떻게 수행하는지 세심하게 관찰하고 있습니다. 이 과업에서 문제가 생기면 나는 이사회에 그 사실을 알리고 리더를 교체한다는 결정을 내릴지도 모릅니다." 이렇게 미리 알리면 해당 리더의 업무 실행을 저해하지 않으면서 체계적인 평가 항목을 바탕으로 이사회와 솔직한 대화를 나눌 수 있습니다.

리더 교체하기: 주저하지 않되 존중하고, 후폭풍에 대비하라

리더 교체를 결정한다면 주저하지 마세요. 리더를 교체하는 것만큼 스타트업의 장기적인 성공에 중요한 결정은 없다고 해도 과언이 아닙니다. 후폭풍이 일어나더라도 교체 결정을 내리고 그 결정을 고수하세요.

벤 호로비츠의 책 《하드 씽Hard Thing About Hard Things》에서 리더 교체 방법에 대한 훌륭한 조언을 얻을 수 있습니다.

CEO를 비롯한 모든 리더는 리더 교체를 위한 자신만의 원칙을 가져야 합니다. 우리가 제공하는 모델을 참고하기 바랍니다.

리더 교체하기

1. 신속히 진행한다: 결정을 내리고 48시간 안에 교체를 진행하세요. 해당팀에게 교체에 대비하게 하고, 이사회에 알린 다음, 해당 슈퍼 히어로에게 통보하세요.

---

2. 최대한 존중함으로써 존엄성을 유지하게 한다: 결정적인 기여를 한 슈퍼 히어로에게 회사는 빚을 지고 있습니다. 팀원들도 그에게서 많은 혜택을 얻었습니다. 다른 리더들은 퇴임하는 리더가 어떻게 대우받는지 아주 세밀하게 관찰할 것입니다.

3. 구성원들과 진실되게 소통한다: 구성원들은 확인되지 않은 소문에 휘둘릴 것이고 충격을 받을 겁니다. '소설'을 쓰려고도 하죠. 여기저기에서 많이 수군댈 것을 예상하세요.

4. 일상으로 빨리 복귀한다: 공석이 발생한 뒤의 업무는 어떻게 이루어져야 하는지, 그 임시계획을 수립하고 공유하세요. 가능한 한 주초에 교체 결정을 알려주면, 구성원들 모두가 일상업무에 보다 빠르게 복귀할 것이고 '내일은 또 다른 태양이 뜬다'는 것을 깨달을 겁니다.

5. 기존 팀원들을 채용에 참여시킨다: 채용 요건을 공유하세요. 기존 팀원들은 다음 단계에 맞는 훌륭한 리더가 누구인지 알고 있을 겁니다.

6. 보이지 않는 곳에서 벌어질 후폭풍에 대비한다: 잠시 시끌시끌하겠지만, 머지않아 지나갈 겁니다.

리더의 퇴임을 구성원 전체에게 알릴 때는 다음과 같이 감사의 마음을 표현하세요.

"슈퍼 히어로 X는 회사를 성공적으로 이끄는 데 커다란 공헌을 했습니다. 그 영예로운 업적에 우리는 감사하고 있습니다. 회사의 성공은 역할의 발전을 요구합니다. 다음 단계에 요구되는 리더가 현재의 리더가 아닐 때도 종종 있죠. 나는 지금까지의 성공을 계속 이어가기 위해서 리더십에 변화를 주기로 결정했습니다. X의 앞날에 행운을 빌며 X가 이룬 모든 업적에 감사를 표합니다."

슈퍼 히어로 교체는 CEO의 공식적 결정이지만, 그럼에도 모든 이에게 매우 개인적인 결정처럼 느껴집니다. 퇴임하는 슈퍼 히어로, 그의 공헌에 대한 감사와 그에 대한 존중은 마음에서 우러난 것이어야 합니다.

밥 팅커 "말이 가장 효과적이지만, 어떨 때는 상징적인 물건이 도움이 됩니다. 일례로 나는 퇴임하는 슈퍼 히어로와 마지막 대화를 나누고 나서 손으로 만든 카타나 사무라이 검을 그에게 선물했습니다. 그 검은 우리와 함께 싸웠던 믿음직한 전사들, 팀원들과 리더의 명예를 인정하는 적절한 방법이라고 생각했습니다. 인사팀이 묻더군요. '퇴임 면담을 하는 데 24인치나 되는 강철검이 필요합니까?' 나올 만한 질문이었습니다. 내 대답은 '그렇습니다.'였습니다. 감사의 상징이 중요했으니까요."

후폭풍에 대비하세요. 인기 있고 존경받는 임원을 해고하면 단기적으로 혼란이 일어나고 실행력에 타격을 입습니다. 골치 아픈 일이죠. 또한 그 임원이 맡았던 업무 부담을 CEO와 다른 임원이 감당해야 하죠. 일을 덜 맡아야 할 시기에 말입니다. 그리고 그 임원에게 충성했던 팀원들이 회사를 떠나기로 결정하면서 후폭풍이 더욱 거세지는 경우도 있습니다. 한동안 해고 결정이 문제를 더 크게 만든 것처럼 느껴질 겁니다. 하지만 변화가 일어나야 한다면, 그런 후폭풍은 견뎌내야 합니다. 언젠가는 지나갈 테니까요.

변화의 기회: '좋은 위기'를 헛되이 보내지 마라

어떤 위기든 소란스러운 법입니다. 위기는 혼란스럽고 산만하며 골치 아픕니다. 하지만 그 위기가 만들어내는 기회를 절대 놓치지 마세요.

리더십에 큰 변동이 생길 때 팀원들과 동료들에게 변화를 권고하고 임시로 업무를 백업해달라고 요청하세요. 인접팀이 돕도록 하는 것이 팀워크를 회복시키고 중단된 듯한 실행과 운영을 다시 이어갈 수 있는 방법입니다. 리더십의 변화는 중요한 학습 기회라 할 수 있는, 솔직하고 중요한 피드백을 촉발시킵니다. '새로운 피'와 그 피가 가져다줄 색다른 경험은 조직에 변화와 새로운 에너지를 가져다주죠. 그 기회를 잡으세요.

리더십 인재의 플라이휠

슈퍼스타와 슈퍼 히어로가 회사를 떠나면 분명 고통과 극적인 변화를 겪겠지만, 이러한 변화는 놀랄 만한 인재의 플라이휠로 이어집니다. 이 플라이휠은 기업 생태계 유지에 고무적인 것이고 리더

경력 경로 #1

기업1

경력 경로 #2

기업3

기업2

본인과 여러 전도유망한 스타트업들에게 긍정적인 것입니다. 슈퍼스타와 슈퍼 히어로를 찾기가 어렵기 때문에 초기 단계의 다른 스타트업들은 해고된 슈퍼스타와 슈퍼 히어로를 즉각 낚아채 갈 겁니다. 플라이휠에 올라탄 슈퍼스타와 슈퍼 히어로는 새로운 스타트업을 구축할 수 있는 기회를 잡게 되죠.

스타트업의 두 가지 경력 경로(새로운 스타트업에서 다음 단계의 역할로 넘어가거나 아니면 현재의 역할을 계속 수행하거나) 모두 스타트업 임원들에게 아주 성공적인 경력을 선사합니다.

투자자와 이사회 멤버들은 이 플라이휠을 작동시키는 데 중요한 역할을 합니다. 그들은 일종의 '인재 시장talent marketplace'이 되어 후기 단계의 스타트업에서 초기 단계의 스타트업으로 훌륭한 인재를 영입해 올 수 있기 때문입니다. 인재를 '재활용'한다고 말할 수 있죠. 슈퍼 히어로에게 미션의 끝은 다음 미션의 시작이 되곤 합니다. 위대한 기업이라는 증거는 그들이 배출한 슈퍼스타와 슈퍼 히어로들이 계속해서 훌륭한 스타트업을 만들어갈 때 나타납니다. 플라이휠은 회전할 때마다 추진력을 얻으며 새로운 세대의 슈퍼스타와 슈퍼 히어로를 생산합니다.

○ 초기에 리더의 역할은 유동적입니다. 슈퍼스타와 슈퍼 히어로 리더는 생존 모드의 고난에서 출현하죠. 모든 리더의 역할은 번창 모드에서 회사의 성장이 가속화됨에 따라 변화하고, 회사가 지속 가능한 업종 리더십을 확보할 때 다시 변화합니다.

○ 리더는 회사의 이익을 위해 스스로를 변화시키거나 변화당해야 합니다. 이는 CEO를 포함한 모든 리더에게 적용됩니다.

○ 다음 역할로 전환하려면 리더는 기존의 역할을 언러닝하고 새로운 역할을 학습해야 합니다.

○ 언러닝은 어렵습니다. 대부분의 리더들이 언러닝을 힘들어하죠. 가장 큰 문제는 (1) 자기 자신과 자신의 역할을 재개념화해야 한다는 것과 (2) 기존 역할을 수행하며 가치 있다고 생각했던 방식을 버려야 한다는 것과 (3) 현재의 임무를 게을리하지 않으면서 이 모든 걸 해내야 한다는 것입니다.

○ 스타트업 리더는 다음에 올 역할이 어떤 것인지 명확하게 파악하지 못합니다. 그 역할이 무엇인지 아는 것만으로 역할의 3분의 2를 수행할 수 있습니다. 간단히 말하면, 리더 역할에는 3단계가 있습니다: (1) 초기의 리더 (2) 성장 단계의 리더 (3) 규모 확대 단계의 리더. 각 역할을 이해하는 데 도움이 되도록 이 장에서는 영업 리더, 제품 리더, 재무 리더의 역할이 어떻게 발전하는지를 비유와 예시로 보여주었습니다.

○ 중립적 위치의 제삼자가 제공하는 멘토링과 코칭은 리더가 스스로를 재배선하고 다음 역할에 적응하는 데 도움을 주는 강력한 도구가 됩니다.

○ 몇몇 리더는 다음 역할로 성공적인 전환을 합니다. 축하받을 일이죠.

○ 어떤 리더는 다음 역할로 전환하지 못하거나 전환을 거부합니다. 이는 정상적인 현상입니다. 힘들겠지만 리더를 다른 사람으로 교체한다는 결정을 내리세요. 해고되는 리더의 존엄성이 훼손되지 않도록 최대한 존중하세요.

○ 리더 교체를 단행할 때 CEO를 비롯한 여러 리더들에게 특히 까다로운 몇 가지 문제가 있습니다: (1) 슈퍼스타/슈퍼 히어로가 '평범한 인간'으로 전락하는 문제 (2) 배려와 과감함 사이의 트레이드-오프 (3) 투명성 딜레마. 리더는 자신만의 균형점을 가져야 합니다. 모든 결정은 회사 전체에 영향을 미치고 강력한 문화적 신호를 내보냅니다.

○ 일단 결정을 내렸으면 신속하고 자신감 있게 행동하세요. 난항과 후폭풍을 예상하되, 언젠가는 지나갈 것이라고 생각하세요.

제3장

팀

팀의 생존

초기 생존 단계에서 팀은 미션 달성이라는 공동 목표를 공유하는 소규모 전투 부대라 할 수 있습니다. 팀원 채용은 까다롭고 꼼꼼한 방식으로 이루어집니다. 팀은 리스크를 감수하는 자와 개척자(창업자들, 초기에 채용된 직원 중 일부)로 구성되는데, 이들은 자발적으로 아무것도 없이 시작해서 무언가를 일구어내는 방법을 알아냅니다. 팀은 수평적인 조직으로 운영됩니다. 모두가 책임을 분담합니다. 경계는 사실상 없는 것이나 마찬가지입니다. 초기 팀의 대부분은 만능 재주꾼들이라서 제품에서 영업으로, 지원에서 엔지니어링으로 왔다 갔다 하며 일합니다. 스타트업의 초기 단계는 특별한 시간입니다. 가장 좋은 시간이죠. 또한 아주 힘든 시간이기도 합니다. 생존을 위해 싸우는 팀 단위의 경험은 특별한 유대감을 형성합니다.

첫 채용

창업자들에게 첫 번째 직원을 채용하는 것은 매우 중요합니다. 그리고 첫 번째 직원이 된 사람에게도 팀에 합류한다는 건 매우 기념할 만한 일이죠. 종종 초기팀은 전에 같은 직장이나 같은 학교를 다녔던 사람들로 구성됩니다. 그때의 관계는 초기팀을 신속하게 꾸리는 데 큰 도움이 될 수 있지만, 창업자의 눈을 멀게 하여 잘못된 채용으로 이어지게 만들 수 있습니다. 어떻게 첫 번째 직원을 뽑아야 할까요? 3가지를 눈여겨봐야 합니다. 지금 필요한 기술을 지녔는지, 팀과 조화를 이룰 것인지, 미션에 열정을 가지고 있는지를 살펴야 합니다. 이것은 초기 채용의 3원칙입니다. 첫 번째 직원이 되려면 이 3가지를 모두 만족시켜야 한다는 점이 어려운 부분이죠. 지원자가 3개 중 2개만 만족한다면 처음엔 별로 문제 될 게 없다고 느끼겠지만 나중이 되면 십중팔구 실망할 테니 조심하기 바랍니다.

초기 채용의 3원칙

미션에 대한 열정

지금 바로 필요한 스킬   팀과의 조화

누군가가 슈퍼스타의 스킬과 열정을 가지고 있지만 팀원들과 대인관계를 맺는 데 어려움이 있을 것 같으면 채용하지 마세요. 누군가가 스킬은 충분하고 팀원들과 조화도 잘 이룰 것 같지만 열정이 별로 없어 보인다면 역시 채용하지 마세요. 팀원들과 잘 맞고 열정을 가지고 있지만 지금 긴급하게 요구되는 특정 스킬을 가지고 있지 않다면 아직 채용하지 마세요. 이를 명심하기 바랍니다.

초기의 채용이 회사의 생존 여부를 결정합니다. 그리고 제품, 회사, 기업문화를 형성하죠. 초기 채용이 잘 이루어지면 아이디어의 씨앗을 제품과 비즈니스로 마술처럼 탈바꿈시키는, 특공대 같은 팀을 구성할 수 있습니다. 반대로 초기 채용이 잘못 이루어지면 귀중한 시간과 자원을 낭비하고, 팀에 혼란을 불러일으키며, 스타트업을 잘못된 길로 몰아갈 수도 있습니다.

스타트업계에는 통찰력 있고 안목 있는 창업자들이 완벽할 정도로 초기 채용에 성공했다는 이야기들이 제법 많이 돌아다닙니다. 하지만 현실은 거의 모든 창업자가 초기 채용에서 실수를 범한다는 것입니다. 아주 흔한 일이죠. 실수를 저지르지 않으려면 초기 팀원들의 기여도와 적합도를 면밀히 살펴야 합니다. 그리고 만약 '잘못 뽑았구나'라는 생각이 들면 신속하게 대응하고 해당 직원을 정중한 방식으로 해고하세요. 해고는 작은 규모의 스타트업에겐 고통스러운 흉터를 남길 겁니다. 초기 채용은 아주 개인적인 수준에서 이루어지기에 해고한다는 것이 껄끄러울 겁니다. 하지만 해야 합니다. 스타트업의 생존이 달려 있기 때문이죠.

첫 직원 채용의 딜레마

첫 직원을 채용하는 일은 어렵습니다. 한데 창업자가 자주 듣는 일반적인 조언은 "A급 인재를 채용하라."처럼 지나치게 단순합니다.

첫 직원 채용은 그렇게 단순한 문제가 아닙니다. 스타트업의 비즈니스 아이디어가 아직 검증되지 않았는데 어떻게 A급 인재를 채용할 수 있겠습니까? 스타트업 창업자 자신도 시장으로부터 검증받지 않았는데 말입니다. 이것이 바로 첫 직원 채용의 딜레마입니다. 스타트업이 성공하려면 A급 인재가 필요합니다. 하지만 A급 인재는 본인이 합류하기 전에 스타트업의 성공 가능성을 보고 싶어 합니다. '닭이 먼저냐, 달걀이 먼저냐'의 문제죠. 여기에 쉬운 해답은 없지만, 도움이 되는 몇 가지 방법이 있습니다.

- 인맥을 활용하세요. 과거에 다녔던 회사에서 신뢰할 수 있는 동료를 영입하세요.
- 비전과 기회를 구체적으로 설명하세요. A급 인재는 시작단계부터 커다란 기회를 잡을 수 있다고 영감을 주는 비전에 매력을 느낍니다. 그들은 특별한 무언가를 만드는 여정에 동참하길 원합니다.
- 인맥을 최대로 활용하세요. 친구의 친구, 동료의 동료에게 접근하세요. 아이디어에 대한 열정을 공유하고 문화적 차원에서 창업자들과 잘 맞을 만한 인재 풀을 찾으세요.
- 투자자와 자문역들을 활용하세요. 투자자와 자문역의 인맥을 활용하여 인재를 찾으세요. 그들의 신뢰를 바탕으로 최고의 후보자에게 다가가세요.
- 영감을 주되 허황된 생각을 전달하지 마세요. 당신이 모든 답을

알지 못한다는 걸 인정하세요. 함께 해결하고 싶다는 열망을 표현하세요.

첫 번째 채용은 어렵습니다. 해야 할 일이 많을뿐더러 회사를 적극적으로 알려야 하니까요. 하지만 우연한 소개로 쉽사리 이루어지기도 합니다. 어찌 됐든 초기 채용의 3원칙에 맞는 최고의 팀을 구성해야 합니다. 그 팀은 뜨거운 열정과 엄청난 노력에 약간의 행운을 더함으로써 시장의 의심을 극복하고 스스로의 두려움을 극복할 것입니다. 제품—시장 최적화와 시장진출 최적화를 향해 나아감에 따라 채용 게임의 양상은 바뀝니다. 스타트업에 대한 의심이 사라질 때 A급 인재들이 달려와 회사 문을 두드릴 것입니다.

초기 채용의 순서

초기 채용은 한 건, 한 건이 모두 중요합니다. 귀중한 자본을 써야 하니까요. 어떤 스타트업도 하루아침에 완전한 조직구조를 구축하지 못합니다. 그렇기에 각 시점에 회사의 중요한 요구사항을 식별한 다음, 그 요구사항을 충족시킬 수 있는 가장 적합한 사람을 찾아야 합니다. 그래서 초기 채용의 순서는 아주 중요하죠.

엔지니어링 및 제품 개발 부문의 초기 채용 순서를 정하는 것부터 시작해서 초기 프로토타입(시제품)을 개발하고 그 과정을 계속 반복하세요. 초기 채용자들 중에서 누가 고객과 시간을 함께 보낼 것인지, 누가 제품 결정을 주도할 것인지 명확히 하기 바랍니다. 제품 기반의 창업자가 종종 그 역할을 수행하곤 합니다.

하지만 이보다 순서 정하기가 더 어려운 문제에 곧 봉착할 겁니다. 영업 및 마케팅을 담당할 엔지니어를 채용할지, 아니면 다른 사람을 채용할지가 관건이 되죠. 영업 담당자로 초기의 고객 대면 담당자를 앉혀야 할지, 아니면 더 많은 고객을 확보할 수 있는 사람을 채용해야 할지 결정해야 합니다. 또한, 초기 엔지니어와 영업사원들이 수행하고 있는 비엔지니어링 업무와 비영업 업무를 덜어주기 위해서 HR 담당자나 재무 담당자를 채용할지 결정해야 하죠. 기술 스타트업의 경우, 초기 채용의 대부분은 제품 개발 부문에 집중되어 있고 채용자 일부만이 고객 대면 역할을 담당합니다.

시장진출^{GTM} 담당자를 처음으로 채용하기까지 너무 뜸 들이지 마세요. '창업자 영업력'에 지나치게 의존하면 반복 가능한 시장진출 활동을 수행할 수 없습니다. 초기 시장진출 담당자는 더 많은 잠재고객을 찾아내고, 고객의 문제를 검증하며, 제품 기능을 확인하고, 초기 마케팅 메시지를 테스트하는 데 기여합니다. 이런 역할 모두가 제품-시장 최적화를 위한 초기 탐색에 아주 중요합니다.

엔지니어링, 영업, 고객 대면 부문이 아닌 쪽은 가능한 한 추가 채용을 하지 마세요. 기업가들에게 유용한 격언 하나가 있습니다. "제품을 만들거나 고객을 발굴하거나 고객을 행복하게 하라. CEO를 포함한 그 외의 모든 사람은 '오버헤드^{overhead}(간접비용)'이다."

초기 채용의 순서를 정하는 또 다른 방법은 다양한 역할을 수행하겠다는 의지와 능력을 지닌 초기 채용자들에게 두 가지 역할을 함께 부여해보는 것입니다. 초기 제품관리와 마케팅을 함께 하도록 한다거나, 초기 영업과 수요 창출 업무를 함께 수행하게 하는 것입니다. 이는 개척자적인 능력을 지닌 인재를 영입하고 비용을 절감할 수 있는 방법입니다. 하지만 스타트업이 성장 궤도에 오르면 이렇게 '하이브리드 역할'을 부여하는 것은 더 이상 효과적이지 않습니다. 역할을 쪼개고 집중시켜야 할 시점이기 때문입니다. 여러 역할을 원활하게 수행했던 초기 채용자들 중 일부는 역할의 분할을 좋아하지 않거나 강등당한 듯한 느낌을 가질지도 모릅니다. 이는 정상적인 반응입니다. 하지만 역할의 분할과 집중은 꼭 필요합니다.

리더 경험이 좀 있는 자를 채용하라

이전 회사에서는 팀 리더였지만 팀 없이도 리더 역할을 수행하려고 스타트업에 기꺼이 합류한 자, 즉 리더 경험이 좀 있는 자를 채용하는 것이 좋습니다. 그들은 기꺼이 팀원처럼 행동하고 때로는 여러 가지 역할을 두루 담당합니다. 그들이 도전을 자발적으로 수용하는 것은 리스크를 기꺼이 감수하고 미션 달성에 열정이 있음을 보여주는 훌륭한 신호이며, 이기심을 앞세우지 않는다는 뜻입니다. 스타트업이 성장 궤도에 오르게 되면 그들은 리더로서의 역할에 집중하고 팀을 구성합니다.

거물급 임원을 서둘러 채용하지 마라

이사회는 종종 초기 CEO들에게 거물급 임원을 채용하도록 압력을 가하곤 합니다. 경험과 리더십을 스타트업에 수혈하는 것이 혁신적인 조치일 수 있지만, 균형을 잘 잡을 때나 가능한 일입니다. 예를 들어, 시장진출 최적화의 정점에 있을 때 성장 지향적인 영업 담당 부사장을 채용하는 것은 훌륭한 결정일까요? 네, 그렇습니다. 반대로, 스타트업에 영업 담당자가 두 명뿐이고 아직 시장진출 최적화를 달성하지 못했는데 전 세계에 퍼진 1,000명의 영업 담당자들을 관리할 만한 역량을 갖춘 영업 담당 수석 부사장을 고용하는 것이 합리적일까요? 아니요, 그렇지 않습니다. 스타트업에 엔지니어가 다섯 명뿐이고 여전히 제품-시장 최적화를 찾고 있을 때 500명의 엔지니어와 10개의 개발센터를 관리할 역량이 있는 엔지니어링 담당 수석 부사장을 채용하는 것은 의미 있을까요? 아니요, 역시 그렇지 않습니다.

　회사가 성장하기 시작하면, 거물급 임원을 채용하는 것이 훌륭한 조치일 수 있습니다. 하지만 초기 생존 단계에서 거물급 임원을 채용한다면 보통은 재앙으로 이어질 수 있으니 조심해야 합니다. 거물급은 비용이 많이 드는데, 그보다 더 큰 문제는 순조로운 실행을 막는 역풍을 일으키거나 사기를 저하시킨다는 점입니다. 그들은 '조직 규모를 확대해 이끄는 능력'으로 스스로를 정의하는 경향이 있습니다. 제품-시장 최적화와 시장진출 최적화가 아직 명확하지 않아서 해야 할 일이 자질구레하게 많은 소규모 조직에게는 어울리지 않는 능력이죠. 많은 경우, 거물급 임원들은 사무실에 외로이 앉아서 구성원들이 아직은 가치를 못 느끼는 업무에 집중하는 경향이 있는데, 그로 인해 신뢰를 쌓기는커녕 잃고 맙니다. 상황이 이렇게 되면 모두가 지는 게임이 되고 말죠. 그들을 채용하기보다는 멘토나 고문으로 참여시켜서 그들의 경험을 활용하세요. 스타트업이 규모를 확장하기 시작할 때 채용할 수 있도록 그들과 가까운 관계를 유지하세요. 예외가 있다면 초기 생존 단계와 후기 번창 단계에서 모두 성공적인 경험을 한 리더일 텐데, 그런 리더는 생존 단계의 스타트업에 온다 해도 활력을 잃지 않을 겁니다. 자신의 역할과 책임의 수준이 하락했다고 여기지 않죠. 하지만 애석하게도 그런 리더는 드뭅니다.

팀의 전환: 번창의 지점

생존 단계에서는 채용이 조심스럽게 이루어지기에 팀의 규모가 천천히 성장합니다. 하지만 팀원들이 열심히 노력해 제품-시장 최적화에 도달하고 시장진출 최적화에 도착하면, 가속이 붙기 시작합니다. 비즈니스가 가속화되어 스타트업은 번창의 지점에 도달하겠죠. "어떻게 해야 죽지 않을까?"란 질문은 과거의 것이 되고 이제는 "어떻게 해야 이길까?"를 질문하기 시작하는 단계, 즉 번창 단계는 팀의 모든 것을 변화시킵니다.

번창은 팀에 부담을 준다

번창 단계로 전환한다는 것은 매우 중대한 변화입니다. 불안하지만 짜릿한 변화입니다. 그러나 사람들을 기진맥진하게 만드는 변화이기도 하죠.

* **비즈니스 부담**: 이해관계가 복잡해지고 현금 소진의 속도가 증가합니다. 측정 가능한 목표를 달성하기도 쉽지만 반대로 미달하기도 쉽습니다.
* **실행 부담**: 영업, 마케팅, 제품, 엔지니어링, 지원 전반에 걸쳐 실행 과정이 동기화돼야 합니다. 모든 사람이 부담을 느낍니다. 여러 트레이드-오프는 점점 까다로워집니다.
* **역할 부담**: 임원부터 팀 리더, 직원에 이르기까지 모든 사람은 기존 역할을 버리고 새로운 역할을 다시 학습해야 합니다.
* **문화적 부담**: 이제부터 스타트업은 시장진출 주도GTM-led 문화와 제품 주도product-led 문화 사이에서 균형을 맞춰야 합니다. 제품을 중심으로 모인 초기 팀에게는 어려운 일이죠. 스타트

업은 '초기의 개척자들'과 '반복 업무 수행자들'과 갈등을 일으킬 가능성이 있으므로, 규모 확대와 운영에 초점을 맞춘 리더를 채용하기 시작합니다.

번창은 팀의 재배선을 강제한다

팀에 미치는 부담은 팀 행동의 근본적인 재배선을 촉발시킵니다. 자부심으로 기억되는 과거의 행동과 운영 방식을 이제는 바꿔야 합니다.

팀에게는 고통스러운 일이 아닐 수 없죠. 예전에 효과가 있었던 것이 더 이상 먹히지 않는다면 혼란스럽고 불안하겠죠. 몇몇 팀은 "우리의 뿌리로 돌아가자.", "우리를 여기까지 데려다준 것에 집중하자."라고 주장할 겁니다. 하지만 이 주장을 따라서는 안 됩니다. CEO나 리더와 마찬가지로, 팀을 A에서 B로 이동시켰던 많은 방법들이 B에서 C로 움직이는 과정에서는 먹히지 않습니다. 심지어 회사를 쇠퇴시키거나 성공의 정점에서 장렬히 전사하게 만들 수도 있죠.

성공이란 팀이 의식적으로 스스로를 재배선해야 하는 것, 팀원 모두가 스스로를 재배선해야 하는 것을 의미합니다. 고통스럽고 두려우며 때로는 복잡한 과정이지만 그런 감정은 매우 정상적인 것입니다. 그런 변화의 과정이 학습과 성장의 경험이 됩니다.

팀 성장은 엄청난 변화를 일으킨다

갑자기 모든 것이 변화합니다. 팀 규모는 50명에서 150명, 300명, 500명 이상으로 순식간에 커집니다. 이제부터 회사의 실행력은 적합한 사람을 얼마나 빨리 찾아내 채용하고 조직에 안착시킬 수 있는지에 따라 결정됩니다. 채용은 '가끔 필요한 스킬'에서 모든 리더들이 갖춰야 할 핵심역량이 됩니다. 여러 가지를 수행하던 제너럴리스트는 이제부터 스페셜리스트가 되어야 하죠. 임시로 만들었던 팀들이 조직적인 정규팀으로 바뀌고, 부족했던 프로세스가 확충되어야 합니다. 창업을 함께했던 자들에게 이런 전문화와 체계화는 스타트업 정신을 등한시한다는 불안감을 안겨줍니다.

다행히도 회사의 성장과 팀 확장은 스타트업의 '기회를 활용하는 능력'을 향상시킵니다. 빠르게 성장하는 팀이 더 많은 제품을 개발하고 더 많은 고객을 확보하며 더 많은 고객을 행복하게 만들 수 있습니다. 새로운 사람들이 미션에 동참하고 학습하며 실행할 수 있죠. 구멍가게 같던 스타트업이 비로소 급성장하여 진정한 기업이 되는, 정말로 놀라운 순간입니다.

팀의 중단 지점: 효과적이었던 것을 언러닝하기

주의할 점이 하나 있습니다. 팀의 성장은 실행의 부담을 발생시키는데, 때로는 그 부담이 너무나 강

해서 팀의 여정을 중도에 멈추게 합니다. 그 중단 지점은 대략 회사 규모가 50명, 150명, 450명일 때 생겨나는 경향이 있습니다. 회사가 각각 이 규모에 도달하면, 인력을 추가하는 것이 성장을 역행하는 것처럼 느껴집니다. 일이 힘들어지고 의사소통 조율이 어려워지며 팀에 유용했던 것이 더 이상 작동하지 않는 것처럼 보입니다. 인력을 추가하면 실행이 어려워진다고 느끼는 것은 매우 정상적인 감정입니다.

밥 팅커 "모바일아이언의 규모가 45명에서 55명으로 늘어나자 과거로 회귀한 듯한 느낌을 받았습니다. 45명 미만일 때는 실행과 의사소통이 유기적이고 합리적이었으며 효과적이었죠. 모두가 다른 사람들이 무엇을 하는지 알고 있었습니다. 45명에서 55명 사이가 되자 오른손이 하는 일을 왼손이 모르는 상황에 빠진 것 같았습니다. 어리석게도 실행 실수를 여러 번 범하고 말았습니다. 육성으로 소통하거나 탕비실 앞에서 자유롭게 대화하던 방식이

더 이상 효과를 발휘하지 못했습니다. 50명 정도가 되면 인간의 뇌는 일대 일로 연결할 수 있는 능력을 상실한다고 합니다. 우리는 유기적으로 움직이기보다 조직적으로 움직이는 방향으로 가야 했습니다. 150명가량이 됐을 때, 또 450명 정도가 됐을 때 그런 중단 지점이 다시 찾아왔습니다. 증상은 조금씩 달랐지만 느낌은 같았어요. 예전에는 잘 통하던 것이 더 이상 통하지 않는다는 느낌 말입니다."

중단 지점은 왜 나타날까요? 우리를 비롯한 여러 사람들의 경험에 기초하여 우리는 이론 하나를 정립했습니다. 바로 '조직에 새 리더 계층이 구체화될 때 중단 지점이 나타난다'는 것입니다. 이상하게도 이 새 리더 계층은 하루아침에 마술처럼 출현하지는 않습니다. 알게 모르게 형성되죠. 엔지니어링 혹은 영업을 필두로 각 팀이 규모를 확장함에 따라 새 리더 계층이 천천히 구체화됩니다. 새 리더 계층이 적당한 시점에 충분한 중량감을 얻으면 중단 지점이 나타나게 되고 비로소 회사 전체가 이를 감지하게 되죠.

팀의 중단 지점: 어떤 느낌일까?

- **50명 규모**: 50명 미만일 때 팀은 실행을 유기적으로 조직화할 수 있습니다. 회사가 성장함에 따라 여러 임원들이 합류하게 되면, 그런 방식의 실행은 중단되고 비체계적인 느낌을 유발합니다. 안타깝게도 팀은 오른손이 하는 일을 왼손이 모르는 상황에 처했다고 느낍니다.

- **150명 규모:** 이전에는 경영진이 실행 허브 역할을 수행하며 하나 된 마음으로 팀을 유동적으로 운영해왔다면, 엔지니어링팀과 시장진출팀이 각각 50명 이상으로 성장한 지금부터는 팀 리더를 채용하는 일과 실행에 몰두하는 일이 더 복잡해집니다. 팀 간에 약간의 부서 이기주의와 긴장감이 맴돌죠. 성공 측정의 기준도 더 이상 단순한 판매목표 달성 여부가 아니게 됩니다. 팀의 의사결정을 돕는 근본적인 지표가 중요해집니다. 채용 및 안착 여부는 실행을 제약하는 핵심요소가 됩니다. 이때 사람들은 "스타트업 정신을 잃지 않고 어떻게 계속 성장할 수 있을까?"란 질문을 던지죠.

- **450명 규모:** 두 번째 계층의 리더들이 경영진 아래에 포진하고, 그들 각각은 상당한 책임 범위를 가진 대규모 기능팀과 지역팀을 담당합니다. 이제부터 실질적 업무와 실행 허브는 원래의 경영진이 아니라 이 두 번째 계층의 리더들이 맡게 되죠. 하지만 다기능 프로젝트cross-functional project를 진행하기가 이제는 무척이나 어렵습니다. 속도가 높아지기는커녕 느려지고 말죠. 강력한 리더가 있다 하더라도 해결을 위해 기본적인 사안들이 임원들(경영진)에게 올라가게 됩니다. 작고 민첩한 팀이 있긴 하지만, 대부분의 팀들은 규모가 커져서 더 많은 체계를 필요로 하고 문화적 동일성은 크게 떨어지고 맙니다. 회사 전체에 불만이 쌓이고 말죠.

팀의 중단 지점: 대처 방법

50명 규모

목표를 설정하고 구성원들과 소통해야 합니다. 그저 견인력을 얻으려고 이것저것 반복하는 일은 버려야 합니다. 이제 모든 사람이 볼 수 있는 명확하고 지속적인 회사 목표를 설정하는 것이 중요합니다. 그리고 6개월마다 변경해야 합니다.

실행을 독려해야 합니다. 리더들의 회의는 더 이상 주먹구구식이 되어서는 안 됩니다. 구조적이고 정기적인 실행 독려가 필수적입니다. 결과물을 정기적으로 점검해야 합니다. 목표는 월별로, 적어도 분기별로 검토해야 하죠. 구성원들의 소통은 '그때그때 소리 지르는' 방식에서 정기적인 일일 혹은 주간 실행 점검 방식으로 바뀌어야 합니다.

모두가 함께해야 합니다. 비공식적인 소통에만 의존하다가는 실패하고 맙니다. 회사의 모든 사람이 한곳으로 정렬되고 연결되도록 구성원 모두가 참여하는 전체 회의를 정기적으로 실시해야 합니다.

역할을 명확히 해야 합니다. 이전엔 여러 가지 역할을 되는대로 맡아도 문제없었고 비용도 아낄 수 있었지만, 이제는 전문화와 좀 더 명확하게 정의된 역할이 필요한 때입니다.

150명 규모

150

이제 기능팀을 성장시켜야 합니다. 이제 몇몇 팀은 18개월 전의 전사 규모보다 더 커진 상태입니다. 각 기능팀의 리더는 임시적이었던 목표 설정 방식에서 벗어나 주간, 월간, 분기 목표를 설정하는 방식으로 전환해야 합니다.

제품 출시가 모든 사람에게 영향을 미쳐야 합니다. 제품을 계속 쏟아내는 방식은 더 이상 비즈니스에 적합하지 않습니다. 이제부터 제품을 출시하려면 제품 개발, 마케팅, 영업, 지원 전반에 걸친 조정이 필요합니다. 그래야 각 팀이 서로가 무엇을 하는지 잘 알 수 있습니다.

기업문화를 변화시켜야 합니다. 비록 어렵다 해도 지금까지의 제품 주도의 문화는 '제품과 시장진출이 균형을 이룬' 문화로 반드시 진화돼야 합니다.

내부 소통에 진지하게 임해야 합니다. 팀들은 이제 전 세계에 퍼져 있습니다. 원격지의 구성원들은 소외감과 무력감을 느낄 수 있습니다. 각 팀은 더 이상 모든 사람이 본사에 있다고 가정하지 말아야 하고, 이에 맞게 업무 패턴을 변화시켜야 합니다. 구성원 전체 회의는 휴게실 TV를 통한 웹캐스트 방식으로 진행해야 합니다.

채용과 온보딩을 핵심에 둬야 합니다. 채용 목표 달성은 회사 및 팀 목표 달성에 아주 중요합니다. 채용 목표에 미달하거나 엉

성한 온보딩 관행은 회사의 실행력에 중대한 영향을 미칩니다. 채용 성과는 영업만큼이나 집중적으로 분석돼야 합니다. 신규 직원의 온보딩을 위한 '부트캠프'를 필수적으로 운영해야 할 때입니다.

비즈니스 지표를 설정해야 합니다. 단순한 영업 지표와 목표치만으로 계획을 수립하고 의사결정을 내리는 것은 더 이상 충분하지 않습니다. 비즈니스의 모든 부분에 걸쳐 기본적인 성과지표를 정의하세요.

450명 규모

다기능팀을 효과적으로 운영해야 합니다. 이제 주요 결과물들은 모두 제품 개발, 엔지니어링, 지원, 마케팅, 영업 등을 두루 거쳐 만들어집니다. 작업을 빨리 해야 한다고 조바심을 내면 조율 부담이 커지기 때문에 오히려 작업 진행이 느려지고 맙니다. 그렇기에 프로젝트 및 프로그램 관리가 중요해지죠. 기존의 것과 새로운 것 간에 벌어지는 긴장이 곳곳에서 드러납니다. 신규 고객 확보와 기존 고객의 만족 및 재판매 사이에 균형을 잡아야 합니다. 리뉴얼된 기존 제품과 신제품의 성능 간의 균형도 유지해야 합니다.

기업문화를 변화시켜야 합니다. 운영자 operator와 최적 추구자 optimizer를 채용하여 규모 확대와 예측 가능성 확보를 주도하도록 하세요. 최적 추구자와 성장 및 혁신가 grower/innovator 간에 건강한 긴장이 조성되게 하세요. 아슬아슬하게 애써서 얻은 성과를 축하하기보다는, 그렇게 하지 않아도 되는 방법을 찾으세요.

좋든 나쁘든, 프로세스가 영향을 미치게 됩니다. 폭발적 성장을 하려면 프로세스가 필요합니다. 하지만 잘못된 의사결정을 막기 위한 프로세스가 과도해질 위험이 있습니다. 그렇기에 최적 추구자와 혁신가 사이의 문화적 충돌이 증폭되는 것을 대비해야 합니다.

지표가 핵심이 되어야 합니다. 이제껏 지표들은 혼란스러웠겠지만, 지금부터는 근본적이어야 합니다. 비즈니스, 예측, 계획, 의사결정 등과 깊이 연관되어야 합니다.

리더십을 고도화해야 합니다. 경영진(임원)이 담당했던 일상적인 운영 리더십은 하위 리더들의 몫이 되어야 합니다. 하위 리더들이 이끄는 팀이 실질적 업무를 수행해야 하죠. 경영진의 역할은 근본적으로 변화해야 합니다(다음 섹션 참조).

경영진: 왜 리더십을 고도화해야 할까?

밥 팅커, 모바일아이언의 공동창업자이자 전 CEO

500명 규모의 조직으로 확장하기 위해서 우리는 중간 리더급들을 채용하거나 승진시켜 부사장급과 수석 이사급의 역할을 담당하게 했습니다. 하지만 상황이 더 악화되고 말았죠. 실행 속도가 느려지고 의사결정이 마비되었습니다. 부서 간의 문제는 자체적으로 해결되지 못해서 계속해서 경영진이 떠맡아야 했죠. 모두가 좌절감을 느끼며 걱정했습니다. "어찌 된 일이지? 우리가 이렇게 멍청해진 데에 뭔가 특별한 이유라도 있는 거야? 다른 사람들도 우리처럼 똑같은 어려움을 겪었을까? 그렇다면 그 사람들은 어떻게 대처했지?"

CEO는 처음이라 나는 당황스러웠습니다. 나는 지금의 모바일아이언보다 몇 년 앞선 보안 스타트업 CEO인 마크에게 전화를 걸어 조언을 구했습니다. 그와의 대화는 대략 이랬습니다."

> **밥 팅커** 구성원을 많이 채용했는데, 실행이 빨라지기는커녕 느려지는 것 같습니다.
>
> **마크** 그렇군요. 저도 그런 적이 있었죠. 몇 가지 질문을 던질게요. 지금보다 규모가 작았을 때 여러 팀이 동시에 참여해야 하는 어려운 작업은 어디에서 진행됐나요?
>
> **밥 팅커** 경영진이 담당했습니다. 경영진은 상대적으로 유연했기 때문에 실행을 조율하고 절충할 수 있었죠. 경영진에겐 공통된 목표가 있었어요.
>
> **마크** 몇 명이나 됐나요?
>
> **밥 팅커** 10명입니다.
>
> **마크** 같이 보낸 시간은 얼마나 됩니까?
>
> **밥 팅커** 매주 2시간 정도 만났고요. 매일 아침 8시 30분에 전화로 상황 점검을 했습니다. 또 분기에 한 번씩 외부에서 워크숍을 진행했고요.
>
> **마크** 두 번째 질문을 드릴게요. 경영진 아래의 리더 계층엔 몇 명이 있죠?
>
> **밥 팅커** 대략 40명에서 50명 사이입니다.
>
> **마크** 그 리더들은 얼마나 자주 모이나요?
>
> **밥 팅커** 글쎄요. 판매 개시 행사 외에는 모이지 않습니다. 팀이 서로 다르거든요.
>
> **마크** 그들은 회사 목표와 각 기능팀의 목표를 모두 잘 알고 있나요?

밥 팅커 모두가 회사 목표를 잘 알고 있지만, 다른 기능팀의 목표에 대해서는 잘 알지 못합니다.

마크 그들 모두 누가 누군지 잘 알고 있나요? 그리고 각자 무슨 일을 하는지도 잘 알고 있습니까?

밥 팅커 음, 아뇨.

마크 정기적으로 만나지 않고, 다른 기능팀의 목표를 잘 알지도 못하고, 누가 누군지도 모르는데, 어떻게 그들이 임원이 되어 경영진에게 요구되는 상호교류와 유동성을 발휘하기를 기대할 수 있겠습니까?

밥 팅커 음, 그렇긴 하네요.

"이것이 바로 '아하!'의 순간이었습니다. 경영진으로서 우리는 기존의 다기능팀 운영 방식을 언러닝해야 했습니다. 리더의 역할은 하위 리더 계층으로 넘어갔으니까요. 그래서 우리는 차세대 리더 50명에게 다기능팀 운영을 활성화하는 역할을 맡겨야 했습니다. 우리가 해야 할 일은 명확했지만, 어떻게 해야 하는지는 분명하지 않았어요. 다행히 전환 방법에 관한 마크의 조언이 도움이 됐습니다."

리더 역할을 넘기는 방법
확장된 경영진: 실질적인 작업이 수행되는 곳

마크 맥롤린 Mark McLaughlin, **팰로앨토 네트웍스**Palo Alto Networks

CEO(2011-2018), 베리사인 Verisign CEO(2009-2011)

성장하는 회사의 경영진은 목표를 설정하고, 조정하며, 절충하고, 문제를 해결하는 복잡한 생물학적 기계의 중심입니다. 시간이 흐름에 따라 경영진은 스타트업의 핵심에서 '하나 된 마인드hive mind'로 자리를 잡습니다.

회사 규모가 수백 명을 넘어서면 두 번째 계층의 경영진이 형성되는데, 처음에는 국지적으로 생겨나다가 나중에는 회사 전체로 형성됩니다. 경영진 아래에 40~60명으로 구성된 이 '확장된 경영진'은 회사의 진정한 두뇌가 되어 실질적인 작업을 수행합니다. 새로운 리더 계층을 추가하는 것은 회사 확장에 기여하길 기대하는 것이지만, 반대로 상황을 어렵게 만들 수도 있습니다. 베리사인에서 그런 일이 일어났어요. 팰로앨토 네트웍스에서도 그랬고요.

우리가 찾아낸 해결책은 확장된 경영진(Extended Leadership Team, ELT)을 구성하는 것이었습니다. 여러 기능팀에 흩어져 있는 50명의 리더로 그룹을 구성하면 목표 설정, 실행 조정, 트레이드-오프 해결, 이슈 해결 등을 수행할 때, 10명의 경영진만큼이나 효과적일 수 있습니다. 많은 기업들이 이런 방식을 시도하지만, 실패하곤 합니다.

우리가 얻은 교훈은 이것입니다.

확장된 경영진이 기존 경영진의 역할을 수행하는지 확인해야 합니다.

1. 목표를 공유해야 합니다. 모든 ELT 리더는 회사 목표뿐만 아니라 다른 기능팀의 최우선 목표를 잘 알아야 합니다.
2. 실질적 작업을 수행해야 합니다. ELT 리더는 회사가 수립한 계획의 75%를 관장해야 하고, 경영진과 마찬가지로 실질적 실행 항목과 후속 조치를 마련해야 합니다.
3. 서로 함께하는 시간이 많아야 합니다. ELT 멤버들의 결속을 다질 수 있도록 체계를 만들어야 합니다.

ELT를 작고 균형감 있게 유지해야 합니다(생각보다 어렵습니다).

- **규모는?** 경영진을 제외하고 50명 정도가 적당합니다. 그 정도
  가 되어야 팀들이 서로 연계하여 실질적 작업을 수행할 수 있습
  니다.
- **누구를 멤버로?** 가장 흔한 실수는 직위명title을 기준으로 멤버를
  구성하는 것입니다. 직위명을 기준으로 하면, 대외적인 목적으로
  일부러 높은 직위명을 사용하는 영업 부문의 리더들이 과도하게
  들어올 수 있습니다. 멤버 선정은 직위가 아니라 팀 규모에 비례
  하는 것이 좋습니다(예: 엔지니어링 15명, 영업 15명, 마케팅 4명).
- **규모를 크게 늘리지 말아야 합니다.** 이것은 중요한 포인트입니
  다. 회사가 성장한다고 해서 비례적으로 ELT를 50명에서 100
  명, 150명으로 늘리면 효과가 사라지고 맙니다. 규모를 50명으
  로 유지하세요. 문제는 회사 규모가 커짐에 따라 영입할 훌륭한
  리더를 ELT 멤버에 넣지 못한다는 것입니다. 까다로운 문제죠.
  해결책은 최대 50명으로 제한한다는 말을 처음부터 알려야 한
  다는 것, 그리고 올해 멤버가 됐다고 해서 내년에도 자동적으로
  멤버가 되지는 않는다는 점을 분명히 하는 것입니다. ELT에서
  제외된 몇몇 리더가 회사를 그만둘지 모르겠지만요.

정기적으로 직접 만나도록 해야 합니다.

- **빈도는?** 1년에 3~4번이 효과적이었습니다. 1년에 2번은 너무
  적고요.
- **대면으로?** 현업이 바쁘겠지만, 확장된 경영진(ELT)은 1~2일간
  의 외부 워크숍을 통해 직접 만나야 합니다.
- **다른 행사와 연계:** ELT 회의를 판매 개시 행사, 분기별 경영진
  워크숍과 같은 주요 행사와 연계하는 것이 효과적이었습니다.

모든 회사는 이러한 중단 지점에 도달합니다. 이를 예상하고 적응하려면 무엇을 해야 할까요? 다시 말하지만, 핵심은 언러닝에 있습니다. 성공을 경험한 팀은 자신들의 운영 방식을 학습하고 그것을 기억에 담습니다. 하지만 그런 기억을 언러닝하고 새로운 운영법과 일하는 방법을 학습해야 합니다. 말은 간단하지만, 급성장하는 스타트업에서는 언러닝이 쉽지 않습니다.

경영진의 역할이 근본적으로 바뀐다

경영진이 일상적인 리더 역할을 ELT에게 이관함에 따라 경영진의 근본적인 역할이 바뀝니다. 지금까지는 주 단위의 팀 활동이 스타트업 성공의 핵심요소였지만, 이제부터 경영진은 주 단위의 실행 센터 역할을 해서는 안 됩니다. 규모가 커졌으니 경영진은 기존의 성공 패턴을 버리고, 한걸음 옆으로 비켜서야 합니다. 과거의 역할을 언러닝해야 하고 새로운 역할을 학습해야 하죠.

경영진의 새로운 역할은 전사 전략 수립, 목표 설정, 자원 할당 및 우선순위 설정, 내부 소통, 비즈니스 및 운영에 대한 정기적 점검 등이 중점이 되어야 합니다. 지금까지와는 아주 다른 역할이죠. 일상적 업무에서 한 발짝 물러나는 셈이니까요. 많은 CEO와 경영진은 새로운 역할을 맡기를 꺼리고 실제 작업을 수행하는 하위 리더들에게 권한을 부여하는 것도 주저합니다. 하지만 기존의 역할을 반드시 언러닝해야 합니다. 새로운 역할을 학습하지 못하면 실행은 지지부진해지고 회사는 그 자리에서 멈출 것입니다.

팀의 번창: 큰 재미, 큰 도전

매달 수많은 우수한 인재가 회사 미션에 동의하고 합류하는 것을 보는 것만큼 스타트업을 흥분시키는 일은 없습니다. 하지만 팀 규모를 빠르게 확장하는 일은 미치도록 힘든 도전으로 가득한 길이기도 합니다.

채용 역량이 핵심역량

생존 단계에 있을 때는 채용을 소규모로 신중하게 진행하는 것이 올바른 모델이었습니다. 하지만 번창 단계에서 시장 리더에 도달하기 위해서는 매출 성장을 주도하고 제품을 확장시킬 충분한 인력을 채용하는 것이 매우 중요합니다. 인력이 부족하면 가속화 중인 스타트업이 시장 리더로 가는 경로에서 벗어날 수 있습니다. 지원자 모집, 채용, 온보딩은 회사 전체의 핵심 업무가 되어야 하고, 모든 관리자의 핵심역량이자, 개별 임원의 핵심 평가지표가 되어야 합니다.

생존 단계에 있는 스타트업은 분기별로 20명을 채용할 수 있습니다. 시장진출 최적화에 도달하고 나서 가속 단계에서는 월별 혹은 주별로 20명의 신규 직원을 채용할 수 있죠. 신속한 채용을 진행하려면 근본적인 변화가 필요합니다. 리더는 더 이상 기존의 인재풀에서 인력을 채용할 수 없습니다. 채용은 관리자의 임의적 활동이 아니라 전사의 핵심역량이 되어야 하죠.

채용은 영업과 비슷합니다. 인재를 찾아 영입하는 '채용 기계'는 고객을 찾아 확보하는 '영업 기계'와 유사하죠. 영업에 영업 리더가 필요한 것처럼, 채용에도 채용 리더가 있어야 합니다. 잠재고객을 유치하기 위해 영업에 강력한 메시지가 있어야 하듯, 채용에서도 마찬가지입니다. 신규 직원을 유치하기 위해서는 강력한 '합류해야 하는 이유'가 필요합니다. 고객을 확보하기 위해 영업에 강력한 팀이 필요하듯, 채용에서도 인재를 찾아 영입하려면 강력한 팀의 지원이 있어야 합니다. 영업이 수익 파이프라인과 거래 성사 지표를 측정하듯, 채용은 기능별로 후보자 파이프라인과 채용 성사 지표를 측정해야 합니다. 유능한 채용 담당자는 후보자에게 회사를 '잘 파는' 훌륭한 영업사원이라 말할 수 있습니다.

채용의 위험 신호

채용을 신속하게 진행하기란 정말로 어렵습니다. 가속화 단계에서 리더들은 성과를 내는 데 필사적으로 노력하는 동시에 인력 채용에 자신의 시간을 할애해야 하는데, 이때 리더들의 입에서 나오는 다음과 같은 위험 신호를 잘 살펴야 합니다.

"너무 바빠서 채용할 시간이 없었다."
"마음에 드는 지원자가 하나도 없었다."
"채용해봤자 나에게 별로 득이 될 게 없다."

또한 리더들이 모든 지원자를 '묻지마 채용'을 한다면 특히 주의하세요.

번창 단계가 되면 거의 모든 리더의 역할이 바뀝니다. 팀 리더는 더 이상 그때그때의 실적만으로 평가받으면 안 됩니다. 인재유치, 채용 목표 달성, 기업문화 구축 등 다방면으로 평가받아야하죠. 왜 그래야 할까요? 미래의 실행력은 인재를 유치하고 팀을 구축하는 능력에 달려 있기 때문입니다.

신속한 채용: 아무나 뽑으려는 욕구를 이겨내기

팀 리더는 미래의 실행 목표에 도달하기 위해 채용 목표 달성을 적극적으로 추진합니다. 하지만 채용이 시급한 상황이 되면 철저한 검증과 선별을 게을리합니다. "이 사람은 그저 그래."라는 생각이 들더라도 "하지만 나에겐 이 일을 할 사람이 필요할 뿐이야."라는 결론을 내립니다. 그래서 그들은 대부분 B급 인재를 채용하게 됩니다. 그런데 그 B급 인재 중 한 명이 관리자 자리에 오르게 되면 채용에 애를 먹다가 결국은 C급 인재를 채용하게 될 겁니다. 그렇기에 아무나 뽑아서 일만 시키면 된다는 생각을 이겨내야 합니다. 저성과자가 스타트업에서 자기 살길을 찾도록 방치한다면 머지않아 그들은 조직 전체에 덩굴식물처럼 퍼질 것이고 그에 따라 시장에서 스타트업의 가치는 서서히 하락할 겁니다.

성과를 내야 한다는 압박감 때문에 팀 리더는 아무나 뽑으려는 욕구를 버리지 못하곤 합니다. 성과에 대한 압박감으로 인해 누가 봐도 저성과자인 지원자를 돌려보내지 않습니다. "없는 것보다는 낫다."고 그들은 생각하죠. "다섯 명이나 뽑아야 하는데 찬밥 더운밥 가릴 수 있나? 잘 가르치면 되겠지."

채용을 신속하게 진행하다보면 이렇게 아무나 뽑는 일이 벌어질 겁니다. 이럴 때 "그런 인재는 뽑지 마세요."라고 하나 마나 한 훈수를 두는 사람이 있다면 채용 수요의 폭발과 혼란을 직접 경험해보지 않아서일 겁니다. 그렇다면 해결책은 무엇일까요? 채용의 규율을 만듦으로써 리더가 잘못된 채용을 재빨리 바로잡을 수 있게 도와야 합니다. 규율의 예는 다음과 같습니다.

아무나 뽑으려는 욕구를 이겨내기 위한 방법

채용 중	• **관련된 팀과 함께 인터뷰**: 관리자의 직속팀 외의 관련 팀을 면접관으로 참여시킵니다. • **레퍼런스 콜**: 후보자와 함께 일했던 레퍼런스(단, 후보자가 레퍼런스로 제시하지 않은 자여야 함)를 비밀리에 접촉하여 후보자에 관해 이야기를 나눌 필요가 있습니다.
채용 후	• **관련 팀이 인재평가에 참여**: 고성과자와 저성과자를 정기적으로 식별해야 합니다. 이 평가는 관련 팀 리더들의 평가의견을 받는 식으로 이루어져야 합니다. • **저성과자 대체를 원활하게 함**: 저성과자를 원활하게 대체하려면 리더십에 대한 기대수준을 명확히 설정해야 합니다. 대부분의 기업들이 말은 쉽게 하지만, 저성과자를 대체할 때 발생하는 갈등 때문에 그 일을 활발하게 진행하지 못하는 것이 현실입니다. 가장 빈번하게 발생하는 갈등은, 관리자들이 저성과자를 해고하면 이후 직원 채용의 기회를 잃게 되지 않을까 우려하는 것입니다. 이에 대한 해결책은, 저성과자 해고로 공석이 생길 경우 바로 인재 채용을 할 수 있도록 권리를 부여하는 것입니다. • **'한 명 더' 채용**: 별것 아닌 듯 보이지만 아주 강력한 방법은, 관리자에게 계획된 인원보다 한 명 더 채용할 권한을 부여하는 것입니다. 이것은 관리자로 하여금 늘 훌륭한 인재를 찾도록 유도하는 효과를 줍니다. 슈퍼스타를 발견하면 공석이 없더라도 추가로 뽑을 수 있으니까요.

이렇게 주의를 기울여도 잘못된 채용은 발생하기 마련입니다. 이때, 관리자가 자발적으로 채용이 잘못된 것을 인정할 수 있도록 해야 문제를 해결하고 보완할 수 있습니다. 보통 잘못된 채용은 직원 한 사람이 아니라 회사의 잘못이라는 점을 명심하세요. 잘못 뽑은 직원을 해고할 때는 최대한 친절을 베풀어야 하고 그들의 인격을 존중해야 합니다.

채용을 신속하게 하면서 기업문화를 유지하려면

생존 단계에서 신규 채용은 간헐적으로 발생하고 세심하게 이루어집니다. 각 팀은 후보자의 스킬과 문화적 적합성을 따져 신중하게 새 팀원을 선발합니다. 그러면 신규 직원은 새로운 팀에 합류하여 신중하게 회사와 기업문화를 학습하죠.

번창 단계에서는 한 달에 150명 이상의 후보자를 인터뷰하고 20명 이상을 고용할 수도 있습니다. 다음 달에도, 그 다음 달에도 똑같은 양상이 이어집니다. 리더들이 기업문화에 주의를 기울인 채 인터뷰를 진행하지 않으면, 후보자들에게 기업문화에 대해 각기 다른 생각을 하게 만듭니다. 결국 후보자들은 입사하여 회사의 문화에 대해 각기 다른 생각을 갖고 일하게 됩니다. 초기에 구성원들을 하나로 묶는 강력한 힘이었던 스타트업 문화는 규모가 커짐에 따라 분열되고 희석되기 시작합니다. 좋은 소식이 있다면, 사전 조치로 이런 문화적 손실을 완벽히 피할 수 있다는 점입니다.

문화적 적합성 판단 부분을 모든 인터뷰에 포함해야 합니다. 채용 수요가 폭발적으로 늘어나면 스킬 적합성에만 지나치게 몰두하고 맙니다. 문화적 적합성 역시 중요합니다. 행동과 관련된 대화를 이끌어내도록 상황 질문^{situational question}을 던지는 방법을 관리자들에게 교육하기 바랍니다. 후보자의 문화적 장단점을 '인터뷰 결과 보고서'의 필수항목으로 만들어야 합니다.

신규입사자들을 위한 '부트캠프'를 반드시 운영해야 합니다. 부트캠프는 반드시 있어야 합니다. 변명의 여지가 없죠. 부트캠프가 없으면 20명의 신규입사자들이 각기 다른 팀에 배정되어 각기 다른 온보딩을 경험할 것이고 각자의 추측으로 회사의 문화를 파악할 겁니다. 오라클^{Oracle}은 기업문화 주입이 핵심인 부트캠프로 한때 유명했습니다. 부트캠프에서 신규입사자들은 회사, 비즈니스, 목표, 문화를 습득하고 다른 팀의 동료들과 네트워크를 형성합니다. 채용 수요가 폭발적으로 늘어나면 부트캠프 일정을 잡기가 어렵지만, 그래도 우선적으로 실시해야 합니다. 매월 정기적으로 부트캠프 일정을 예약해놓기 바랍니다. 부트캠프는 새 임원 채용을 포함하여 모든 신규입사자들에게 기대치를 전하는 수단입니다. 새로 영입된 수석부사장도 일반 직원들과 똑같이 부트캠프에 참여시키는 것만큼 문화적 동질성을 강조하는 강력한 신호는 없습니다. 부트캠프는 인사 부서^{HR}가 도맡아 하는 일에 머물러서는 안 됩니다. 경영진이나 창업자가 주관해야 하고 적극 참여해야 합니다.

기업문화는 회사 설립의 토대이고 급속 성장기에도 회사와 팀을 결속시키는 바탕이 됩니다(문화에 대한 이야기는 5장 참조).

변화를 수용하라

번창 단계로 가속화되면 회사를 근본적으로 들었다 놨다 하는 팀의 변화가 일어납니다. 팀이 특정 방식으로 실행하는 데 익숙해지면 지금까지 하던 것을 언러닝하고 새로운 운영 방식을 학습해야 합니다. 팀은 끊임없이 발전해야 하죠. 이미 스타트업을 가속화하는 데 모든 에너지를 쏟고 있는 상황에서 이런 변화를 수용하기란 고통스러운 일입니다. 끝없는 변화의 컨베이어벨트 위에 놓인 듯한 느낌일 겁니다.

하지만 변화는 즐거운 순간이기도 합니다. 사람들이 차례로 손을 흔들며 회사에 합류하는 광경은 정말이지 짜릿합니다. 신규 직원들이 입사해 미션에 헌신하는 모습은 아주 고무적이죠. 팀이 도전에 정면으로 맞서고 지금까지의 성공방식을 언러닝하는 것을 보면 뿌듯해집니다. 변화는 모든 사람에게 의미 있는 학습경험이 될 뿐만 아니라 많은 이에게 경력을 쌓는 경험이 되죠. 영역 리더십을 놓고 충분히 경쟁할 만한 스타트업의 일원이 되는 것은 흔치 않은 경험입니다. 심호흡하고, 세상을 넓게 보며, 변화를 즐기기 바랍니다.

○ 초기 팀은 꼼꼼하게 선택된 개척자 그룹이라고 말할 수 있습니다. 초기에 이루어지는 채용은 모두가 중요하고, 기술, 열정, 팀과의 적합성을 고려해 이루어집니다. 초기에 채용된 직원들은 스타트업의 실행 속도를 좌우하고 기업문화의 씨앗이 됩니다.

○ 잘못된 채용을 신속하게 해결하지 않으면 재앙이 펼쳐질 수 있습니다. 초기 스타트업의 상황은 복잡하고 반복적입니다. 거물급 임원을 너무 빨리 채용하는, 전형적인 실수를 범하지 말기 바랍니다.

○ 초기 채용에는 순서가 핵심입니다. 모든 사람을 한번에 채용할 수 있는 스타트업은 없습니다. 그럴 필요도 없습니다. 제품-시장 최적화 및 시장진출 최적화를 위한 채용에서 시작하여 제품 개발, 영업 순으로 채용을 진행하세요. 다른 부문의 채용은 오버헤드입니다.

○ 번창 단계에 이르면 팀의 모든 것이 변화합니다. 꼼꼼하고 신중한 사고방식에서 '계산된 무모함'으로 사고방식을 전환해야 합니다. 채용은 간헐적인 방식에서 신속한 방식으로 바뀝니다. 회사의 변화는 모든 사람의 역할을 변화시킵니다. 모든 사람은 성공을 이끌었던 기존의 행동을 언러닝하고 새로운 역할을 학습해야 합니다. 어떤 사람은 변화를 일으키고, 어떤 사람은 그렇지 않습니다. 변화를 하거나 변화당하거나 둘 중 하나를 택해야 합니다.

○ 50명, 150명, 450명 규모의 중단 지점에 도달할 때마다 팀은 근본적으로 변화합니다. 왜 이 규모냐고요? 각각의 규모에 도달할 때마다 스타트업 내부에 새로운 리더 계층이 출현하기 때문입니다. 중단 지점에서는 실행 속도가 느려지고, 잘 작동하던 것들이 효력을 잃고 맙니다. 각 중단 지점에 이르면 팀은 과거를 언러닝하고 새로운 것에 적응해야 합니다. 450명일 때의 중단 지점은 경영진에게 극심한 변화를 요구합니다. (1) 지금까지의 리더 역할을 하

위 리더에게 넘겨줘야 하고, (2) 경영진의 역할을 근본적으로 재편해야 하기 때문입니다.

○ 번창 단계에 이르면 인재를 신속하게 채용하는 능력이 리더에게 핵심이 됩니다. 채용은 회사와 리더의 핵심역량이 됩니다. 채용을 신속하게 하다보면 아무나 뽑게 되고 문화적으로 적합하지 않은 사람을 뽑을 수 있습니다. 이를 주의해야 합니다.

○ 번창 단계로 가속화되면 회사를 들었다 놨다 할 정도로 팀에 근본적인 변화가 일어납니다. 변화는 어색하고 어렵지만, 팀에게는 의미 있는 배움의 기회이며 경력을 쌓을 기회가 되기도 합니다. 고통스럽지만 재미있기도 하죠. 변화를 즐기세요.

NOTE

제4장

이사회

이사회는 종종 미스터리 같은 존재로 느껴지곤 합니다. 이사회의 결정(혹은 무결정)은 회사의 성공이나 실패에 지대한 영향을 미치지만, 직원들은 이사회 멤버를 볼 일이 거의 없습니다. 이사회 멤버는 한 달에 한 번, 또는 분기에 한  번 모습을 드러내서 회의실에 4시간가량 머문 다음 사라집니다. 그들은 "이사회는 이렇게 말했다."라는 식으로 사람이 아닌 단체로 언급됩니다. 이사회는 무엇일까요? 이사회는 어떤 일을 할까요? 당신이 CEO라면 이사회 구성에 대해 어떻게 생각합니까? 당신과 당신의 팀은 이사회 멤버들과 어떻게 협력합니까? 그 관계는 시간이 흐름에 따라 어떻게 변합니까? 당신이 이사회 멤버(즉, 이사)라면 당신의 역할은 무엇입니까? 당신은 회사에 어떤 식으로 도움을 줄 수 있습니까? 어떻게 하면 이사회가 회사를 망가뜨릴 수 있을까요? 회사가 변화하면 이사회의 업무는 어떻게 바뀔까요?

누가 이사회 멤버이고, 그들은 어떤 일을 할까?

스타트업의 이사회 멤버는 일반적으로 세 가지 범주 중 하나에 해당합니다. 첫 번째는 스타트업의 CEO 혹은 창업자일 것입니다. 두 번째는 벤처캐피털 투자자로서, 이들은 스타트업의 미래를 보고 리스크를 감수해가며 상당한 자본을 투자합니다. 세 번째는 독립적인 이사회 멤버로서, 성공한 경영자 혹은 업계 전문가들이 이사회에 합류해 조언을 하는 경우입니다.

아주 단순하게 말하면, 이사회는 단 두 가지의 역할을 수행합니다. 바로 (1) 주주의 이익을 위한 기업 감시와 (2) CEO의 채용 및 해고입니다. 이게 전부입니다. 하지만 벤처 자금을 투여한 스타트업의 경우, 이사회는 이런 공식 임무를 뛰어넘어 더 많이 관여하고 더 큰 역할을 수행합니다. 운영 지침과 사업계획 지침을 전달하고, 성공한 다른 스타트업의 모범 사례를 공유하죠. 회사의 리더들이 전략을 숙고하는 데 도움을 주며, 중대한 결정을 위해 조언합니다. 또한 초기 고객을 발굴하고 임원을 채용하는 데 도움을 주죠. 여러 가지 측면에서 이사회는 회사가 규율을 가지고 실행을 추진하도록 도움을 주는 외부 강제 기관의 역할을 담당합니다.

회사가 발전함에 따라 스타트업 리더의 역할이 바뀌는 것처럼, 생존 단계에서 번창 단계로 이동함에 따라 이사회 멤버의 역할과 회사에 대한 참여 수준도 크게 바뀝니다.

이사회를 구성하는 방법

공동창업자를 선택하듯 초기 이사회 멤버를 선택하라

그만큼 중요하기 때문입니다. 아직은 입증되지 않은 창업 아이디어를 믿고 일종의 '도박'을 감행하는 투자자들이 일반적으로 초기 이사회 멤버가 됩니다. 창업 아이디어와 창업팀에 대한 이사회의 믿음이 중요합니다. 창업자, 시장, 리스크에 관한 적합성 역시 중요하죠. 상호신뢰도 중요합니다. 초기 이사회 멤버와 창업자는 머지않아 스타트업에게 닥칠 불가피한 기복을 극복해야 하기 때문입니다.

돈 이상의 가치를 더하라

초기 이사회 멤버는 자본뿐만 아니라 회사가 창업 단계를 끝내고 제품-시장 최적화와 시장진출 최적화를 달성해 앞으로 나아갈 수 있도록 전문지식을 제공하고 관계 형성에 기여해야 합니다.

이사회 멤버는 여러 가지 방법으로 스타트업의 가치를 높이는 데 도움을 줄 수 있습니다.

- **도메인**domain **전문성**: 각자의 소속 기업, 고객, 기술, 전문분야와 관계없이 그들은 비즈니스 세계의 생리를 잘 알고 있습니다.
- **기업과의 협력 경험**: 그들은 여러 단계에 있는 회사들과 협력한 경험을 가지고 있습니다.

- **운영 경험**: 그들은 성공한 스타트업에서 리더로 일한 경험이 있습니다.
- **개인 브랜드**: 그들의 명성은 마케팅, 채용, 투자 유치에 도움이 됩니다.

이사회 멤버는 자신의 경험, '전투에서 얻은 흉터', 자원을 활용하여 스타트업을 지원합니다. 훌륭한 이사회 멤버라면 급격한 변화의 시기에 CEO가 직면하는 결정 사안과 딜레마가 무엇인지 알려주고 해결책을 제안할 뿐만 아니라 문제를 예측하는 데 도움을 줍니다.

상사를 뽑는 것과 같다

초기 이사회 멤버를 선택한다는 것은 본질적으로 CEO와 창업자가 상사를 뽑는 것과 같습니다. 스타트업이 이사회를 구성하면 CEO와 창업자는 이사회로부터 책임과 지침을 부여받습니다. 보상에 대한 결정은 이사회가 내립니다. 향후의 경력은 이사회로부터 영향을 받습니다. 초기 이사회 멤버를 뽑는다는 것은 4년이나 6년 혹은 10년 이상의 결혼 서약과 비슷합니다. 처음의 작은 어긋남은 시간이 흐를수록 크게 벌어지니 신중하게 선택하기 바랍니다.

이사회 멤버 선정: 모두가 직책 수행

당연한 말이지만 스타트업의 모든 경영진은 각자 영업, 마케팅,

고객, 제품 개발, 엔지니어링, 재무와 같은 직책을 수행합니다. 같은 개념이 이사회에도 적용되어야 합니다. 스타트업이 이사회 멤버를 선정할 때는 동일한 스킬을 지닌 멤버들로 구성되지 않도록 주의해야 합니다. 멤버 각자가 제품 개발, 전략, 기술, 영업, 마케팅 등의 전문지식을 제공할 수 있게 해야 합니다. 전문성의 다양성이 핵심입니다.

하지만 애석하게도 전문성의 다양성은 초기 스타트업들에게는 먼 이야기인 경우가 많습니다. 대개의 기술 스타트업들은 이사회 멤버 모두를 제품 전문가이자 제품 지향의 벤처 투자자로 채우는 실수를 범합니다. 그 결과, 이사회는 제품과 관련된 토론에 지나치게 집중하고 다른 주제를 과소평가하는 바람에 잘못된 결정을 내리고 맙니다.

모든 멤버가 각자의 고유한 전문성을 발휘하는 이사회라면 어떨까 생각해보세요. 이사회 멤버들은 특정 주제에 대해 다른 전문가의 의견을 청취할 것이고, CEO와 경영진은 더 나은 조언을 얻을 겁니다. 토론 내용이 더 풍부해지고 결정은 더 효과적이겠죠. 그리고 스타트업은 더 나은 조직으로 발전할 것입니다.

이사회는 '자동 거수기'가 아니다: 건강한 긴장이 필수적

이사회는 CEO를 지지하는 입장에 있지만, 그렇다고 해서 자동 거수기는 아닙니다. 최고의 이사회는 CEO와 경영진을 압박하고 책임감을 강조합니다. 그들은 불편하지만 꼭 필요한 1순위 이슈에 대해 토론을 요구함으로써 CEO와 경영진이 회사를 성장시키고 변화를 탐색하며 최선의 결정을 내리는 데 도움을 줍니다. 중대한 결정을 앞두고 이렇게 약간의 불일치와 긴장이 형성된다는 것은 이사회가 건강하다는 신호입니다.

이중성이라는 현실

이사회 멤버가 된다는 것은 혼란스러운 이중성을 감내한다는 의미입니다. 이사회의 주요 역할은 주주에게 봉사하는 것이지만, 현실적으로 대부분의 이사회 멤버들은 두 그룹의 지지층에게 응답합니다.

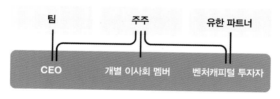

그림 14. 이사회 역할의 이중성

CEO: 회사 임원과 이사회 멤버를 겸임

CEO 역할에는 이중성이 존재합니다. CEO는 실행을 주도하고 가치를 구축하기 위해 경영진과 한배를 타고 매일, 매주, 매월 치열하게 노를 젓습니다. 하지만 CEO는 이사회 멤버이기도 해서 수탁자로서 주주에 대한 책임을 져야 합니다. 이 역할은 CEO가 배 바깥에 서서 상황을 지켜보고 평가하는 입장이라고 볼 수 있습니다.

이런 이중적 관점을 조화시키는 것은 CEO에게 아주 까다로운 일일지 모릅니다. 하지만 이중성에는 장점이 있습니다. 두 가지 관점을 서로 전환하다보면 CEO는 특정 상황에 대한 새로운 시각을 얻을 수 있습니다. 이사회 회의는 이 두 가지 관점을 강조합니다. 이사회 회의에서 CEO는 회사 임원과 이사회 멤버라는 두 가지 관점으로 회사를 바라볼 수 있도록 의도적으로 스스로를 밀어붙여야 합니다.

벤처캐피털 투자자: 투자자 겸 이사

벤처캐피털 투자자 역시 이사회 멤버로서 이중적 역할을 수행합니다. 그들은 벤처캐피털 회사를 대표하기 때문에 투자 자본을 관리할 책임이 있습니다. 하지만 그들 또한 가치를 극대화하기 위해 주주에 대한 수탁자 책임을 져야 하죠. 보통 이 두 가지 역할은 주주 가치를 창출한다는 공통 목표로 수렴됩니다. 하지만 이중적 역할이 심각한 긴장과 갈등을 유발할 수 있는데, 자본조달이나 인수합병M&A일 때가 그렇습니다(이 장의 뒷부분에 자세히 설명함).

개별 이사회 멤버: 이중성 없음

개별 이사회 멤버는 일반적으로 조직 운영에 전문지식을 갖춘 성공한 경영자나 존경받는 업계 전문가들로 구성됩니다. 그들은 CEO나 투자자와 달리 이중성 없이 '모든 주주를 대표한다'는 한 가지 미션을 가집니다. 그들은 보통 상당한 운영 경험을 가지고 있기 때문에 이사회 회의 진행에 필수적인 전문가적 관점을 제공할 수 있습니다. 또한 임원으로 재직한 경험이 있기 때문에 CEO에게 실질적인 조언을 해줄 수 있죠.

스타트업의 초기 단계에는 독립적인 관점과 공정한 조언을 얻기 위해 최소한 한 명의 개별 이사회 멤버를 합류시킵니다. 이런 조치는 CEO와 이사회 모두에게 중요합니다. 회사가 번창 단계 혹은 그 이상으로 이동하면 그에 따라 이사회 역시 발전합니다. 그때, 주주의 이익을 대표한다는 유일한 의무를 가진 개별 이사회 멤버를 추가하게 됩니다.

이사회는 스타트업을 극적으로 도울 수 있다

경험 공유

이사회는 어린 스타트업에게 경험을 제공합니다. 다른 스타트업에서 무엇이 유효했고 무엇이 무효했는지를 안다는 점은 초짜 창업자와 경험 많은 창업자 모두에게 매우 유용합니다. 이사회 멤버는 다양한 회사를 경험한 투자자이거나 심도 있는 운영 경험을 지닌 개별 이사회 멤버이기에 그런 지식과 경험을 공유할 수 있습니다. 그들의 경험은 스타트업의 성공에 큰 도움이 됩니다.

인재 찾기

훌륭한 스타트업을 구축하려면 역할에 적합한 인재를 적시에 채용해야 합니다. 이사회 멤버는 인재를 찾고 채용하는 데 큰 도움이 될 수 있습니다. 이사회 멤버들은 자신들의 인맥에 기초한 인재풀을 가지고 있지만 그런 인재풀이 스타트업에서 충분히 활용되지 않는 경우가 종종 있습니다. 이사회 멤버의 인맥을 활용하려면 이사회 회의에서 최고의 인재에 대한 요구사항을 정기적으로 밝히고, 중요한 공석을 채우기 위해 해야 할 일을 이사회 멤버들에게 할당해야 합니다. 채용 프로세스에 이사회 멤버를 참여시키면 최고의 후보자를 확보하는 데 도움이 될 수 있습니다. 이사회 멤버가 인재를 찾고 영입하는 데 기여하도록 하세요.

강제 집행 규율 및 결정

정기 이사회 회의는 이사회에게 회사의 최신 소식을 알려주는 수단 그 이상이 되어야 합니다. 지난번 회의에서 결정한 주요 비즈니스 목표, 주요 계획 및 조치를 검토함으로써 CEO와 경영진에게 실행을 독려하는 것이 회의의 핵심이 되어야 합니다. 또한 이사회 회의는 일상적인 실행에서 벗어나 운영의 진척을 측정하고, 논란이 많은 이슈를 다루며, 전략적 토론을 촉진하고, 중대한 결정을 내리는 데 큰 도움이 되어야 합니다.

이사회 회의는 실행의 진척 상황을 보고하고, 이슈를 논의하며, 급변하는 초기 단계의 스타트업에서 이사회 멤버와 투자자가 중대한 결정을 신속히 내리도록 촉진하는 정기적인 수단입니다. 또한 중요한 주제를 선정하고 토론하는 도구입니다. 이사회 회의를 스타트업의 전반적인 실행을 독려하는 장치로 사용함으로써 비즈니스를 발전시키기 바랍니다.

변화를 예측하고 대응하기

변화는 정당한 이유, 즉 성공적인 성장 때문에 발생합니다. 또한 변화는 잘못된 재무 예측, 경쟁환경의 변화, 운영 실패, 잘못된 채용 등 부정적 이유로 발생하기도 합니다. 상황이 좋을 때 경험 많은 이사회는 CEO와 경영진이 변화의 소용돌이를 헤치고 나아가 성공을 극대화하는 데 도움을 줄 수 있습니다. 상황이 나쁠 때도 경험이 풍부한 이사회는 CEO와 경영진이 어떻게 변화에 대응해야 할지 도울 수 있습니다. 팀 규모를 축소하거나 전략에 변화를 기해 위기를 헤쳐나갈 수 있도록 도움을 줍니다. 스타트업에게 이보다 더 중요한 것은, 경험 많은 이사회가 주요 변화를 예측할 수 있도록 돕고 사소한 이슈가 큰 이슈로 확대되는 것을 방지하는 데 기여한다는 것입니다. 이사회는 화재 진압뿐만 아니라 화재 예방에도 도움을 줍니다. 예전에 이미 경험했기 때문입니다.

신호 발생기로서 이사회

CEO와 마찬가지로 이사회는 경영진과 회사 전체에 신호 발생기 역할을 수행합니다. 이사회 멤버들 각자가 하나의 신호 발생기입니다. 그렇기에 이사회에서는 여러 개의 신호를 생성할 수 있죠. 여러 신호들이 서로 일치하고 일관성이 있다면 회사의 성공을 돕는 강력한 도구가 됩니다. 그런 신호들이 불협화음을 일으키거나 제대로 조율되지 못하면 완벽할 정도로 훌륭한 스타트업이라 해도 손상을 입기 쉽습니다. 의도적으로 그 신호 발생기를 활용하세요. 자신감을 불러일으키고 동기를 부여하는 데 사용하세요. 필요하다면, 신호 발생기를 '수술' 용도로 사용하여 조직에 변화를 창출하세요. 하지만 남용해서는 안 됩니다. 너무나 많은 신호를 생성하도록 하면 깨끗하게 수신해야 하는 중요한 메시지를 가리는 잡음이 발생할 수 있기 때문입니다.

당근과 채찍

이사회는 회사를 운영하지 않습니다. 운영은 CEO와 경영진의 몫이죠. 하지만 이사회는 직접적인 피드백, 인정, 인센티브, 최종 결정을 통해 경영진에게 영향을 미칩니다. 이사회에서 당근과 채찍을 신중하게 사용한다면, 스타트업 전체에 걸쳐 인센티브를 조정하고 주요 목표를 달성하게 하며 변화에 영향을 미치는 강력한 도구가 될 수 있습니다. 개인적 차원에서 당근은 성과에 대한 인정과 칭찬, 주요 비즈니스 목표나 주요 변화와 관련된 보상 혹은 승진이라 할 수 있고, 채찍은 확고한 마일스톤을 설정함으로써 실패했을 때 금전적 혹은 경력상 불이익을 주는 것이라 할 수 있습니다. 회사 차원에서 당근과 채찍은 무엇일까요? 이사회 멤버 중 투자자에 해당하는 멤버는 당근과 채찍으로 동시에 활용 가능한 강력한 신호 발생기를 가지고 있습니다. 투자를 확대하거나(당근) 투자를 중단하는(채찍) 결정이 바로 그것입니다.

이사회는 완벽하리만큼 좋은 스타트업을 망칠 수 있다

기능 장애에 빠진 이사회

기능 고장이 발생한 이사회는 회사에 심각한 손상을 줄 수 있습니다. 그런 이사회는 서로 다른 의제를 주장하거나 성격 측면에서 충돌을 일으키는 바람에 동일한 목표를 중심으로 정렬하지 못합니다. 이렇게 '고장 난' 이사회는 똑같은 상황을 서로 다르게 보는 견해들로 인해서 '결정 마비' 상태에 이릅니다.

　좋은 소식은 이사회가 제대로 작동하는지를 확인하는 간단한 테스트가 있다는 것입니다. 이 질문에 답해보세요. "이사회는 CEO와 경영진에게 한목소리로 말하고 있습니까? 아니면 상충하는 메시지를 전달하고 있습니까?"

최신 트렌드를 무조건 따라 하기

이사회 멤버는 다양한 스타트업을 관찰하고 모범적인 사례를 공유합니다. 몇몇 모범 사례들은 투자자 커뮤니티에서 회자되곤 합니다. 예를 들어, Saas(서비스로서 소프트웨어, Software-as-a-Service), 인공지능, '기본 무료/고급 유료freemium' 모델, 비대면 판매 모델과 같은 최신 트렌드는 몇몇 스타트업에게 강력한 효과를 가져다줄 수 있습니다. 하지만 어떤 스타트업들에게는 그런 트렌드를 따르는 것이 오히려 커다란 재앙이 될 수 있죠. 그렇기에 트렌드가 유용한지 그렇지 않은지를 올바르게 판단해야 합니다. 몇몇 이사회들은 과대광고에 휘둘리는 바람에 스타트업을 부적절한 방향으로 몰아가곤 합니다.

열정과 선망을 비즈니스적 판단보다 우선하기

스타트업을 빠른 성장기업으로 만든 힘, 즉 열정과 타 기업에 대한 선망은 회사에 엄청난 가치를 창출하고 회사를 경쟁에서 앞서 나가도록 합니다. 하지만 열정과 선망이 건전한 비즈니스 판단을 무시하게 만든다는 점을 주의해야 합니다. 열정이 앞서서 빠르게 성장한 다른 스타트업을 무조건적으로 선망하는 것은 서서히 나쁜 효과를 가져옵니다. 모든 스타트업과 모든 시장이 급격한 성장을 기대할 수 있는 것은 아니기 때문입니다. 그렇기에 회사의 성장을 부자연스러울 정도로 가속화하는 것은, 사업계획을 여러 번 실패하게 만들고 지나치게 많은 현금을 소진케 해서 회사를 망가뜨릴 수 있습니다. 현실적인 판단, 리스크 관리, 올바른 비즈니스 판단이 열정과 선망보다 우선해야 합니다.

집중력 흐트러뜨리기

이사회는 전략과 실행에 집중하기보다, 자신들의 만족을 위해 간접적이나마 경영진의 집중력을 흐트려놓음으로써 회사에 피해를 가할 수 있습니다. 이사회 전체가 경영진의 집중력을 분산시키기도 하지만 개별 이사회 멤버가 그럴 때도 종종 있습니다. 비록 선의라 해도 이사회가 추가 데이터, 추가 작업, 추가 토론, 빈번한 상호 작용을 요구하면 가뜩이나 제한된 스타트업의 자원에 부담을 가할 수 있습니다. 또한 핵심 목표와 관련이 없는데도 불필요한 잡음을 일으키는 부차적 이슈에 필요 이상의 시간을 요구함으로써 경영진의 집중력을 깨뜨리기도 합니다.

> **남태희** "어떤 경영진은 이사회 회의가 끝난 후에 이사회 멤버의 발언이 진정으로 의미하는 바를 해석하기 위해 며칠을 고민하곤 했습니다. 그 멤버가 회의 때 너무나 많은 부분을 지적했기 때문이었죠. 경영진은 그 이사회 멤버의 요청에 따라 각 부분을 조사하고 철저하게 답변을 준비하느라 많은 시간을 써야 했습니다. 경영진에겐 엄청난 시간 낭비였습니다."

CEO가 회사를 운영하려면 100% 이상의 시간이 필요합니다. 이사회 멤버들이 회사를 잘 알고 회사와 일체화되어 있다고 느끼기 위해서 CEO에게 합리적인 요구를 하는 것이겠지만, 그것이

CEO에게 고통을 줄 수 있습니다.

> **밥 팅커** "이것은 CEO에게 해도 욕먹고 안 해도 욕먹는 상황이라 할 수 있습니다. 각 이사회 멤버에게 개별적으로 브리핑하고 질문에 답하는 데에는 많은 시간이 소요되지 않았지만. 모든 이사회 멤버에게 다 하려니 일주일에 0.5일 정도가 그냥 사라졌습니다. 이사회 멤버들에게 개별적으로 브리핑하는 시간을 줄이는 것이 CEO의 시간을 합리적으로 사용하는 방법 같았지만, 그러면 이사회 회의의 효율이 떨어지고 의사소통이 부족하다는 비판을 받을 수밖에 없었죠."
>
> **남태희** "나는 이사회 멤버라는 신분을 사용해서 경영진이 내 질문에 답하게 하고 나와 만나도록 만들 수 있습니다. 하지만 경영진이 나를 만나는 시간이 길어질수록 고객에게 판매할 시간이 줄어들고, 가족과 함께하는 시간이 줄어든다는 사실을 항상 유념했습니다."

두려움과 탐욕 사이를 오가기

이사회 안에서 형성되는 힘의 역학 중에서 특별히 혼란을 주는 것은 개별 이사회 멤버들이 '탐욕 모드'와 '두려움 모드'를 왔다 갔다 하는 경우입니다. 시기가 좋을 때 그들은 탐욕스러워져서 수익을 극대화하도록 회사에게 빠른 성장을 촉구하고, 초기 투자에 대해 파트너에게 좋은 인상을 주기 위해 지나치게 높은 가치 창출을 요구합니다. 또한 M&A를 진행할 때는 수익 극대화를 목적으로 가치평가상 유리한 위치를 점하고자 하죠. 하지만 판매 목표를 달성하지 못하고 자본조달이 어려워지고 현금이 고갈되는 등 여러 가지 혼란으로 인해 상황이 좋지 못할 때는 바로 두려움 모드에 빠집니다. 여러 이벤트에 대한 과잉 반응, 경영진에 대한 압박, 후속 투자 보류 등 이사회 차원의 마비 증상을 드러냄으로써 시장에 부정적인 신호를 보내는 것이죠.

두려움 모드인지 탐욕 모드인지에 따라 이사회 멤버들은 완전히 다른 성격을 드러냅니다. 동일한 상황에 처하더라도 서로 다르게 반응하곤 합니다. 이런 점이 스타트업 경영진과 다른 이사회 멤버들을 혼란스럽게 만들죠. '두려움 대 탐욕'이라는 역학은 자연스러운 것이지만, 스타트업에겐 이사회의 일관적인 리더십이 필요합니다. 이사회 리더들은 회사가 처하게 될 여러 가지 곤경에 과민하게 반응하기보다는 근본적인 문제에 신속하고 강력하게 대응하려는 균형감각을 유지해야 합니다.

창업자 드라마를 해소하는 데 실패

창업자 드라마founder drama는 스타트업의 발전 단계에서 언제든 일어날 수 있습니다. 창업자 드라마란 창업자들 사이의 불화와 갈등으로 인해 제품-시장 최적화와 시장진출 최적화를 탐색하려는 스타트업의 노력이 좌절되는 것입니다. 똑똑하지만 독불장군 같은 공동창업자, 더 나은 회사를 만들 수 있지만 그렇게 하지 않는 창업자, 자부심이나 자존심 때문에 새로 합류한 경영진에게 권한을 주지 않는 창업자들의 이야기가 바로 창업자 드라마입니다.

창업자 드라마는 직원과 투자자를 괴롭힙니다. 업종 리더로 가는 길에서 회사를 낙오시키기도 하죠. CEO와 이사회는 이러한 문제가 악화되지 않도록 신속하고 단호하게 행동해야 합니다. 어떻게 대처하느냐에 회사의 운명이 달린 경우가 종종 있기 때문입니다.

이런 이사회 멤버가 되지 마라

스타트업 경영진은 회사의 성공에 도움을 줄 수 있는 강력한 이사회 멤버를 원합니다. 그렇게 할 수 있는 이사회 멤버들은 자신들의 투자에 대해 수익을 얻을 뿐만 아니라 기업가의 세계에서 널리 존경받고 명성을 얻을 수 있습니다. 하지만 몇몇 이사회 멤버들은 다음과 같은 이유들로 인해 불명예스러운 악명을 얻게 되죠.

입만 가지고 오는 멤버

대부분의 이사회 멤버들은 핵심 주제에 집중할 준비를 갖추고 이사회 회의에 참석해 근거 있고 초점이 명쾌한 의견을 제시합니다. 하지만 몇몇 멤버들은 회사의 성공을 돕는 데 집중하지 않고, 아무런 준비 없이 회의에 참석합니다. 경청은커녕 그저 다른 멤버들에게 좋은 인상을 주고 싶은 듯 번지르르한 말만 늘어놓곤 합니다.

양을 가치로 착각하는 멤버

몇몇 이사회 멤버들은 자기의 발언 길이와 빈도로 회사에 대한 기여 정도를 측정하는 것 같습니다. 그들은 본인 의견의 양과 빈도를 가치로 착각하고 지나치게 발언 시간을 점유할 뿐만 아니라, 다른 멤버들의 의견을 무시하죠. 가치가 높은 이사회 멤버라면 최우선 주제에 집중하고 생산적인 토론을 주도합니다.

이사회가 해야 할 대표적 역할 두 가지

이사회는 스타트업이 운명을 다하기 전까지 많은 결정을 내려야 합니다. 가장 중요한 두 가지 결정은 바로 (1) CEO 교체 여부와 (2) 회사 매각 여부입니다.

1) CEO 채용 및 해고

이사회의 기본 역할 중 하나는 CEO를 채용하고 해고하는 것입니다.

때때로 이사회는 다음 단계에 걸맞은 회사로 나아가기 위해 CEO를 선제적으로 교체하곤 합니다. 또한 좋지 않은 상황에 대응하기 위해 강압적인 방식으로 CEO를 교체하기도 하죠. 하지만 대부분의 경우, 이사회는 현재의 CEO를 지지하는 입장에 있습니다.

선제적인 교체는 회사를 다음 단계로 나아갈 수 있게 합니다. 초기의 창립 CEO가 회사를 근본적으로 변화시킨 후, 다음 단계로 가속화할 수 있는 슈퍼스타 CEO에게 적절한 시기에 기꺼이 자리를 내어주는 것이 이상적입니다. 시스코Cisco의 존 체임버스John Chambers, 팰로앨토 네트웍스의 마크 맥롤린, 서비스나우ServiceNow의 프랭크 슬루트먼Frank Slootman, 스플렁크Splunk의 고드프리 설리번Godfrey Sullivan을 떠올려보세요. 회사의 성공과 성장으로 인해 감정과 긴장감은 고조되고, 그러다 보면 CEO 교체로 이어질 수 있습니다. 모든 창업 CEO가 회사와 미션을 위해 옳은 일이란 걸 알면서도 한발 뒤로 물러나기를 원하지는 않습니다. 이런 긴장감과 격한 감정을 가라앉히려면 CEO의 업적을 치하하고 그가 품위 있게 퇴장할 수 있도록 해야 합니다.

이와 달리, 회사의 어려움 때문에 CEO를 내보내야 하는 것은 골치 아픈 일입니다. 그럼에도 이사회가 이러한 과감한 변화를 기하는 까닭은 회사 성과의 악화, 지속적인 목표 미달, 자본조달 실패 등과 같은 문제 때문입니다. 또한 스타트업 경영진이 CEO를 신뢰하지 못하기 때문일 수도 있죠. 이런 상황은 CEO, 경영진, 이사회 모두에게 힘든 일입니다. 애석하게도 곤경에 처한 CEO는 이사회가 정보에 접근하려는 것을 제한하거나, 이사회와 경영진 간의 접촉을 막음으로써 상황을 타개하려고 합니다. 하지만 이렇게 정보와 경영진에 대한 접근을 막는 CEO의 그 행동 자체가 '나를 해고하라'며 이사회에게 주는 경고 신호라는 점을 알아야 합니다.

CEO를 교체하는 것은 중요한 일입니다. 리스크가 큰 일이고 여러 가지로 난항을 겪기 마련이죠. 하지만 신임 CEO가 회사 성공에 기여할 가능성이 있다면 그런 리스크와 난항에는 그만한 가치가 있습니다. 반면에 신임 CEO가 회사에 기여할 가능성이 적다면 이사회가 취할 수 있는 선택지가 하나 더 있습니다. 바로 회사를 매각하는 것이죠.

2) 매각 혹은 유지

이사회는 긍정적인 이유(스타트업이 한창 잘나가고 여러 '구혼자'가 있음) 혹은 부정적인 이유(스타트업이 어려움에 처함)로 스타트업을 매각하기로 결정 내리곤 합니다. 매각 결정의 사유가 분명할 때도 있지만, 대부분의 경우에는 그렇지 않습니다.

매각한다는 결정 사유가 분명할 때

- 좋은 인수 제안이 들어올 때, 인수 가격이 아주 매력적이라서 홀로 기업을 유지하는 것보다 인수기업과 결합하는 쪽이 훨씬 큰 가치를 기대할 수 있을 때
- 회사 전체에 걸쳐 근본적인 문제가 존재할 때, 회사가 원활하게 운영되지 않을 때, 자본조달이 어려울 때, CEO나 경영진에게 근본적인 문제가 있을 때, 고객기반을 상실할 리스크에 처할 때, 경쟁자들이 훨씬 앞서나갈 때
- 구성원들이 활력을 잃었을 때, 모두가 너무 오랫동안 일한 탓에 동기를 잃었을 때

매각하지 않는다는 결정 사유가 분명할 때

- 회사가 '핫'한 분야에서 한창 잘나가고 있을 때, 실행의 마일
  스톤을 매번 달성하고 비즈니스를 성장시켜 독립 회사로서
  누구보다 많은 가치를 창출하고 있을 때, 약간의 난항을 겪
  긴 하지만 성장 일로에 있는 스타트업의 입장에서는 별로 특
  별한 문제가 아닐 때
- 그리 매력적이지 않은 인수 제안이 들어올 때, 독립 회사로
  서의 미래 가치가 인수 제안의 가치보다 훨씬 높을 때
- 구성원들의 활력이 넘칠 때, 이사회와 구성원들이 회사의 미
  래를 신뢰하고 가치 있는 회사를 만들 수 있다는 가능성을
  믿을 때 (참고: 회사의 미래를 믿긴 하지만 인수로 인한 재무적 유동성
  을 기대하는 초기 직원들이 있다면, 투자자는 초기 직원들의 금전적 어려
  움을 해결해주기 위해 그들이 가진 주식을 매입할 수 있습니다.)

매각 결정 사유가 분명하지 않을 때(대부분의 경우)

일반적으로 매각 여부를 결정하기는 쉽지 않습니다. 이사회는 경
영진과 투자은행으로부터 기업가치 분석 결과를 받아보겠지만,
그런 분석을 해석하는 일은 과학이라기보다 예술에 가깝습니다.
가치평가는 아주 주관적이기 때문입니다. 기업가치 평가는 전략,
재무, 구성원 등 비즈니스 전반에 대한 평가를 기반으로 합니다.
인수 제안을 고려할 때 이사회는 스타트업의 향후 계획(확률, 실행
리스크, 경쟁 환경, 구성원 등을 고려해 조정한 계획)과 해당 계획을 성공

할 때의 잠재적 가치(평가 배수, 기한 할인$^{time\ discount}$, 향후의 가치 희석^{future} ^{dilution} 등)를 검토해야 합니다. 그러나 이런 분석과 평가를 하더라도 매각 결정 사유가 분명해지지 않을 수 있습니다. 그렇기에 이사회는 최선을 다해 판단해야 합니다.

이사회와 CEO 간에 발생하는 긴장의 원인

이사회는 당신 편입니다

이사회와 CEO의 가장 큰 공통점 중 하나는 그들의 이해관계가 자연스럽게 일치한다는 것입니다. 그들 모두가 주주이기 때문입니다. 그들 모두 훌륭한 회사를 만들고 가치를 창출하길 원합니다. 모두가 CEO의 성공을 바랍니다. 성공적인 CEO가 성공적인 회사를 만들기 때문이죠. 이사회는 언제나 당신 편입니다. 그야말로 멋진 팀워크를 발휘하죠.

하지만 당신에게 등을 돌리기 전까지만 당신 편입니다.

언제 이런 일이 발생할까요? 이사회와 CEO 간에는 3개의 긴장 지점이 있습니다. 바로 (1) 차기 자본조달, (2) 회사 매각 협상, (3) 경영진에 대한 간섭이 그것입니다.

긴장 지점 1: 차기 자본조달

자본조달의 이슈는 이사회 내의 벤처캐피털 투자자와 CEO 간에 긴장을 조성합니다. 이 장의 앞부분에서 논의한 바와 같이, 그 이유는 벤처캐피털 출신 멤버(이하 '캐피털 이사'라 칭함—옮긴이)가 담당하는 이중적 역할 때문입니다. CEO는 주주와 회사의 이익을 대표하지만, 캐피털 이사는 회사의 성공과 성장을 위한 자본조달에 관심을 두면서도, 현재 그리고 미래 투자자로서 회사의 이익도 추구합니다. 추가 자금을 조달할 때 많은 경우 캐피털 이사와 CEO의 의견은 일치합니다. 투자자와 직원의 수익이 회사의 성장과 그에 따른 주가를 높이는 데 영향을 미치기 때문이죠. 그러나 때때로 둘 사이의 이해관계는 갈립니다.

CEO의 고민: 투자자의 두려움과 탐욕을 어떻게 관리할까?

캐피털 이사가 탐욕 시나리오와 두려움 시나리오를 왔다 갔다 하기 시작하면 CEO는 당황하기 마련입니다. 캐피털 이사는 자기 지분을 늘리기를 원하거나(탐욕 시나리오), 반대로 회사에 계속 투자하지 않고 지원하지 않으려 합니다(두려움 시나리오).

두려움: 무엇이 두려움을 촉발할까요? 가장 흔한 방아쇠는 회사가 새로운 투자자로부터 자본조달 동의서를 받지 못하는 경우입니다. 즉 '신규 투자자의 시장 테스트new-investor market test'를 통과하지 못할 때이죠. 이를 보고 벤처캐피털사는 자기네가 심어둔 이사회 멤버(캐피털 이사)가 스타트업에 열정적인 입장을 보이더라도 회사의 전망이 어둡다는 결론을 내릴 가능성이

높습니다. 벤처캐피털사는 개별 이사회 멤버들의 의견을 무시하고 회사에 대한 추가 투자를 중단하거나, 회사 재무계획을 변경하는 조건으로 추가 투자를 약속하거나, 아예 CEO를 교체할 수도 있습니다. 벤처캐피털사는 투자가치를 평가절하할 수도 있습니다. 캐피털 이사가 자신의 원소속사인 벤처캐피털사에서 패자로 평가받을까 봐 두려워하는 이유가 바로 이것입니다.

탐욕: 반면에 회사가 평판 좋은 투자자로부터 더 좋은 조건으로 자본조달 동의서를 받게 되면 캐피털 이사와 그들의 파트너(벤처캐피털사)는 흥분을 감추지 못하고 곧바로 탐욕 모드로 전환합니다. 현재의 벤처캐피털사는 회사가 엄청 잘나간다는 결론을 내리겠죠. 벤처캐피털사는 평판 좋은 투자자로부터 받은 투자 동의서를 사용해 투자가치를 평가절상함으로써 캐피털 이사를 영웅으로 만들 수 있습니다. 그러면 캐피털 이사는 벤처캐피털사로부터 회사 지분을 유지하거나 증가시키기 위해 더 많이 투자하라는 압박을 받게 됩니다. 그러면 CEO는 새로운 투자자를 유치해 투자자 기반investor base을 다변화하는 것이 정답임에도 불구하고 기존 투자자로부터 자금을 조달받아야 한다는 엄청난 압력을 받죠.

탐욕 모드는 해봄 직한 상황이지만, 두려움 모드는 매우 파괴적인 상황입니다. 차기 자본조달을 위해 생산적인 동력을 보장하는 가장 좋은 방법은 열성적인 여러 신규 투자자로부터 제안을 받아 '신규 투자자의 시장 테스트'를 통과하는 것입니다.

자본조달로 인한 긴장 이면엔 무엇이 있을까?

벤처캐피털 투자자와 투자가치 순위표 markup leaderboard

벤처캐피털사는 그들의 파트너들을 어떻게 평가할까요? 벤처캐피털사는 투자자들에게 어떻게 자신들의 성과를 보여줄까요? 두 질문에 대한 답은 바로 스타트업이 인수되거나 IPO를 할 때 투자 자본에 대한 현금 수익(cash Returns On Invested Capital, Cash ROIC)을 측정하는 것입니다. 하지만 일반적으로 측정하는 데에는 시간이 오래 걸립니다. 그렇기에 투자자들은 차기 투자자 그룹이 지불하는 새로운 주가를 기반으로 투자를 '상승' 혹은 '하락'으로 표시함으로써 중간 진행 상황을 추적합니다. 스타트업의 주식은 비공개되어 있고 비유동적이긴 하지만, 자본조달 라운드는 모든 투자자들에게 시가평가mark-to-market의 기능을 제공합니다. 이 시가평가는 일반적인 것이고 필요한 것이긴 하지만 캐피털 이사들의 두려움과 탐욕을 불러일으키는 강력한 원인이기도 합니다.

투자가치 순위표	기업1	기업2	기업3	순위
조안나	↗	↗	↗	1
사미르	↗	↗	→	2
빌	↗	→	↘	3
밀튼	↗	↘	↘	4

벤처캐피털사 내부에 이 그림처럼 투자기업과 함께 파트너(캐피털 이사)의 이름이 나열되어 있다고 상상해보세요. 스타트업이 더 높은 가격으로 자금을 조달할 때마다 순위표상의 파트너 이름은 위로 올라갑니다. 반면에 스타트업이 더 낮은 가격으로 자금을 조달하거나 중단하면 파트너의 이름은 아래로 내려가겠죠.

예 초기 벤처캐피털사가 주당 0.5달러에 투자했다고 가정해보세요. 회사가 발전함에 따라 다음 벤처캐피털사는 주당 2달러를 지급했습니다. 이것은 4배가 인상된 금액입니다. 유동성은 없었지만 이런 진전은 초기 투자자에게 좋은 것이죠. 그런데 회사가 나중에 혼란에 빠져 현금이 거의 고갈되고 주당 가치 평가액을 1달러로 자금을 조달한다고 해보죠. 주당 2달러에서 주당 1달러로 50%나 인하됐으니 투자자에게는 좋지 않습니다.

투자가치 순위표는 벤처캐피털리스트, 파트너, 투자자들의 사고방식에 중요한 역할을 합니다. 벤처캐피털사는 투자 파트너의 성과를 평가하는 방법으로 상승 및 하락 여부를 표시합니다. 매년 벤처캐피털사는 투자자들 앞에서 자신들이 진행한 민간기업 투자에 대한 평가 상황을 보여줍니다. 그러니 투자가치를 상승시켜야 한다는, 그리고 투자가치를 하락시켜서는 안 된다는 무언의 압박을 받죠. 투자가치 순위표는 캐피털 이사의 행동과 역학 그리고 그들의 파트너 관계가 어떠한지 설명해줍니다.

투자자의 고민: CEO와 구성원들이 투자자와 한마음인가?

스타트업이 새로운 투자자로부터 자금을 조달하기 위해 고군분투 중인데 현금은 고갈되고 있다면, 유일한 선택지는 기존 투자자가 더 많은 자본을 투입해 회사로 하여금 시간을 벌 수 있게 하는 것입니다. CEO는 회사가 비즈니스의 잠재력을 증명하고, 새로운 투자자를 유치한다는 미래의 마일스톤에 다가갈 수 있도록 기존 투자자들을 압박할 겁니다. 이런 상황은 누구에게나 힘든 일인데, 투자자들이 이미 상당한 자본을 투자한 리스크를 안고 있기에 더욱 그렇습니다. 그러나 이런 상황은 기회가 올 것임을 믿는 CEO, 경영진, 투자자들이 '한마음이 되는' 순간일 수도 있습니다. 이상하게도 CEO와 구성원들은 새로운 자본조달 라운드가 종료된 직후 인센티브(추가 지분, 통제 조건에 대한 특별한 변경) 때문에 이사회를 궁지에 몰곤 합니다. 더 문제가 되는 것은 CEO가 "좋은 기회를 잡았으니 이제부터 나는 가족을 위해 살겠다."라고 말하며 투자자들을 놀라게 하는 상황입니다. 이런 상황에 처하면 투자자는 CEO와 구성원들이 자신과 한마음인지를 궁금해합니다. 이런 샅바 싸움은 팀 정신과 이사회의 사명 의식을 훼손합니다. 한마음이라는 느낌은 회사를 발전시키는 과정에서 피치 못하게 발생하는 격동을 스타트업 이사회가 잘 헤쳐나가도록 하는 강력한 힘입니다.

긴장 지점 2: 스타트업의 매각 협상

스타트업을 매각하기 위한 협상 중에 새로운 긴장 지점이 빠르게 나타납니다. 인수 수익을 다양한 지분 보유자들과 구성원들에게 어떻게 할당할 것인가가 바로 그것입니다(일명 'M&A 파이 나누기').

모든 회사에는 기존의 할당 공식이 있습니다. 일반적으로 3가지

를 기반으로 하는데, 지분 소유권, 최종 자본조달 라운드에서의
투자자 조건, 특정 통제 조건 변경에 대한 직원들과의 합의가 바
로 그것입니다. 하지만 M&A 중에 각 당사자는 할당 공식을 다시
검토할 수 있습니다.

M&A 파이 나누기

인수기업이 회사를 인수하고 직원을 유지한다는 조건으로 1억 1000
만 달러라는 인수 대금을 제안했다고 가정해보세요.
1억 1000만 달러를 어떻게 할당할까요? 회사 인수 가격에 많이 할
당할수록 투자자와 초기 직원들에게 유리합니다. 반면, 직원 인수 및
유지 패키지에 많이 할당할수록 인수기업을 위해 계속 일할 직원들
에게 이익이 되죠.
회사 인수 가격 혹은 직원 유지에 할당하는 금액을 결정할 때는 다음
과 같이 네 가지 항목을 고려해야 합니다.

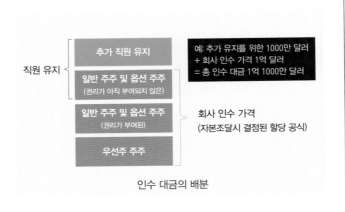

인수 대금의 배분

각 항목은 서로 다른 이해관계를 나타내기 때문에 각각을 옹호하는 자들 역시 서로 다릅니다. 그림의 아래부터 설명하면 다음과 같습니다.

1. 인수 대금을 우선으로 하는 우선주 주주(보통 투자자)
2. 이때의 일반 주주는 권리가 부여된 주식을 가진 직원이거나 보통주를 소유한 퇴직 직원입니다. 이들 대부분은 창업자이거나 초기 직원들이죠.
3. 이때의 일반 주주는 권리를 부분적으로만 부여받은 직원을 말합니다. 이들 대부분은 현직 임원이거나 신규 직원들입니다. 이 주식에는 향후 권리가 부여될 수 있기에 이 항목은 인수 후 효과적인 직원 유지 수단이 될 수 있습니다.
4. 인수기업은 인수 후 직원 유지를 약속함으로써 기업가치를 높이곤 합니다.

인수는 수익 분배에 대해 다음과 같이 두 가지 질문을 제기합니다.

1. 계속 고용하는 직원과 스타트업의 다른 주주(보통, 투자자와 퇴직 직원) 간의 분배를 어떻게 할 것인가?
2. 인수 가격은 현재의 할당 공식(보통은 지분율)에 따라 할당되어야 하는가, 아니면 인수 조건으로 할당 공식이 변경되어야 하는가?

첫 번째 질문에 대해 대부분의 인수기업들은 인수한 스타트업의 인재를 유지하는 데 깊은 관심을 가지기 때문에 직원 유지에 최대한 많은 가치를 투자하기를 원합니다(앞 그림의 상위 2개 항목). 하지만 기존 주주, 특히 자본을 투입한 우선주 주주와 권리를 보유한 보통주 주주(앞 그림의 하위 2개 항목)는 지분 소유자들에게 최대한 많은 가치를 할당하기를 원하죠. 이로 인해 계속 고용하는 직원과 주주 사이에 이해의 충돌이 발생합니다. 인수기업은 협상 도중에 이런 갈등을 악화시키곤 하죠. 예를 들어, 인수기업이 1억 1000만 달러를 기꺼이 지불할 용의가 있다고 가정해보겠습니다(스타트업을 인수하고 직원을 유지한다는 조건으로). 한 가지 방법은 회사에 1억 달러를 제공하고 직원 유지를 위해 1000만 달러를 제공하는 것입니다(총 1억 1000만 달러). 다른 방법은 회사에 8000만 달러, 직원 유지에 3000만 달러를 제공하는 것이죠(역시 총 1억 1000만 달러). 총액은 같지만, 가치 할당은 아주 다릅니다.

두 번째 질문에 대해 가장 간단한 수익 할당 방법은 우선주 주주와 보통주 주주 각각의 지분율을 기반으로 합니다. 하지만 스타트업의 투자 유치 과정에서 우선주 주주들이 더 높은 기업가치 평가 혹은 높은 리스크를 감수하는 대가로 더 큰 비율을 우선 할당받도록 수익 배분을 협상하는 것은 드문 일이 아닙니다.

또 다른 가능성이 있습니다. 때때로 M&A 협상 과정에서 여러 플레이어들이 각자의 레버리지에 따라 할당 공식의 변경을 요구할 수 있습니다. 인수기업은 회사를 인수할 목적으로 다른 할당을 요구할 수 있고, 차단권이 있는 투자자들은 더 높은 할당을 바랄 수도 있죠. 때때로 '핵심 직원들'은 다른 지분 소유자들에게 피해가 되더라도 자신에게 유리한 조건을 얻으려고 합니다. 일반적으로 스타트업의 투자자 계약서, 직원의 업무계약서, 회사 내규는 어떤 당사자라 해도 과도한 영향력을 행사하지 않도록 구조화해야 합니다.

긴장 지점 3: 경영진에 대한 간섭

이사회 멤버는 이사회 회의와 CEO를 통해 대부분의 정보를 얻습니다. 자연스럽게 그들은 정보의 투명성과 다른 경영진과의 관계 형성을 원하죠. 경영진은 경영진대로 자신을 드러내고 향후의 경력 기회를 얻기 위해서 이사회 멤버들과의 관계를 원합니다.

CEO는 이사회 멤버의 이러한 요구를 충족시키기 위해 몇 가지 방법을 사용할 수 있습니다. 몇몇 CEO는 이사회와의 모든 소통이 자신을 통해서만 이루어지기를 선호합니다. 일관된 정보 흐름을 보장하고, 적절한 맥락을 제공하며, 혼동을 최소화하고, 통제권을 유지하기 위해서, 혹은 그저 CEO 자신의 일을 단순화하기 위해서죠. 반면 일부 CEO는 경영진과 이사회 간의 직접적인 교류를 장려합니다. 긍정적 효과가 부정적 효과보다 크다고 믿기 때문이죠. CEO와 이사회는 어떤 것이 좋은지 적절한 균형점을 찾아야 합니다.

> **밥 팅커** "저는 이사회와 경영진 간의 격의 없는 만남을 장려합니다. 모바일 아이언에서 이런 방식은 이사회와 경영진 모두에게 도움이 되었는데요, 모

두가 같은 정보를 공유할 수 있었기 때문이죠. 의도치 않게 혼란이 발생하긴 했지만 전체적으로는 긍정적이었죠. 저의 유일한 요구사항은 '모르게 하지 말라'는 것이었습니다. 경영진과 이사회 간의 대화가 이루어지면 저는 그런 대화가 있었다는 것뿐만 아니라 어떤 이야기가 오고 갔는지 알고 싶었으니까요."

이사회와 경영진의 교류를 제한하는 것은 장기적으로 효과가 거의 없습니다. 환경이 좋은 시기라면 교류 제한이 효과적일 수 있죠. 하지만 회사가 난항을 겪게 되면 이사회는 상황 파악을 위해 CEO가 아닌 다른 경영진으로부터 정보를 얻길 원하기 때문에 교류를 제한하는 것은 상황을 더 악화시킬 수 있습니다. 또한 몇몇 경영진은 이사회의 의견을 직접적으로 청취하길 바랄 수도 있습니다. 이사회가 그림 전체를 보여줄 수도 있으니까요. CEO가 정보를 과도하게 필터링한다는 우려 때문에 이사회와 직접 만나기를 원할 수도 있습니다. CEO가 과거에 경영진과 이사회의 교류를 제한했다면, 양측의 교류가 불안감을 증폭시킬 수 있습니다. 반면, 경영진과 이사회 간의 교류가 이루어진 적이 있었다면, 양측 간의 토론이 더욱 생산적일 것이고 좋은 관행이 될 겁니다.

양측의 교류를 제한하면 CEO가 정보를 숨기거나 필터링한다는 인식을 이사회에 주기 때문에 역효과를 일으킵니다. 회사가 불가피한 혼란에 빠져도 이사회는 상황을 참작해주지 않을 수 있죠. 교류를 제한하는 것은 경영진에게도 역효과를 발생시킵니다. 억압받는다는 느낌을 주기 때문입니다. 양측의 교류를 장려하면 불안감이 증폭될지는 모르지만, 상호 신뢰와 '한마음'이라는 공감대를 형성하게 됩니다. 이런 신뢰는 어려운 시기에도 구성원들을 하나로 묶습니다.

스타트업 CEO를 위한 이사회의 조언

신용은 CEO가 가진 유일하고 진정한 '화폐'

스타트업은 여러 가지로 큰 우여곡절을 겪습니다. 이 말은 CEO와 이사회도 커다란 기복을 여러 번 경험한다는 뜻이죠. 우여곡절을 겪는 CEO에게 필요한 궁극적인 화폐는 바로 신용^{credibility}입니다. 신용은 CEO와 이사회가 함께 벌어들이고 지출하는 일종의 통화입니다.

CEO가 목표를 달성할 때, CEO가 열정적이고 헌신적일 때, CEO가 어려운 상황을 냉철하게 평가할 때, CEO가 진정성을 보일 때, CEO가 이사회에 개방적일 때 신용을 벌어들일 수 있습니다. 신용은 CEO에 대한 이사회의 신뢰를 이끌어내죠. CEO는 이사회에게 중대한 결정을 밀어붙일 때 어렵사리 벌어놓은 신용을 사용합니다. 신용을 지출해서 커다란 전략적 변화를 주도하는 것이죠.

실수, 실패, 이해의 충돌은 모두 신용을 깎아먹습니다. 서로 다른 사람들과 서로 다른 말을 하면 신용이 깎이죠. 신뢰와 투명성이 부족하면 신용을 낭비하게 되고 CEO에게는 종말의 시작입니다. 신용은 소중한 것입니다. 꾸준히 벌고, 가끔씩 지출하세요. 절대 낭비하지 마세요.

CEO는 이사회를 위해 일하고, 이사회는 CEO를 위해 일한다

CEO는 이사회에 의해 채용되고 해고됩니다. CEO는 이사회를 위해 일하는 셈이죠. 하지만 이사회 역시 CEO를 위해 일한다는 것을 잊지 마세요. 그러니 이사회에게 할 일을 부여해야 합니다. 이사회를 활용해 인재를 모집하거나 초기 고객에게 접근하세요. 이사회 멤버들에게 무엇을 잘하고 있는지, 어떻게 해야 더 잘할 수 있는지를 피드백하세요. 유능한 이사회 멤버라면 여느 구성원들과 마찬가지로 CEO의 피드백과 가이드에 감사할 것입니다.

경청해야 할 때와 무시해야 할 때를 결정하기

때때로 이사회는 자신들 차원에서 공식적인 결정을 내리고 CEO와 구성원들이 그 결정을 실행에 옮기도록 조언합니다. 대부분의 이사회는 CEO와 경영진에게 유용한 조언을 많이 전합니다. 어떤 조언은 전략적이거나 전술적입니다. 아주 구체적인 조언도 있고요. 이사회의 의견은 언제나 환영받아야 하지만, CEO와 경영진은 그 의견에 따를 때와 따르지 말아야 할 때를 결정해야 합니다. 회사 운영은 궁극적으로 CEO와 경영진에게 달려 있기 때문입니다.

남태희 "회사를 경영하는 주체는 이사회가 아니라 CEO와 경영진입니다. 훌륭한 CEO는 이사회의 제안을 따르거나 무시함으로써 뛰어난 결과를 창출합니다. 이사회가 무엇을 제안하든 상관없이 CEO는 궁극적으로 회사의 성공과 실패에 책임을 집니다. CEO는 '이사회의 제안을 따랐을 뿐입니다.'라고 실패를 변명해서는 안 됩니다. 리더로서 CEO가 감당해야 할 것은 올바른 제안은 따르고 그렇지 않은 제안은 무시하는 것입니다."

다시 말해, 무엇을 하지 않을지 결정하는 것은 무엇을 할지 결정하는 것만큼이나 중요합니다.

이사회 회의의 중요성

이사회 회의가 열리면 '게임'이 시작됩니다. 날아오를지 아니면 주저앉을지, 모두가 주시합니다.

이사회 회의를 준비해야 한다는 압박감은 엄청납니다. 새 창업자, CEO, 경영진은 자신들의 능숙함을 어필하기 위해 이사회 입맛에 맞는 상세한 콘텐츠를 준비합니다. 이때 어떻게 해야 적절한 내용을 적절하게 준비할 수 있을까요? 과도하게 준비한다는 것은 무슨 뜻일까요? 신참 CEO와 리더들에게 준비의 정도를 적절하게 맞추는 일은 아주 어렵습니다. (이 장의 마지막 섹션인 '이사회 회의 준비'를 참조하세요.)

그렇습니다. 이사회 회의는 말 그대로 회의의 일종입니다. 하지만 이사회 회의는 이사회가 자신들의 업무를 수행하는 방법이기도 하죠. 이사회 회의를 통해 CEO와 스타트업 리더들은 비즈니스의 기본과 운영을 이야기합니다. 이사회 회의에서 중대한 결정이 내려지기도 하죠. 이사회 회의를 통해 각 멤버는 서로 교류합니다. 이사회 회의는 이사회 자체라고 볼 수 있죠. 그래서 중요합니다.

나쁜 소식 공유하기

회사가 커질수록 나쁜 소식을 공유하는 것이 더 어려워집니다. 회사가 잘나가기 시작하면(즉 '번창' 단계), 모두가 성공적인 결과를 보고하길 바라고 나쁜 소식은 들리지 않기를 원합니다.

　이사회는 '나쁜 소식'이 이사회가 나서야 할 '위기'로 심화되기 전에 CEO와 경영진이 최대한 빨리 그 소식을 적극적으로 공유하길 원합니다. 평가하고 대응할 시간을 확보하기 위해서죠. 화재 진압보다 화재 예방을 원합니다. CEO와 경영진은 책임감 있는 모습을 보여주고 나쁜 소식을 신속하게 공유해야 이사회로부터 신뢰를 얻을 수 있습니다. 또한 이사회 멤버들은 차분하면서도 단호하고 도움이 되는 방향으로 대응해야 CEO와 경영진으로부터 신뢰를 얻을 수 있죠. 나쁜 소식 하나하나에 과민하게 반응하는 이사회 멤버는 스타트업을 뒤흔들 뿐만 아니라 적극적인 대화를 억압합니다. 적극적인 대응을 위해서는 양측의 신뢰가 있어야 합니다.

　나쁜 소식을 공유하기 위한 적절한 시점을 결정하는 일은 쉽지 않습니다. 너무 빨리 공유하거나 우발적으로 공유하면 CEO가 패닉에 빠졌다는 인상을 주기 때문에 경영진은 나쁜 소식을 완전히 이해하고 명확한 실행계획을 수립할 때까지 기다리곤 합니다. 경영진은 문제뿐만 아니라 해결책을 제시하도록 요구받기 때문에 더 그렇습니다. 하지만 이렇게 기다리는 동안 이사회 멤버가 CEO가 아닌 다른 출처를 통해 나쁜 소식을 접하거나, 나쁜 소식이 악화되어 이사회가 나서야 할 위기가 되어버리면 CEO와 경영진의 신용은 깎이고 말죠.

경영진과 이사회는 나쁜 소식에 반드시 차분하게 반응하고 신속하게 대응해야 합니다. 나쁜 소식에 얼마나 빠르고 잘 대응하느냐에 따라 회사의 운명이 좌우될 수 있습니다. 경영진이 상황을 완전히 파악하기 전이라도 나쁜 소식을 이사회에 즉시 알릴 필요가 있습니다. 이런 경우 경영진은 해결책을 수립하면서 동시에 이사회에 그 과정을 알려야 합니다. 그리고 가장 중요한 것은 침착하게 대응하고 신뢰를 유지하는 것입니다.

이사회의 정규 업무

이사회가 두 가지의 큰일(CEO 채용 및 해고, 회사 매각 결정)을 자주 수행할 필요는 없습니다. 그래서도 안 되고요. 그러므로 이사회의 일상적 업무, 즉 스타트업이 올바른 계획을 가지고 올바른 길을 가는지 확인하고, 스타트업이 실행하고 결정하는 일을 도우며, 변화를 사전에 예측하는 일에 집중해야 합니다.

올바른 전략인가?

"회사가 올바른 전략을 가지고 있는가? 올바른 문제와 올바른 시장 기회를 찾아냈는가? 올바른 제품 전략, 시장진출 전략, 투자 유치 전략을 갖고 있는가? 시장과 경쟁사를 적절하게 평가했는가?" 이런 질문들은 이사회에게 중요한 전략적 질문이며, 이사회와의 심층 회의를 통해 적어도 1년에 한 번 깊이 논의돼야 합니다. 또한 정기적인 이사회 회의에서 집중 주제로 재검토가 이루어져야 합니다.

올바른 사업계획인가?

운영계획

"회사는 비즈니스의 단계와 기회에 맞는 운영계획을 가지고 있는가? 판매 목표치는 얼마인가? 그 목표치에 도달하기 위한 '시장진출GTM' 투자 수준은 얼마가 적절한가? 그리고 그 투자 수준에 이르기 위한 적절한 수준의 제품 투자는 얼마인가? 고객 만족을 위한 계획은 무엇인가? 고객 만족과 재구매를 보장하기 위한 올바른 투자는 무엇인가?"

성장 대 현금 소진

영역 리더를 목전에 둔 스타트업이든 완만하게 성장 중인 스타트업이든, 이사회의 가장 중요한 토론 중 하나가 바로 '성장 대 현금 소진'입니다. 여러 이사회 멤버들은 '성장 대 현금 소진'이라는 트레이드-오프에 대해 각기 다른 의견을 가질 겁니다. 일부는 현금을 소진하더라도 성장을 가속화할 것을 선호할 테고, 일부는 현금 소진을 최소화하면서 현금흐름 손익분기점을 끌어당길 수 있도록 보다 계획된 성장을 선호할 것입니다. 이 트레이드-오프를 어떻게 해결할지에 대한 결정은 시장 수요, 경쟁 환경, 경영진의 DNA, 성장 자본의 가용성에 따라 달라집니다. 또한 투자자 측의 이사회 멤버(캐피털 이사)가 지닌 사고방식에 따라 달라집니다. 그들은 높은 수익을 추구하는 공격적인 투자자입니까, 아니면 적절한 수익을 추구하는 보수적인 투자자입니까? 그들에겐 후속 투자를 위한 충분한 자본이 있습니까? 그들은 다음 단계를 위해 경영진의 DNA를 변화시킬 만큼 인내심과 리스크 감수성향을 가지고 있습니까?

올바른 실행인가?

잘되고 있는가, 아니면 잘 안 되고 있는가?

스타트업의 경영진과 이사회는 비즈니스 목표, 제품 목표, 팀 목표를 결합하여 실행계획을 수립합니다. 하지만 계획이란 게 원래 그러하듯이 완벽하게 실행되지는 않겠죠. 그렇기에 이사회는 실행계획 수립 후에 회사가 그런 목표들을 얼마나 잘 달성하는지 주시해야 합니다. "어떤 목표를 달성했는가? 어떤 것들이 미달했는가? 회사는 무엇을 더 많이 혹은 더 적게 해야 하는가? 정확히 무엇을 해야 하는가? 왜 해야 하는가?" 이사회의 역할은 성공 여부를 점검하는 것이지만, 그보다 더 중요한 것은 문제를 파악하고 해결하는 것입니다.

단기적인 난항인가, 아니면 근본적 문제인가?

모든 회사는 여러 가지 문제에 직면합니다. 이사회가 직면하는 가장 까다로운 상황 중 하나이자 심각한 긴장 요인은 각각의 문제를 어떻게 평가하느냐입니다. 각각의 문제는 실행을 조정하면 지나갈 단기적인 위기에 불과한가, 아니면 비즈니스, 구성원, 기회의 근본적 결함에 대한 조기 경고인가?

대표적인 예는 다음과 같습니다.

- 분기 목표를 달성하지 못함: 우연인가, 문제인가?
- 대형 고객을 잃음: 일회성인가, 추세의 시작인가?
- 핵심 임원이 떠남: 그에게만 국한된 사건인가, '대탈출'의 시작인가?

이사회는 자신들의 경험을 활용해 회사가 이 차이를 구별하고 그에 맞게 대응하는 데 도움을 주어야 합니다.

CEO 육성

많은 이사회는 CEO의 성과를 평가하는 것을 자신들의 일이라고 여기는 게 사실입니다. 하지만 생애 처음으로 CEO가 된 자라면,

이사회의 역할은 더욱 범위가 넓어집니다. 성과 평가뿐만 아니라, 신생 CEO의 발전과 성장을 돕는 것이죠. 다양한 배경을 가진 CEO들은 각자의 지식을 숙성시켜야 합니다. 그들은 리더로서 지금껏 맡았던 역할 중 가장 큰 역할을 담당하고 있는데, 그보다 더 어려운 것은 회사가 성장함에 따라 그 역할이 극적으로 변화한다는 점입니다. 설상가상으로 CEO는 자신의 개발에 시간을 쏟지 못하는 경우가 많습니다. 거래 성사, 고객과의 만남, 실행 추진, 전략 정교화, 리더 육성 등 해야 할 일이 항상 많이 있기 때문입니다. 이사회는 CEO를 육성하고 성장시키는 데 엄청난 역할을 수행할 수 있습니다. CEO 육성은 이사회의 의제로 다루어져야 합니다.

꼭 맞는 위치에 꼭 맞는 리더가 있는가?

성장하는 스타트업에게 꼭 맞는 리더가 꼭 맞는 시기에 꼭 맞는 역할을 맡도록 하는 것보다 더 중요한 과제는 없습니다. 새로운 리더들이 합류하고, 몇몇 리더들은 회사를 떠나죠. 이사회와 CEO는 리더에 대해 지속적으로 생각해야 합니다. 리더를 평가하고 코칭하면서도 훌륭한 리더감을 계속 찾아야 하죠. 이것은 CEO와 이사회의 기본적인 역할입니다.

올바른 문화인가?

훌륭한 문화는 회사의 성공에 엄청난 역할을 하지만, 열악한 문화는 완벽하게 좋은 기회가 오더라도 망쳐버릴 수 있습니다. 이사회는 임원의 채용, 보상, 승진, 해고라는 역할을 통해 회사 문화에 지대한 영향을 미칠 수 있습니다. 하지만 이사회는 회사의 문화를 이해하는 데(특히 문제 파악) 늦는 경향이 있습니다. 이사회 멤버 중 사외 인사들이 일반 직원들과는 거의 교류하지 않기 때문입니다.

이사회가 스타트업의 문화를 관찰하고 이해하는 것은 아주 중요합니다. 문화적 문제는 실행에 문제가 있을 때 전조로 나타나곤 하는데, 조기에 발견하면 보통은 해결할 수 있습니다. 이사회는 리더들이 성공을 촉진하는 문화를 구축하는지, 아니면 반대로 성공을 저해하는 문화를 조성하는지 살펴야 합니다.

화재 예방

스타트업은 일반적으로 생존 단계에서 번창 단계로 이동하면서 최소한 네 번은 스스로를 재창조합니다(1권 '기업의 여정' 참조). 다양한 경험과 시각을 가진 이사회는, 회사가 여러 가지 어려운 변화를 겪을 때 성공적으로 헤쳐 나가도록 도움을 줄 수 있습니다.

상황이 좋지 않을 때 이사회가 앞서서 변화를 주도할 수 있습니다. 훌륭한 이사회라면 상황이 좋을 때도 변화를 주도하죠. 앞에서 언급했듯이, 이런 역할이 바로 '화재 예방'입니다. 화재 예방은 화재 진압보다 더 어렵고 일정 수준의 적극성과 규율을 필요로 하지만, CEO와 경영진을 위해 이사회가 할 수 있는 가장 중요한 역할 중 하나죠.

노르웨스트 벤처 파트너스Norwest Venture Partners의 대표 파트너인 맷 하워드Matt Howard는 화재 진압보다 화재 예방이 중요함을 강조하고 있습니다.

"스타트업은 해군의 함정과 같습니다. 모든 구성원이 한배에 탑승하여 생존을 위해 함께 싸우죠. 젊은 해군 장교였던 저는 소방 훈련을 생생하게 기억하고 있습니다. 그때 얻었던 교훈은, 첫째 '최고의 소방은 화재 예방이다'입니다. 애초에 그런 일이 발생하지 않도록 하세요. 작은 불을 예방하는 것이 큰불을 예방하는 가장 좋은 방법입니다. 둘째는 '화재가 발생하면 도망치지 마라'입니다. 불이 난 곳으로 달려가서 확산되기 전에 끄세요. 배와 동료 선원들의 안전이 달려 있으니까요."

화재 예방의 예

- 회사의 다음 단계를 위해서 CEO를 육성시키기. 코치를 고용하고 CEO를 멘토링하기
- 초기에는 중요하지 않았지만 회사가 성장함에 따라 아주 중요해지는 선행 지표(예: 영업 효율, 파이프라인, 고객만족도, 순추천고객지수net promoter score 등)를 사용하도록 회사를 압박하기
- 차기 자본조달 라운드를 미리 계획하고 회사가 차기 자본조

달에 성공할 만한 궤도에 올라 있는지 확인하기
- 해외 시장 개발처럼 비용 구조를 대대적으로 변화시킬 만한 것들을 미리 예상함으로써 회사가 준비하도록 만들기
- '화재'로 발전되기 전에 미리 문제를 인식하고 해결하도록 CEO를 압박하기
- 회사의 규모에 따라 CEO가 필요 인재에 대한 파이프라인을 개발하도록 돕기

화재가 발생하면 이사회 멤버들은 침착하게 소방관 헬멧을 착용하고, 큰 위기로 번지기 전에 경영진이 화재를 진압하도록 도와야 합니다.

이사회도 언러닝을 해야 한다

회사가 생존 단계에서 번창 단계로 이동하면 이사회는 회사 구성원들과 마찬가지로 자신들의 기존 역할을 언러닝하고 새로운 역할을 학습해야 합니다. 회사가 가속화 중이라면 아마도 예전보다 더 많은 현금을 소진할 것이고, 모든 면에서 더욱 복잡해질 겁니다. 이럴 때 이사회는 자연스럽게 회사 운영에 훨씬 더 많이 관여하려고 합니다. 하지만 그래서는 안 됩니다.

스타트업의 검증되지 않은 아이디어에 자금을 대며 리스크를

기꺼이 감수한 초기 이사회 멤버들은 이제 뒤로 물러나야 합니다. 그렇지 않으면 방해꾼이 될 뿐입니다. 스타트업이 번창이라는 새로운 단계로 이동했다는 것은, 이사회가 경영진과의 상호 작용을 줄이고 주주를 위한 수탁자로서의 역할에 집중해야 한다는 것을 의미합니다. 자문 역할에 더 초점을 맞춰야 한다는 뜻이죠. CEO와 슈퍼 히어로 경영진에게 실행 권한을 줘야 한다는 뜻이기도 합니다. 이사회 멤버들은 한발 물러서서 의사결정과 문제의 초기 징후를 감지하기 위해 올바른 정보를 어떻게 얻을지 그 방법을 찾아야 합니다.

그러나 초기 이사회 멤버들은 한발 물러서기를 어려워합니다. 스타트업이 잘나가고 있을 때 뒤로 물러서기란 쉽지 않은 법이죠. 예전보다 덜 관여하면서 예전보다 적은 정보로 만족하기는 어렵습니다.

이사회의 역할과 관여 수준은 변화해야 한다

	생존 "관여"	성장 "조언"	규모 확대 "지배(거버넌스)"
미션	• 견인력을 확보할 때까지 생존한다. • 중대한 문제를 해결한다.	• 성장으로 전환한다. • '폭망'하지 않는다.	• 주주를 위해 지배한다. • 규모 확대를 돕는다.
초점	• 지금은 죽지 않는다.	• 다음 라운드로 나아간다.	• 회계연도에 초점을 맞춘다.

	생존 "관여"	성장 "조언"	규모 확대 "지배(거버넌스)"
사고방식	• 관여 • 제품 중심 • 리스크 수용	• CEO에게 조언 • 성장 마인드 • 시장진출 마인드	• 지배 • 계획 • 전략 및 리더십 개발
스킬과 경험	• 제품과 고객에 대한 조언 • 제품–시장 최적화와 시 장진출 최적화를 조력	• 성장, 시장진출 가속 화, 팀 리더십, 지표, 성 장 자본조달 등의 경험	• 전략, 계획, 운영, 문화 • 규모 있는 비즈니스를 운영한 경험
문제나 고충	• 의도치 않게 CEO가 지 나치게 의지하는 것	• 계속해서 제품이나 운 영에 크게 관여하는 역 할을 포기하지 않는 것 • 회사 내에서 무슨 일이 일어나는지 알기가 더 욱 어려운 것	• 경영진을 방해하지 않 으면서 회사에 대한 가 시성과 정보를 취득하 는 것 • 상장 또는 매각 시기를 파악하는 것

이사회의 관점은 변화해야 한다

스타트업이 창업 아이디어에서 업종 리더로 가속화하는 과정에서
이사회의 시점은 끊임없이 변화합니다. 임퍼바Imperva, 모바일아이
언, 뉴렐릭New Relic, 탈레오Taleo의 이사회 멤버인 짐 톨로넌Jim Tolonen
은 관점의 변화는 마치 출발 후에 고속으로 속도를 높이는 모터사
이클 라이더와 같다고 설명합니다. 처음에 이사회는 모터사이클
바로 앞의 도로에 초점을 맞춰야 합니다. 그런 다음, 회사가 속도
를 높이면 전방의 교통 상황을 어떻게 탐색하고 예측할지 파악해
야 합니다. 스타트업이 거대한 영역 리더로 자리를 잡으면 고속도
로를 달리는 모터사이클 라이더처럼 훨씬 더 먼 곳에 집중해야 합
니다. 지평선 너머에 무엇이 있을지 살피면서 말입니다. 그렇게

하려면 1년 혹은 그 이상을 계획해야 하고 스타트업을 업종 리더의 경로에서 이탈시킬지 모를 위험 요인을 찾아야 합니다.

이러한 관점의 변화는 몇몇 이사회 멤버들에게는 본능과 같은 것입니다. 하지만 다른 멤버들은 기존의 관점을 고수하려고 하죠. CEO와 이사회는 회사의 성장에 따라 관점을 변화해야 한다는 문제를 적극적으로 논의해야 합니다.

조언: 변화에 대해 미리 이야기하라

스타트업이 변곡점에 도달하면 CEO와 경영진은 자신들의 역할이 어떻게 변화해야 하는지에 관해 대화를 나눕니다. 이와 마찬가지로 이사회 역시 자신들의 역할이 어떻게 바뀌어야 하는지 대화를 해야 합니다. "새로운 초점과 의제는 무엇이어야 하나? 어디에 시간을 써야 하는가? CEO 및 경영진과 어떻게 상호 작용해야 하나? 개별 이사회 멤버들은 자신들의 행동을 어떻게 바꿔야 하나?"

함께 모여서 이 질문들의 답을 찾아야 합니다. 변화에 대해 직접적으로 말해야 합니다. 의제, 회의 진행 방식, 회의 시기 등을 명시적으로 변경함으로써 기어를 변속했다는 것을 알리세요.

이후, CEO나 이사회 의장은 이사회 멤버들과 일대일로 만나서 스타트업의 다음 단계에 필요한 것이 무엇인지에 관해 이야기해야 합니다. 종종 그렇듯이, 이런 대화는 투자자이면서 이사회 멤버인 사람에겐 불편할 수 있습니다. 그들은 자신들에게 이사회 멤버라는 자리는 당연한 것이고 누구로부터도 비판받지 않는다고 생각하기 때문입니다. 그렇기에 그에게는 이렇게 말하는 것이 좋습니다:

> "당신은 초기 스타트업이 영역 리더로 가는 길을 찾는 데 큰 역할을 했습니다. 회사가 변하니 당신의 역할도 변해야 합니다. 앞으로 당신은 이런 역할을 해야 합니다."

- 우선적인 이슈에만 집중하고, 부차적인 이슈는 무시해야 합니다.
- 운영과 관련된 주제는 전문지식이 풍부한 개별 이사회 멤버들에게 위임해야 합니다.
- 운영위원회를 통해 거버넌스 역할을 수행해야 합니다. 이것이 실제로 해야 할 일입니다.
- 장기 전략에 초점을 맞추세요. 차기 자본조달 라운드는 없으니 상장기업으로서 가치 창출에 대해 생각해야 합니다. 주가의 일상적인 변화와 투자 파트너들로부터 받는 압박을 무시하기 바랍니다.

강력한 도구: 이사회의 '스포트라이트'

회사가 번창 모드로 이동하면, 이사회는 한발 뒤로 물러서서 자문 제공과 거버넌스에 집중해야 합니다. 하지만 여전히 회사를 도울 수 있는 강력한 도구가 이사회에게는 있습니다. 바로 '이사회 스포트라이트'입니다. CEO의 관심과 마찬가지로 이사회의 관심은 특정 주제를 부각시키는 효과가 있습니다.

예를 들어, 이사회는 특정 지표 담당자에게 이사회 회의 때마다 해당 지표의 현황을 설명하도록 요청할 수 있습니다. 그러면 회의 때마다 그 지표가 어떻게 변화하는지 확인하면서 이런 질문을 던질 수 있을 겁니다. "이전 회의 때 제시했던 목표는 무엇이었고 실제 달성치는 얼마입니까? 수정된 목표는 무엇이고 다음 회의 때까지 달성해야 할 목표는 무엇입니까?" 또한 이사회는 특정 전략 주제를 선정한 다음 경영진에게 진행 상황과 애로사항을 이사회 회의 때마다 보고하도록 요청할 수도 있죠. 이런 요청을 지속하면 행동을 변화시킬 수 있습니다.

이사회 회의 때마다 동일한 지표를 집중 조명하는 것은 아주 강력한 도구입니다. 예를 들어, 초기 단계의 이사회는 잠재고객 확보와 경쟁 환경 파악에 중점을 둘 수 있습니다. 급속 성장 단계에서 이사회는 채용 목표와 영업 담당자들의 성과에 초점을 맞출 수 있죠. 또한 지속성장의 단계로 전환하는 과정에서는 예측의 정확성과 영업 효율에 집중할 수 있습니다. 혹은 고객의 재구매율에 문제가 생겨서 고객 만족에 스포트라이트를 집중시켜야 할 수도 있습니다. 이사회의 스포트라이트를 집중시킬 올바른 지점을 선택하는 것이 관건입니다.

한데 잘못된 지점에 초점을 맞추는 것은 집중력을 흐트러뜨리고 회사에 피해를 줄 수 있습니다. 올바른 지점에 집중하면 경영진이 회사를 스타트업에서 영역 리더로, 영역 리더에서 업종 리더로 성공적으로 이끌어가는 데 도움을 줄 수 있습니다.

커다란 전환: 거버넌스

회사가 상장되면 이사회는 큰 폭으로 전환해야 하고 상장기업으로서 많은 책임이 뒤따른다는 것을 인지해야 합니다. 이때 가장 중요한 것은 회사의 분기별 운영 성과뿐만 아니라 일반 주주에 대한 수탁자로서의 의무입니다. 이사회는 여러 위원회(감사 위원회, 보상 위원회 등)에 많은 권한을 위임하기 시작합니다.

　이사회의 구성 역시 바뀝니다. 회사는 창업자와 벤처캐피털 출신으로 구성된 핵심 멤버들(캐피털 이사들)을 보완하기 위해서 운영 경험이나 기타 전문지식을 갖춘 개별 이사회 멤버를 추가합니다. 이런 개별 멤버들은 다양한 관점과 경험을 통해 회사를 돕습니다.

　이사회가 스타트업에 깊이 관여했던 초창기와 달리, IPO 이후는 이사회가 경영진에서 분리된 독립체처럼 인지하고 행동하기 시작하는 때입니다. 이런 전환은 어렵고 혼란스러울 수 있지만, 스타트업에서 상장기업으로 전환하는 데 있어 아주 중요한 부분입니다.

이사회를 위한 조언

격려와 심각한 질문 간의 균형 맞추기

일부 이사회 멤버들은 심각한 질문을 던지려 하지 않습니다. 하지만 어떤 멤버들은 그런 질문을 지나칠 정도로 즐깁니다. 균형을 잡아야 합니다.

심각한 질문은 중요합니다. 실행을 독려하기 때문이죠. 회사가 현재의 전략, 계획, 사람을 평가하도록 이끌 수 있습니다. 심각한 질문을 전혀 하지 않으면 나쁜 결과가 나올 가능성이 높아집니다.

동시에 심각한 질문은 의도치 않은 부작용을 낳을 수 있습니다. CEO의 사기와 희망을 꺾어 혼란을 야기하고 경영진의 이탈을 초래할 수 있죠. 격려로 균형을 맞추지 않으면 경영진과 투자자 모두의 사기를 저하시키고 심하면 회사의 붕괴로 이어질 수 있습니다.

어떤 면에서 이사회 멤버들은 심각한 질문과 함께 격려를 할 줄 아는 좋은 부모처럼 행동해야 합니다.

불만 관리하기

경영진이 최선의 결정을 내리지 않는다는 것을 이사회 멤버가 알면 어떻게 해야 할까요? 이사회가 개입해야 할까요, 아니면 경영진이 알아서 처리하도록 해야 할까요? 이것은 쉽게 답할 수 없는 질문입니다. 때로는 치명적인 실수를 방지하기 위해 개입이 절대적으로 필요합니다. 하지만 사소한 문제에 사사건건 개입하면 안

전장치 없이 성장하고 성과를 달성하는 방법을 배워야 하는 경영
진을 육성할 수 없습니다. 대부분의 경우 이사회는 조언을 하되
무엇을 해야 할지 결정하는 일은 경영진에 맡겨야 합니다. 매우
불만족스러울 수 있겠지만, 경영진의 의사결정 권한을 무력화시
키고 사기를 저하시키는 것보다 이렇게 수동적으로 접근함에 따
른 개인적 불만을 스스로 관리하는 것이 낫습니다.

이사회에도 문화가 있다

이사회 문화의 중요성

짐 톨로넌, 임퍼바, 모바일아이언, 뉴렐릭의 감사 의장,
비즈니스 오브젝츠Business Objects의 전 CEO

회사가 기업문화 구축에 힘써야 하는 것처럼 이사회도 마찬가지입니
다. 이사회 문화는 이사회의 의사소통 방식에 영향을 미칩니다. 나쁜
소식을 다루는 방식에도 영향을 미치고, 의견 불일치를 처리하는 방
식에도 영향을 미치죠. 이사회의 다양한 경험과 의견은 회사의 성과
를 이끌어내는 데 도움이 되는 건전한 대화를 가능케 합니다. 이사회
에겐 그런 다양성과 열린 소통이 필요합니다. 이를 권장하기 위해 탈
레오는 신규 이사회 멤버들을 대상으로 2일간의 부트캠프를 열었습
니다. 탈레오는 그들이 비즈니스와 이사회에 관해 가능한 한 많은 것
을 배우고, 서로 건설적인 친분을 쌓으며 화합하길 기대했습니다. 매
번 효과가 있었죠. 시간과 노력을 들여서 이를 실천하기 바랍니다.

이사회 회의: 준비와 진행

이사회 회의는 일종의 쇼이기도 하고 교육이기도 합니다. 정보 전달과 의사결정의 과정, 갈등 해결의 과정이기도 하죠. 이사회, CEO, 경영진 모두가 회의에 참석해 비즈니스를 평가하고 서로를 평가합니다. 일관적이고 생산적인 이사회 회의는 환경이 좋을 때나 나쁠 때나 경영진에게 견고한 토대가 될 수 있습니다.

이사회 회의는 이사회가 존재를 내보일 수 있는 유일한 수단입니다. CEO나 이사회 모두에게 이사회 회의가 필요합니다. 생산적인 이사회는 작은 규모의 스타트업이 성공적인 시장 선도 기업으로 성장하는 데 도움이 되는 핵심 요소입니다.

일관된 흐름과 콘텐츠 구조를 구축하라

일관된 흐름과 콘텐츠 구조는 상호 이해, 명확한 의사소통, 효과적인 결정을 위한 기초가 됩니다. 일관된 흐름과 구조는 각각의 이사회 회의를 준비하는 경영진의 운영 부담을 경감시키는데, 이것은 주주 가치에도 득이 됩니다.

대부분의 이사회 회의 의제에는 공통적인 구성요소가 있습니다. 구성요소를 결정하고 예측이 가능하도록 진행 흐름과 구조를 구축해야 합니다. 다음은 이사회 회의 구성의 전형적인 예입니다.

소개 및 전반적인 리뷰	• 의제 소개 및 전반적인 비즈니스 현황 요약 • 이 요소는 모두를 위해서일 수 있고 CEO와 이사회에게만 해당될 수 있음
집중 논의 주제	• 논의하고 결정해야 하는 주제 (예: 연간 운영계획 승인, 전사 전략, 신제품 출시 등)
경영 현황 리뷰	• 영업, 제품 등 주요 경영진이 담당하는 부문의 운영 결과 및 지표 (선택사항: 이사회가 각 임원의 업무와 스타일을 파악할 수 있도록 각 임원은 자신의 책임 분야에 관한 현황을 브리핑)
재무 및 법무 이슈 리뷰	• CFO와 함께 재무적 결과를 상세히 검토. 지분 공여와 같은 법적 승인. 이사회와 위원회 회의록과 같은 이사회 행정업무를 처리
CEO 단독 세션	• CEO는 경영진 전체에서 논의하기 적절치 않은 주제를 이사회와 직접 논의. 차기 자본조달, 주요 경영진 교체, 추진 가능한 M&A 등이 주제가 될 수 있음
사외이사 단독 세션	• CEO 없이 이사회 멤버들은 회의 결과를 리뷰하며 회사에 관해 논의. 이는 이사회 멤버 간의 의견일치에 매우 유용함. 이 세션이 비정기적으로 운영된다 하더라도, 모든 이사회 회의의 의제에 포함시켜야 함. 그래야 뭔가 이상한 일이 벌어지고 있다는 의심을 받지 않음
전략 계획 세션	• 일반적으로 회사 밖에서 열리는 연례 세션으로서, 전사 비즈니스 전략과 전사 목표를 다룸

이사회 발표를 위해 준비해야 할 사항

이사회 회의를 준비하려면 매월, 매 분기 엄청난 양의 작업을 해야 하기에 부담이 될 수 있습니다. 생산적인 회의가 되려면 어떤 주제를 어떻게 다뤄야 할지 결정해야 합니다. 어떻게 결정해야 할까요? 다음의 5개 질문을 던져서 기준을 잡으세요.

이사회 회의 준비를 위해 CEO가 던져야 할 5가지 질문

1. 잘 마치려면 나는 무엇을 해야 하나? 이사회가 기억해야 할 핵심 사항은 무엇인가? 이사회가 어떤 결정을 내려야 하는가? 우리가 논의할 핵심 주제는 무엇인가?

2. 이사회는 무엇을 원하는가? 이사회는 무엇을 알기를 원하고, 무엇을 토론하길 바라는가? (회의 전에 이사회와 이에 관해 상의하세요.) 사전 준비가 필요한 뜨거운 쟁점이 있는가?

3. 비즈니스 현황은 어떠한가? 우리의 전사 목표는 무엇인가? 잘되는 것은 무엇이고 그렇지 않은 것은 무엇인가? 나는 나쁜 소식을 모두 공유했는가? 나에겐 실행 계획이 있는가? 이사회가 경영진의 관점으로 비즈니스를 보도록 하려면 어떻게 해야 하는가?

4. 무엇을 발표해야 하고 무엇을 토론해야 하는가? 기본적으로 알려야 할 운영 현황은 무엇이고, 누가 그걸 발표해야 하는가? 운영상의 주요 문제는 무엇인가? 토론에서 특별히 집중해야 하는 주제는 무엇인가?

5. 직전 회의의 결과에 대한 후속 조치를 제대로 수행했는가? 직전 회의에서 어떤 실행 아이템과 핵심 이슈가 제시되었는가? 그것들을 잘 처리했는가?

이사회 준비에 관해 내가 받았던 가장 유용한 조언

밥 팅커, 모바일아이언의 공동창업자이자 전 CEO

CEO는 이사회 회의를 준비하는 데 무엇이 합리적인지, 그리고 경영진의 실행을 방해하기만 하는 불필요한 것들은 무엇인지 어떻게 결정할 수 있을까요?

이에 관하여 내가 받았던 가장 유용한 조언은 에어스페이스의 전 CEO인 브렛 갤러웨이가 해준 것이었습니다. 그는 이사회 멤버였던 누군가로부터 그 조언을 들었다고 합니다. 이것이야말로 지혜를 전수하는 좋은 사례라고 할 수 있죠.

조언은 이랬습니다. "이사회 발표 자료에서 운영 파트의 내용은 CEO와 경영진이 회사를 경영하는 데 사용하는 정보를 정제한 것이라고 생각하라."

단순하지만 강력한 사고방식입니다. 이사회 발표 자료에 들어가는 모든 내용은 경영진이 회사를 운영하는 데 사용하는 자료(목표 및 지표, 전략계획, 최우선적 이슈, 구성원 채용 및 교체)를 정제한 것이어야 합니다. 이것은 이사회 멤버들이 경영진의 눈을 통해 회사를 바라볼 수 있도록 해준다는 점에서 아주 중요합니다. 이런 식으로 생각하면 질문에 간단하게 답변할 수 있습니다.

"이사회를 위해 X를 준비해야 할까?"

이사회와 의사소통

회사 운영

상황 1: 이사회 발표 자료에 포함하기에 충분히 중요한 신규 콘텐츠인데, 경영진에게 아직은 일반적이지 않은 운영 콘텐츠가 있다고 해보죠. 이런 경우라면 이유를 찾아보세요. 보통 이렇게 답하게 될 겁니다. "정말로 좋은 생각이지만, 뭔가가 부족해. 운영 항목으로 추가해보자."

상황 2: 그 콘텐츠가 회사를 운영하거나 경영진을 지속적으로 돕는 데 사용할 수 있는 것이 아닌 경우라면? 그렇다면 아마도 불필요한 작업일 겁니다. 추가적인 콘텐츠를 준비하지 않는 것을 적극 고려하세요.

상황 3: 드문 경우이긴 하지만, 이사회에 중요한 일회성 콘텐츠를 제공할 수도 있습니다. 일반적으로 매우 큰 결정을 내리거나 미래에 대한 새로운 계획을 설명할 때에만 그렇습니다. 이런 경우, 콘텐츠는 사고를 구체화하는 데 유용해야 합니다.

이사회는 콘텐츠가 자신들에게만 주어지는 독특한 것인지 아니면 회사의 관점을 정제한 것인지 알 수 있습니다. 회사의 관점을 반영하는 내용이 많을수록 좋습니다.

이사회 회의의 빈도

회의의 빈도는 시간이 지남에 따라 변경돼야 합니다.

- **생존 단계**: 4~6주마다
- **번창-가속화 단계**: 6~8주마다. 연례 전략계획 세션은 회사 밖에서 진행됩니다. 이사회 회의가 분기마다 한 번씩 열릴 때도 있지만, 급속하게 변화하는 회사의 입장에서는 성장과 투자에 관한 중대한 결정을 위해서 매월 이사회를 개최할 수도 있습니다.

- **번창–지속성장 단계:** 이사회 전체 회의와 위원회를 분기마다 개최합니다. 별도의 연례 전략계획 세션을 회사 밖에서 진행할 수 있습니다.

이사회 회의의 성공 여부를 측정하는 척도

이사회 회의의 성공 여부는 미소나 만족도만으로 측정되지 않습니다. 다음과 같은 4가지 척도로 간단히 측정할 수 있습니다.

1. CEO가 주요 메시지를 제대로 전달했고, 이사회는 이를 잘 이해했는가?
2. 올바른 토론이 이루어지고 올바른 결정이 내려졌는가?
3. 이사회와 회사는 전략과 비즈니스 현황에 대해 일치하는 관점을 가졌는가?
4. 회사와 이사회가 각각 수행해야 하는 실행 아이템이 분명하게 결정되었는가?

○ 이사회는 스타트업의 성공과 실패에 엄청난 영향을 미칩니다.

○ 기능 중심의 이사회는 깊은 경험, 다양한 인재풀, 실행상의 조언을 제공하고 위기에 대처하는 데 매우 유용한 도움을 줍니다.

○ 잘못 운영되는 이사회는 뒤죽박죽의 신호를 보내거나, 경영진의 집중력을 산만하게 만들거나, 최신 트렌드만 추구함으로써 완벽하리만큼 훌륭한 스타트업을 망가뜨릴 수 있습니다.

○ 이사회를 구성하는 일은 공동창업자를 선택하고 자신의 상사를 고용하는 것과 같습니다. 신중하게 선택하세요!

○ 가능한 한 빨리 운영 경험이 풍부한 개별 이사회 멤버(벤처캐피털 투자자가 아닌)를 영입하세요. 이사회가 확대되면 이사회 멤버들 각자가 하나씩 직책을 수행하는 것이라고 생각하세요.

○ 이사회 멤버들은 자신의 이중적인 입장을 잘 이해해야 합니다. CEO는 이사회 멤버이면서 경영진입니다. 투자자는 이사회 멤버이면서 자신의 이익을 추구하는 벤처 캐피털리스트입니다. 이런 이중적 입장은 거의 문제가 될 일이 없지만, 문제가 되면 정말로 커다란 고통을 발생시킵니다.

○ CEO와 이사회는 각자가 대주주일 때는 이해관계가 일치합니다. 하지만 일치하지 않는 상황이 발생합니다. (1) 회사가 차기 라운드의 투자를 유치할 때, (2) M&A시 가치를 할당할 때, (3) CEO의 교체를 고려할 때가 바로 그런 상황입니다.

○ 신용은 CEO에게 가장 중요한 자산입니다. 현명하게 사용하고, 절대 낭비하지 마세요.

- CEO는 이사회를 위해 일하지만, 이사회 역시 CEO를 위해 일한다는 것을 기억하세요. CEO는 이사회의 의견을 경청할 때와 무시할 때를 결정해야 합니다. 회사의 성패는 결국 CEO의 몫입니다. "이사회에서 시키는 대로 했다."라고 변명해서는 안 됩니다.

- 이사회의 2가지 큰 임무는 (1) CEO를 채용하고 해고하는 것, (2) 회사의 매각 여부를 결정하는 것입니다.

- CEO는 이사회의 회의를 잘 활용하여 회사의 실행 의지를 주도해야 합니다.

- 이사회 회의는 중요합니다. 이사회의 존재를 표출하는 수단이기 때문입니다.

- 회사가 생존 단계에서 번창 단계로 이동하면, 이사회의 역할은 크게 관여(초기단계)에서 조언(가속 단계)으로, 그리고 거버넌스(상장기업)로 변화되어야 합니다. 회사 구성원들과 마찬가지로 이사회 역시 자신들의 기존 역할을 언러닝하고 새로운 역할을 학습해야 합니다.

제5장

문화

문화는 스타트업의 기반이다

모든 스타트업의 이면에는 문화가 있습니다. 문화는 스타트업을 구축하는 기반입니다. 문화는 실행력을 뒷받침합니다. 문화는 좋을 때나 나쁠 때나 구성원들을 하나로 묶어줍니다. 문화는 회사의 모든 사람이 성장하고 발전하며 변화를 탐색하는 데 필요한 탄력적 기반입니다.

문화는 스타트업의 정신이기도 하다

또한 문화는 창업자와 초기 구성원들이 공동의 여정을 시작할 때 탄생하는, 살아 숨 쉬는 영혼과 같습니다. 다양한 배경을 지닌 사람들이 모여서 어떻게 함께 공동의 목표를 위해 일하는지를 정의하는 것이 바로 문화입니다. 문화는 개인을 초월하는 개념입니다. 인재를 영입하고 유지하는 힘이고, 구성원들에게 영감을 주고 구성원들을 이끕니다. 어려운 결정을 내리기 위한 도덕적 나침반의 역할을 합니다. 그리고 회사, 팀, 고객 간에 발생하는 긴장 속에서 균형을 유지하게 합니다. 문화는 형태가 없지만 스타트업의 성공을 가능케 하는 강력한 에너지입니다.

왜 문화가 중요한가?

문화는 제품 전문성, 엔지니어링 수준, 시장 진출력, 지적자산 만큼 중요한 자산이고, 많은 상황에서 훨씬 중요한 자산입니다. 문화는 개인의 상

문화는 점심으로 전략을 먹는다
-피터 드러커

황을 초월하며, 실행, 재능, 팀워크, 시간 등 다양한 측면에서 가치를 창출합니다. 피터 드러커Peter Drucker는 "문화는 점심으로 전략을 먹는다."라는 유명한 말을 남겼습니다. 그 반대도 참입니다. 열악한 문화는 인재를 유치하려는 노력을 좌절케 하고 실행력을 약화시킬 수 있습니다. 열악한 문화의 극단적 버전이라 할 수 있는 '독성 문화 toxic culture'는 완벽하리만큼 훌륭한 스타트업이라 해도 죽게 만들 수 있습니다.

문화는 개인보다 미션, 실행, 팀을 우선시한다

문화는 조직이 미션, 고객, 팀, 주주를 무엇보다 우선시하도록 하는 신뢰와 공유가치shared value의 기반입니다. 문화는 모든 사람이 개인의 이익이 아니라, 공동의 미션을 실행하고 달성할 수 있도록 하는 일종의 사회적 계약입니다. 문화는 경제적 인센티브와 보상을 초월하는 업무 강도와 직업윤리에 대한 공통된 기대치를 생성합니다. 문화는 CEO와 말단사원에 이르기까지 회사의 모든 사람이 동일한 느낌을 느끼도록 합니다. 즉 '우리 모두는 함께 있습니다.'란 감정을 느끼게 합니다.

문화는 실행과 성장을 가능케 한다

목표를 설정하고 달성하는 것은 실행과 성장의 확실한 동인입니다. 하지만 문화도 마찬가지입니다. 목표는 구성원들이 수행해야 하는 무엇what이고, 문화는 팀이 목표 달성을 위해 실행하는 방법how을 결정합니다. 문화는 스타트업이 크고 작은 결정을 내리는 방법적인 부분에서 공동의 인식을 형성하죠. 공동의 문화는 구성원들이 분권화된 방식으로 일상적 결정을 내리도록 가이드함으로써 스타트업이 실행을 확대할 수 있도록 합니다.

문화의 특이한 의사소통 특성

회사 규모가 확대됨에 따라 목표를 성공적으로 달성하기가 더 어려워집니다. 목표가 위에서 아래로 계층을 따라 내려오기 때문에 아무리 잘 만들어진 목표라 해도 흐지부지되기 쉽습니다. 정보 신호가 그렇듯, '경로 손실path loss'이 발생하죠(아래 왼쪽 그림 참조). 회사가 성장할수록 목표를 소통하는 과정에서 경로 손실이 생겨납니다.

문화는 다릅니다. 잘 정의된 건전한 문화는 회사 구조의 일부입니다. 문화는 회사 규모가 커진다 해도 소통의 경로 손실은 겪지 않습니다. 목표와는 다른 특성을 갖죠. 회사 규모가 커질수록 문화는 더 강력해집니다(아래의 오른쪽 그림 참조). CEO와 경영진에게 문화는 의사소통을 가능케 하고 대규모 실행을 보장하는 핵심 도구가 됩니다.

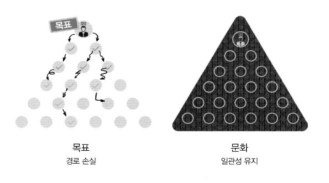

목표
경로 손실

문화
일관성 유지

문화는 최고의 인재를 채용하는 열쇠다

문화는 또한 최고의 인재를 끌어들이는 스타트업의 역량에 엄청난 영향을 끼칩니다. 스타트업이 초기 창업자와 초기 팀이 모인 규모를 넘어서고자 할 때, 적합한 슈퍼 히어로형 리더를 채용하는 것이 스타트업의 성패를 좌우합니다. A급 임원이 될 잠재력을 지닌 지원자가 던질 첫 번째 질문은 "기업문화가 어떤지 말씀해주실 수 있습니까?"입니다. A급 리더는 기회와 기업문화를 보고 회사에 합류합니다. 기업문화에 대해 모호하거나 상충하는 답변을 듣게 되면 잠재적 리더 후보는 분명 의심하게 될 것이고, 다른 기회를 찾아 떠날 겁니다. 명확한 답변을 통해 자신이 선호하는 문화라는 걸 알게 되면 리더 후보는 회사를 더 매력적인 기회로 볼 겁니다.

문화는 회사를 하나로 묶는다

스타트업의 구성원들은 롤러코스터를 타듯 스릴 넘치는 상승과 고통스러운 하락을 겪습니다. 문화는 회사를 구축하는 토대가 됩니다. 또한 문화는 성장과 변화를 통해 구성원들을 하나로 묶는, 강력하면서도 유연한 뼈대입니다. 문화를 통해 스타트업 구성원들은 불가피하게 발생하는 위기를 헤쳐나갈 수 있죠. 강력한 문화적 기반이 없다면, 구성원들은 스타트업 여정의 긴장과 변동성에 의해 무너지고 말 겁니다.

독성 문화는 스타트업을 죽인다

강력한 문화는 실행을 뒷받침하고 구성원들을 하나로 결속시키며 최고의 인재를 끌어들이지만, 열악한 문화는 정반대입니다. 열악한 문화는 인재를 끌어들이는 능력과 실행력을 약화시킵니다. 또한 극도로 열악한 문화는 독이 되어 스타트업의 핵심을 부패시키고 미션 달성을 사실 상 불가능하게 만듭니다.

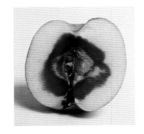

독성 문화의 조짐을 알리는 경고 신호는?

독성 문화

- 회사와 주주보다는 이기심과 사익에 의해 문화가 주도된다.
- 팀과 계층별로 다른 규칙이 적용된다.
- 도덕적 나침반을 따르지 않고 지름길을 자주 선택한다.
- 리더의 말은 항상 옳다고 말한다. 아무도 실수하려고 하지 않는다.

매우 유망한 스타트업이라 해도 독성 문화는 치명적인 결함이 될 수 있습니다. 강력한 문화를 구축할 책임은 CEO, 창업자, 경영진, 이사회에게 있습니다.

강력한 문화라고 해도 멋진 문화는 아니다

멋진 문화를 강력하고 생산적인 문화라고 착각하지 마세요. 성공 기업의 문화는 치열하고 하드 워킹^{hard working}을 강요하며 무뚝뚝한 문화일 수 있습니다. 중요한 것은 문화가 명확해야 한다는 것이고 모든 사람이 자신에 적합한 문화를 선택할 수 있어야 한다는 것입니다.

문화를 어떻게 정의할까?

모든 회사는 자신들의 문화를 나름의 방식으로 정의합니다. 2001 년에 넷플릭스는 다음과 같이 정의한 유명한 자료를 공개했습니다. "문화는 누가(그리고 어떤 행동이) 승진되고 해고되는지의 기준이다. 회사의 실제 가치는 듣기 좋은 가치가 아니라, 누가 보상받고 승진되며 해고되는지에 따라 나타난다."

문화는 어디에서 올까?

문화는, 새로운 스타트업을 만들기 위해 사람들이 모이자마자 마술처럼 탄생합니다. 문화는 가치, 행동, 의사결정, 팀워크가 혼합된 형태입니다. 문화는 창업자와 CEO로부터 만들어지고 다른 초기 구성원들의 영향을 받습니다. 여기에서 기억해야 할 중요한 사항이 있습니다. 20명가량의 규모로 성장했다면 이미 나름의 문화가 정의돼 있다는 점이 바로 그것입니다.

의도적 vs. 자연적

여기에서 중요한 질문 하나를 제기할 필요가 있습니다. 의도를 가지고 문화를 정의하고 구축하는 데 적극적으로 나서야 할까요, 아니면 구성원들 사이에서 문화가 자연적으로 형성되도록 해야 할까요? 정답은 없습니다. 둘 다 효과적일 수 있으니까요.

> **밥 팅커** "모바일아이언의 창업팀이 열었던 첫 번째 회의 중 하나는 문화에 관한 것이었습니다. 바로 '우리는 어떤 유형의 기업문화를 추구해야 하는가?'였죠. 이 토론은 우리에게 아주 중요했습니다. 문화는 창업자로서 우리에게 중요하다고 생각하는 것을 공유하게 하고 서로 화합하게 만든다고 믿었기 때문입니다. 당시에는 알지 못했지만, 그때 논의를 통해 발전시킨 문화의 틀이 향후 5년간 우리 기업문화의 토대가 되었습니다."

우리는 다음과 같은 3가지 이유로 문화 구축에 적극적이고 의도적이어야 한다고 생각합니다.

1. 창업자와 CEO는 무엇이 중요한지를 분명하게 정의할 수 있고 초기 구성원들과 함께 일하는 방법을 결정할 수 있습니다.
2. 초기 구성원들은 문화에 맞도록 초기 채용을 진행할 수 있고 그 결과로 문화를 더욱 강화할 수 있습니다.
3. 신규 직원은 문화를 바로 파악해 빠르게 적응할 수 있고 그 결과로 회사 규모의 확대를 용이하게 합니다.

뜬구름 잡는 구호로 문화를 정의하지 마라

문화와 관련된 토론은 실망스러우리만큼 추상적인 경우가 많습니다. 제품을 개발하거나 고객에 가까이 가려는 기술 기반의 구성원들에겐 방에 틀어박혀 화이트보드에 멋있어 보이는 단어를 나열하는 것이 한심하게 느껴질 겁니다. 맞습니다. 지나치게 추상적으로 문화를 논의하는 것은 시간 낭비일 때가 있습니다. 뜬구름 잡는 구호로 자신들의 문화를 정의하려는 회사를 떠올려보세요. 독수리가 솟구치는 모습 위에 '영감inspiration'이라는 단어가, 악수하는 손 아래에 '진실성integrity'

이라는 단어가 인쇄된 포스터로는 그 누구도 무엇을 해야 하는지 알지 못합니다. 직원들에겐 아무 의미 없죠.

문화를 구체화하라

뜬구름 잡는 구호가 되지 않으려면 문화를 구체적으로 정의해야 합니다. 이런 질문을 던지는 것이 좋은 방법입니다.

"예전에 일했던 곳을 떠올려보라. 문화와 관련하여 무엇이 좋았고 무엇이 좋지 않았는가?"

이 질문은 토론이 구체적으로 이루어지도록 할 뿐만 아니라, 긍정적인 것이든 부정적인 것이든 초기 구성원들이 의미 있는 문화적 경험과 일화를 공유케 함으로써 토론의 깊이를 더해줍니다. 그런 경험과 일화를 참조함으로써 정의하고자 하는 문화의 구체적인 형태를 만들어갈 수 있죠.

스타트업의 문화를 정의할 때 가장 중요한 부분은 바로 문화가 합리적이고 현실적이며 실천 가능해야 한다는 점입니다. 효과적인 문화는 행동과 결정을 이끄는 기반이고 구성원들에게 중요한 의미를 줍니다.

모바일아이언의 초기 문화 선언문culture statement

밥 팅커, 창업자이자 전 CEO

우리의 문화 선언문은 촌철살인의 멋진 단어로 이루어지지는 않았지만, 우리에게는 중요한 의미가 있었습니다. 옳고 그름보다는 구성원들에게 맞는 것이 무엇인지가 중요했죠. 문화 선언문은 우리가 만들고 싶은 회사를 구체화했습니다. 우리가 우리 자신에 대해 말하는 방식, 채용하는 방식, 행동하는 방식이 문화 선언문에 들어 있었죠. 예를 들어, 우리는 '지적 정직intellectual honesty'을 우리 문화의 5대 핵심 요소 중 하나로 설정했습니다. 지적 정직이란 '좋은 점을 축하하고 나쁜 점을 솔직히 이야기한다'란 뜻이죠. 이것은 우리의 과거 경험에서 나온 것입니다. 예전에 다른 스타트업에서 일할 때 문제에 정면으로 맞서기보다 '자신을 합리화'하려는 노력을 더 많이 했죠. 우리는 그런 함정에 빠지고 싶지 않았어요. 좋은 점만 이야기하는 건 쉽습니다. 하지만 스타트업 구성원들은 거울을 들여다보듯 자신이 목도하는 나쁜 점을 정직하게 이야기해야 합니다. 조직과 개인 모두가 불편해하겠지만, 그렇게 하는 것이 뭔가를 배
우고 발전할 수 있는 유일한 방법
입니다. 우리는 전체 회의, 워크
숍, 이사회 회의를 해나가면서 무
엇이 잘되고 무엇이 잘 안 되는지
를 파악해 실행에 옮겼습니다. 가
장 중요한 것은 문화 선언문을 통
해 회사의 모든 사람들이 나쁜 소
식에 대해 논의하고 어떻게 대응할지 결정할 수 있는 권한을 얻었다
는 점입니다.

문화 선언문은 우리에게 큰 도움이 되었습니다. 그것은 회사를 지탱
하는 뼈대 일부가 되었습니다. 하지만 문화는 그 상태로 머물지 않았
습니다. 스타트업이 발전하고 성장함에 따라 문화 역시 진화했고 우
리가 예상치 못한 완전히 새로운 측면을 발전시켰습니다(자세한 내용은
나중에).

공감대를 형성케 하고 실천 가능하도록 문화를 만들라

한 단어로 문화를 표현하는 것은 강력한 효과를 발휘할 수 있지
만, 해석하거나 실천하려 할 때는 혼동을 유발하곤 합니다. 한 단
어로 된 문화에 대한 해석은 시간이 흐르면서 모호해지고 스타트
업이 성장함에 따라 그 의미가 확대되어버려서 결국 원래의 의미
는 희석되고 맙니다.

이런 오류를 범하지 않으려면 문화의 의미가 의도하는 바를 설
명하는 데 시간을 할애하세요. 구체적인 예를 듦으로써 공감할 수

있는 상황으로 문화의
의미를 설명하세요. 넷
플릭스는 회사 규모가
확장됨에 따라 자신들의
문화가 실천 가능하고
구성원들의 공감을 얻을
수 있도록 의도적으로
문화적 속성을 확장시켰
습니다.

	논란이 되더라도 생각하는 바를 말한다.
용기	어려운 결정을 내릴 때 지나치게 고심하지 않는다.
	'똑똑한 리스크'를 감수한다.
NETFLIX	우리의 가치에 위배되는 행동에 의문을 제기한다.

출처: Source: https://www.slideshare.net/
    reed2001/culture-1798664/15-
    15CourageYou_say_what_you_think

어려운 점: 문화는 개인에서 출발해야 하지만 특정 개인에게 얽매여서는 안 된다

초기 스타트업의 문화에는 까다로운 이중성이 존재합니다. 당연한 말이지만, 이중성은 초기 창업자와 CEO로 인해 발생하죠. 그들이 회사를 이끄는 방식은 회사의 문화를 정의하는 데 영향을 미치기 때문에 문화는 개인적 성격을 띱니다. 하지만, 건전한 스타트업 문화라면 창업자와 CEO 같은 개인의 수준을 뛰어넘어야 합니다. 문화를 개인에서 출발시켜 실천 가능한 것으로 만들되 특정한 누군가에게 얽매이지 않게 해야 한다는 것이 문화가 가진 이중성입니다.

문화를 창조하고, 강화하며, 변화시키고, 약화시키는 순간들

단순히 문화를 명시하는 것만으로 문화를 현실화하기에는 충분하지 않습니다. 문화는 단순히 벽에 걸린 포스터가 아닙니다. 현실의 문화는 매 순간 창조되고 강화되며 변화되고 약화됩니다. '문화적 순간culture moment'은 크고 작은 행동, 결정, 혹은 신호가 문화를 창조, 강화, 변화, 약화시키는 순간을 말합니다.

몇몇 순간들은 의도적이고 의식적인 계획의 결과로 발생하지만, 그 외의 순간들은 무의식적이고 반사적으로, 혹은 자동적으로 발생합니다. 의도적이든 무의식적이든 리더는 그런 순간들을 주의 깊게 관찰해야 합니다. 이때 꼭 필요한 것이 자기인식self-awareness입니다. CEO와 리더는 문화적 순간을 발생시키는 행동과 결정이 무엇인지 잘 인식해야 하고 의도적으로 그런 행동과 결정을 이용해야 합니다. 이렇게 끊임없이 자기인식을 해야 한다는 것이 때때로 매우 피곤하게 느껴질 때가 있을 겁니다. 하지만, 문화가 회사와 경영진들에게 꼭 맞는 것이라면 그런 인식 과정은 자연스러울 것이고 오히려 활력을 가져다줄 겁니다.

문화적 순간의 예

- 누군가를 채용, 승진, 해고하기로 결정
- 나쁜 소식을 다루는 방법

- 좋은 소식과 관련된 인정
- 개인과 회사의 단기 이익과 장기 이익 간의 트레이드–오프 해결
- 리더가 서로를, 직원을, 고객을, 투자자를 대하는 방법
- 뾰족한 답이 없는 갈등이나 문제를 다루는 방법

문화적 순간: 채용

채용은 문화적 순간 중 하나입니다. 스타트업 경영진에 한 사람이 새로 합류할 때마다 문화가 강화되거나 약화됩니다. 초기 채용은 리더 채용과 마찬가지로 문화에 상당한 영향을 미칩니다. 문화적 적합성에 따른 채용은 특정 기술이나 경험에 따른 채용만큼이나 중요하고 명시적인 채용 요건이어야 합니다.

문화적 적합성을 파악하기 위한 인터뷰

인터뷰를 통해 문화적 적합성을 파악하는 일은 쉽지 않지만, 몇 가지 사항을 기억해두면 도움이 됩니다. 문화적 적합성을 드러내도록 일관된 질문이나 요청사항을 미리 설정하는 것부터 시작하세요. 지원자에 대해 통찰을 얻을 수 있도록 그가 과거에 경험했던 까다로운 상황들, 팀워크, 역할 등에 관한 질문을 던져야 합니다. 좋은 말만 늘어놓게 하는 게 아니라 구체적인 사례를 이야기하도록 질문을 이어가는 것이 중요합니다.

또 다른 팁은 다음과 같이 지원자가 다양한 특정 상황에서 면접관과 어떻게 상호 작용하는지를 관찰함으로써 그 행동과 태도가 회사의 문화와 잘 맞는지 파악하는 것입니다.

- (집단 성과를 강조하는 문화의 경우) 지원자는 팀 성과에 비해 자신의 성과가 어땠는지 이야기하는 데 얼마나 많은 시간을 썼습니까? 그는 팀 플레이어 같았습니까, 아니면 외로운 늑대처럼 일하는 사람 같아 보였습니까?
- 지원자는 어떻게 결정을 내립니까? 많은 회사의 문화를 정의하는 한 가지 특성은 의사결정 방식입니다. 어떤 회사는 분석적이고, 어떤 회사는 위계적이죠. 몇몇 회사는 경험에 의존하는 반면, 몇몇 회사는 철저히 데이터에 기반합니다. 지원자의 의사결정 방식이 우리 문화에 적합합니까?
- (성공 의지를 중요하게 여기는 문화의 경우) 지원자가 토론의 의제를 어떻게 이끌어갔습니까? 그는 얼마나 단호하게 자신의 주장을 펼쳤습니까? 그는 어떻게 주장의 근거를 제시했습니까?
- (명쾌함을 강조하는 강력한 마케팅 문화를 가진 회사의 경우) 지원자는 얼마나 명쾌했습니까? 그는 어떻게 자신의 생각을 표현했습니까?
- (문제 해결을 중시하는 문화의 경우) 지원자가 문제나 도전과제를 어떻게 해결할 것 같습니까?

리더가 문화적 적합성을 기준으로 채용하라는 말을 오해해서 '나와 비슷한 사람을 채용'함으로써 지나치게 동질적인 조직을 만들 리스크가 있습니다. 이런 오류를 범하지 않으려면 회사 문화를 잘 정의하여 개인적 성격의 수준을 뛰어넘도록 해야 합니다. 그리고 그 문화와 맞는지가 채용 과정에서 명시적인 요건이 되도록 해야 합니다.

문화적 순간: 해고

해고 역시 중요한 문화적 순간입니다. 많은 경우, 채용보다 더 중요하죠.

누군가를 해고하기로 한 결정은 구성원들에게 아주 강력한 신호를 보냅니다. 누군가를 내보내기로 한 결정보다 실행과 문화에 큰 영향을 미치는 것은 별로 없습니다. 해고는 실행, 리더십, 문화와 관련하여 무엇이 허용되고 무엇이 허용되지 않는지를 구성원들에게 보여줍니다.

누군가를 해고하기로 한 결정에는 두 번째 문화적 순간이 내재되어 있는데, 바로 '해고가 이루어지는 방식'입니다. 이것 역시 구성원들에게 강력한 신호를 보내죠. 누군가가 회사를 떠나면 모든 구성원들은 그가 어떤 대우를 받으며 회사를 나가는지 주목하고 '언젠가 나도 저렇게 될 수 있다.'라고 생각합니다.

문화적 순간: 승진, 칭찬, 보상

승진과 자원 할당은 어떤 유형의 문화적 행동이 보상받는지를 구성원들에게 알립니다. 누가 승진하는지 모두가 지켜보고 있죠. 어떤 팀이 칭찬을 통해 인정받는지, 회사가 자원을 추가하면서까지 누구를 보상하는지 모두가 보고 있습니다. 그렇기에 승진, 칭찬, 보상은 분명한 의도를 가지고 사용해야 합니다. 문화적 메시지와 상반되는 승진이나 보상은 언행 불일치라는 부조화를 일으킵니다. 때로 이런 부조화는 초기 실행의 어려움이나 성장으로 인한 조직의 중압감을 해소하려는 시도에서 발생하곤 합니다. 스타트업이 성장함에 따라 경영진은 조직의 변화와 자원 할당을 논의하느라 엄청난 시간을 소요해야 할 겁니다. 이와 함께 경영진은 바람직한 문화적 순간을 만들고 문화를 훼손하는 나쁜 순간을 만들지 않도록 자신의 시간을 할애해야 합니다.

문화적 순간: 도덕적 나침반을 시험하는 어려운 결정
실수와 실패 다루기

실패와 실수는 문화를 강화하거나 약화시키는 강력한 문화적 순간을 만들어내곤 합니다. 두 가지 예를 들면 다음과 같습니다.

단기 수익을 추구할까, 아니면 고객을 위해 옳은 일을 할까?	분기별 판매 목표를 달성하기 위해서 곧 단종될 제품에 대한 고객의 주문을 받을까?
문제를 해결할까, 아니면 덮어버릴까?	스타트업은 차기 자본조달을 위해 분주한 상태다. 곧 출시할 중요한 제품 업데이트에서 큰 문제를 발견했다. 이 문제는 현재 많은 고객에게 영향을 미칠 것이다. 출시일을 미루면 올해의 가장 큰 거래를 잃게 되어 재무성과가 줄어들 것이고 자본조달을 위한 노력이 좌절되고 말 것이다. 출시를 미뤄서 주요 거래처를 잃을 것인가, 아니면 출시일을 준수하여 기존 고객에게 피치 못할 피해를 줄 것인가?
우수 성과자를 질책할까, 아니면 해고할까?	어떤 엔지니어와 영업사원이 높은 성과를 냈는데 알고 보니 잘못된 방법을 쓰는 것으로 밝혀졌다. 처음 저지른 일이긴 하지만 그냥 넘어가기에는 선을 많이 넘었다. 그들을 해고할 것인가, 아니면 문책하는 정도로 그칠 것인가? 그들을 해고하면 주요 프로젝트 실행에 어느 정도 차질이 생길 수 있다. 많은 이들이 두 사람을 따르고 있는 것도 고려해야 한다. 하지만 문책만 하게 되면 회사는 직원들에게 바람직하지 못한 메시지를 보내는 건 아닐까?

- 주요 고객이 제품을 더 이상 사용하지 않겠다고 선언하면 CEO는 자기네를 버린 그 고객을 잊지 못합니다. 이렇게 충격적인 사건이 발생하면 회사는 어떻게 반응합니까? 리더는 그 실패를 수용하고 학습의 기회로 여깁니까, 아니면 고객을 손가락질하며 이렇게 방어적으로 말합니까? "바보 같은 고객이군! 우리의 가치를 전혀 이해하지 못하다니."
- 주요 제품의 납품이 중단되어 목표에 미달하면, CEO를 비롯한 리더들은 어떻게 반응합니까? 벌을 주고 해당 직원들을 해고합니까? 문제를 찾아 바로잡기 위해 파고들어 갑니까? 재발 방지를 위한 학습의 시간을 갖습니까? 이 모두는 잠재적으로 발생 가능한 합리적 반응입니다.

각각에 대한 반응은 회사가 실수, 실패, 책임, 학습을 다루는 방법을 보여주며, 이때 중요한 문화적 순간이 발생합니다. 모든 사람이 CEO와 경영진이 실수와 실패에 어떻게 대응하는지 유심히 관찰하기 때문입니다.

문화 전파하기

스토리는 문화를 전달하는 강력한 도구다

가족은 스토리를 통해 후손에게 문화를 전파합니다. 회사도 마찬가지입니다. 모든 스타트업에는 회사의 전설로 남는 문화적 순간과 스토리가 축적됩니다.

회사의 스토리는 문화를 반영하는 실제 상황에서 비롯됩니다. 고객의 성공을 위해 남들보다 한 걸음 더 나아간다든지, 대형 거래의 마감일을 맞추기 위해 주말에도 사무실에 나와 일했다든지, 사무실을 리모델링할 때 필요 없는 공간을 찾아내 꽤 큰돈을 절약했다든지, 모든 직원이 합심하여 대형 고객을 잡았다든지, 옳지 않은 것이라서 대형 거래건을 포기했다든지, 갖은 노력을 기울여 초기 팀원들을 채용했는데 그들 모두가 회사에 엄청난 기여를 했다든지, 고객과의 만남을 통해 완전히 새로운 제품과 비즈니스 기회를 포착했다든지, 고객의 엄청난 압력에 직면하는 바람에 주요 제품의 출시를 어쩔 수 없이 보류했다든지⋯⋯.

어떤 스토리든 회사의 전설이 될 수 있습니다. 문화를 전파하는 데 도움이 될 수 있는 좋은 소식과 나쁜 소식을 모두 찾아보세요. 그런 소식들은 문화적 정체성의 일부를 형성합니다. CEO는 그런 스토리를 통해 현재와 미래의 모든 직원에게 문화를 전파할 수 있습니다.

문화가 미스터리하면 안 된다

신규 직원들이 입사해서 문화를 관찰하고 파악해야 하기에 문화는 절대 미스터리하면 안 됩니다. 신규 직원이 알아서 문화를 파악하도록 둔다면 실행 속도가 저하되고, 각자 다르게 문화를 인지

할 리스크가 있습니다. 문화는 명시적이야 합니다. 신규 직원들이 조직에 잘 안착하도록 기업문화를 설명해야 합니다. 경영진의 외부 워크숍에서도 문화를 논의해야 합니다. 제품과 고객에 관한 토론만큼이나 '문화'를 적극적인 토론 주제로 삼으세요. 이렇게 언제나 명시적으로 문화를 이야기해야 모두를 하나로 묶는 문화를 형성할 수 있습니다.

별것 아닌 듯 보여도 문화에 영향을 미친다

사소해 보이는 것들이 문화에 영향을 미칩니다.

- **업무에 대한 기대치**: 리더는 몇 시에 사무실에 나타나는가? 몇 시에 퇴근하는가? 주말은 어떻게 보내나?
- **사무실 공간**: 사무실 공간의 물리적 배치는 구성원들이 함께 일하는 방식에 영향을 미친다. 개방적인 공간으로 협업을 촉진하는가, 아니면 모두가 자신만의 개인 공간 안에 '갇힌 듯' 일하는가?
- **가족과 사회에 대한 가정**: 팀원들 대부분이 젊고 독신이라 금요일 밤을 가장 좋아하는가? 반대로 가정을 이룬 직원들이 많아 가족과 함께 시간을 보내려고 귀가를 서두르는가? 직원들은 정기적으로 사교 행사를 갖는가? 행사에 참여하는 것에 대해 어떤 기대감을 보이는가?
- **일정의 편중**: 회사의 회의 일정은 본사의 시간대만을 따르는가? 아니면 전 세계에 분산된 팀들의 시간대를 존중하는가?

급성장 중에 문화 전파하기

급속한 성장 단계로 전환하는 과정은 문화적으로 위험한 순간입니다. 신규 직원들이 대거 입사하여 전 세계에 퍼져 일하면 스타트업 문화가 훼손되거나 붕괴될 수 있습니다. 스타트업이 급성장할 때 어떻게 해야 문화를 유지하고 전파할 수 있을까요?

급성장 중에 문화를 전파할 책임은 리더들에게 있습니다. 경험상 다음과 같은 몇 가지 전략이 도움이 될 수 있습니다.

1. **문화적 적합성을 기준으로 인터뷰하라:** 기본이라고 생각하겠지만 실제로는 제대로 이루어지지 않습니다. 기술적 스킬, 도메인 스킬뿐만 아니라 사고방식과 문화적 적합성을 기준으로 인터뷰하도록 면접관들을 교육해야 합니다.

2. **신규 직원 교육 프로그램을 운영하라:** 3장에서 언급했듯이, 이를 운영하지 않는 데에 변명의 여지는 없습니다. 프로그램에 참석한 신규 직원들이 문화를 이해하도록 해야 합니다. 그들을 문화 속에 푹 빠지게 만드는 여러 가지 상황을 만들어서 활용해보세요.

3. **문화를 강조하고 활용하라:** 경영진은 항상 문화를 이야기해야 합니다. 전체 회의에서 문화를 언급하세요. 일상적인 업무의 일부로 팀원들과 함께 문화를 이야기하세요. 어떤 결정을 내리거나, 어려운 상황에 처했을 때 문화를 기준으로 삼으세요.

4. **문화에 적합하지 않은 사람을 해고하라:** 급성장 중에는 채용상의 실수가 발생하기 마련입니다. 문화적으로 부적합한 팀원이 있다면 리더는 조치를 취해야 합니다. 그렇지 않으면 그 팀원은 모든 이들의 문화를 훼손하고 파괴할 것입니다. 문화에 적합하지 않은 사람을 해고하는 것만큼 문화를 강화하는 방법은 없습니다.

조직도에는 없지만 문화적으로 중요한 리더가 있다

CEO, 창업자, 경영진은 모두가 기업문화를 정의하는 데 중추적인 역할을 담당합니다. 그렇지만 비록 조직도에는 없더라도 문화적으로 중요한 역할을 하는 리더가 있습니다.

사무실 관리자office manager의 문화적 중요성

밥 팅커, 모바일아이언의 공동창업자이자 전 CEO

스타트업 초창기에 CEO와 창업자 다음으로 스타트업 문화에 영향을 끼치는 사람은 바로 사무실 관리자입니다.

왜 그럴까요? 사무실 관리자는 초기의 스타트업을 하나로 묶는 접착제 같은 존재입니다. 그들은 회사와 직원 모두를 돌봅니다. 그들은 모든 직원과 정기적으로 상호 작용을 맺는 존재이고, 모든 신규 직원들을 가이드하는 자이며, 모든 지원자를 만나 인터뷰하는 사람입니다. 사무실 관리자는 스타트업이라는 흔들리고 덜컹거리는 자동차의 운전대를 쥐고 있습니다.

모바일아이언이 초기일 때 저는 이런 점을 전혀 알지 못했습니다. 하지만 운 좋게도 좋은 사무실 관리자들과 함께 일했죠. 나는 뒤를 돌아보고 나서야 사무실 관리자들이 문화 형성에 얼마나 중요한 역할을 수행했는지 깨달았습니다.

스토리: 예전에 모바일아이언에는 10명의 직원들이 있었습니다. 우리는 처음으로 사무실을 임대해 이사해야 했는데, 이를 위해 사무실 관리자를 고용해 사무실 관리, 사람 관리, 일정 관리, 인사 관리 등을 맡기고자 했습니다. 우리는 여러 사람을 인터뷰했고 두 명의 후보자로 압축했습니다.

- **후보자 A**: 이전에 기술기업의 사무실 관리자로 일한 경험이 있고, 아주 체계적이고 실행력이 뛰어난 사람이었습니다. 하지만 약간 고지식하고 무뚝뚝한 사람이었죠.
- **후보자 B**: 기술기업이 아닌, 오클랜드 소재의 예인선 회사의 사무실 관리자였습니다. 그곳에서 좋은 성과를 낸 그녀는 훌륭하고 긍정적인 태도를 보였고 배우고자 하는 호기심이 컸습니다. 하지만 기술 스타트업에서 일한 경험은 없었죠.

우리는 후보자 B를 선택했습니다. 그녀의 이름은 앤지Angie였죠. 앤지의 긍정적인 품행과 태도, 성과를 낸 경험이 우리 문화에 얼마나 깊숙이 스며들지 처음엔 잘 모르겠더군요.

앤지는 인사 관리와 급여 관리부터 노트북 주문, 인터뷰 준비, 식사 준비에 이르기까지 모든 일을 수행했습니다. 그녀는 입사 초기부터 우리 문화를 강화하는 데 일조했습니다. 그녀는 산을 옮길 만한 능력이 충분한 존재였고, 모두가 그녀를 존경했죠. 그녀의 태도와 문화는 회사 전체로 퍼졌습니다. 그녀는 필요할 때면 따끔한 충고를 했으며,

아래처럼 재밌는 글을 탕비실에 붙여놓기도 했습니다.

앤지는 문화의 핵심이었습니다. 10년이 지난 지금도 그녀는 모바일 아이언에 근무중 입니다. 고마워요, 앤지.

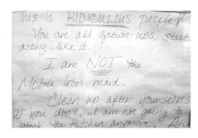

이 웃긴 사람들아!

여러분 모두 어른이니, 어른답게 좀 행동하세요.

나는 모바일아이언의 하녀가 아닙니다.

탕비실을 이용한 후에는 각자 청소하세요.

그렇지 않으면, 앞으로 음식을 갖다 놓지 않을 겁니다. 앤지.

문화적 관성

나쁜 소식은 문화가 회사의 발목을 잡을 수도 있다는 점입니다. 강력한 문화는 훌륭한 스타트업의 긍정적인 특징이지만, 회사가 발전하거나 전략을 변경하면 문화 역시 그에 따라 단계적으로 진화해야 합니다. 문화가 정체되면 회사의 발전을 억제하고 맙니다.

문화에는 관성이 있습니다. 문화적 관성은 스타트업이 앞으로 나아가 도전을 극복하는 데 도움을 주는 강력한 힘이지만, 통제하지 않으면 강력한 장애물이 되기도 합니다. "이것이 우리를 여기까지 오게 했다." 혹은 "이것이 우리의 모습이다."와 같은 문구는 진화에 저항하는 경직된 문화적 사고방식을 뜻하기도 합니다. 때로는 그 경직성이 확 드러나지 않습니다. 잠재의식적인 신조를 담은 회사 차원의 행동이나 눈에 보이지 않는 습관으로 나타나죠. 어떤 경우에는 문화적 관성이 생존 단계에서 번창 단계로의 전환을 막는 가장 큰 원인이기도 합니다. 성공하는 스타트업은 문화를 발전시킵니다. 문화를 발전시키고 문화적 관성을 극복하는 과정은 엄청나게 지지부진할 수 있기에 CEO와 경영진의 노력과 상당한 집중력이 필요합니다.

문화는 진화하는 기반이다

성공하는 기업은 자신들이 변화함에 따라 문화도 진화해야 함을 잘 인식하고 있습니다.

커다란 문화적 전환: 기대케 하고, 가능케 하라

문화를 진화시키는 것은 초기 문화를 설정하는 것만큼이나 중요합니다. 회사가 성장함에 따라 문화의 새로운 측면이 예기치 않게 발전하고 문화적 가치 일부는 조정되거나 경우에 따라 완전히 바뀝니다. 이때 어려운 점은 남길 것과 버릴 것을 구분하는 일이죠. CEO, 경영진, 창업자는 언제 어떻게 문화가 변화해야 하는지 주

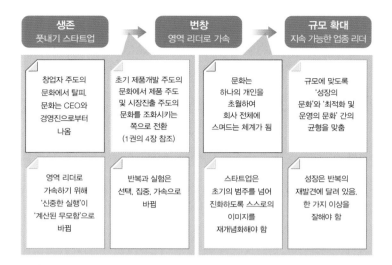

의 깊게 살펴야 합니다. 회사의 모든 구성원이 문화의 진화에 참여해야 합니다. 하지만 쉽지는 않습니다. 특히 초기 문화를 열성적으로 수용했던 초창기 직원들에게는 어려운 일일 겁니다.

문화의 변화: 변화를 논의하고 명시화하라

문화의 변화는 조직에 서서히 스며듭니다. 이를 알아차리고 그에 따라 조치를 취하려면 일상적인 업무로부터 정기적으로 한발 물러나 봐야 하고, 발생 중이거나 발생할 필요가 있는 문화의 변화에 특히 집중해야 합니다.

문화의 변화를 잘 대비하려면 이런 질문을 주기적으로 던져야 합니다. "우리가 정의하지 않은 문화적 측면은 무엇인가?", "조정해야 할 것은 무엇인가?", "우리 문화가 효과적이지 않은 이유와 변화해야 하는 이유는 무엇인가?"

예상치 못한 문화적 측면이 발전

밥 팅커 "모바일아이언 초기에 수립한 문화 선언문은 처음 4~5년 동안은 잘 맞았습니다. 하지만 시간이 흐름에 따라 예상치 못한 방향으로 문화의 몇 가지 측면이 발전했고, 그중 일부는 회사의 기본이 되었습니다. 그렇게 유기적으로 발전한 새로운 문화적 측면은 '끈기'였습니다. 우리는 문화 선언문에 그것을 추가했고 설명을 달았습니다."

끈기
행동으로 실천하며, 결코 포기하지 않으며 결과를 낸다.

초기에는 효과적이었지만 조정이 필요한 문화적 요소

밥 팅커 "지적 정직은 가장 중요한 초기의 문화적 측면이었습니다. 차차 회사가 성장했지만 그것이 무엇을 뜻하는지 모두가 명확한 의미를 알지 못했습니다. 그 개념을 '또라이 같다.'라는 의미로 오용하는 경우도 있었습니다. 결코 의도한 바가 아니었죠. 그래서 우리는 지적 정직의 정의를 좀 더 규범적으로 만들었습니다. "지적 정직: 좋은 것을 축하하라. 나쁜 것을 이야기하라. 건설적인 사람이 돼라."라고 말이죠. 처음에는 "건설적인 사람이 돼라." 대신 "멍청이가 되지 마라."란 말을 쓰고 싶었지만, 회의실 벽에 붙이기엔 적당하지 않다고 결론 내렸습니다."

지적 정직
좋은 것을 축하하라라. 나쁜 것을 이야기하라. 건설적인 사람이 돼라.

더 이상 의미 없는 초기의 문화적 요소

밥 팅커 "'검소함'은 초기에 우리 문화 선언문에 포함돼 있었습니다. 우리는 검소함이 마치 근력운동과 같다고 생각했습니다. 검소함을 꾸준히 실천하면 스타트업이 더 강해질 것이고, 지출이 자유로우면 실수를 저지르고 약점을 만들어낼 것이라고 믿었죠. 하지만 성장하고 가속하기 시작하는 동안 우리는 검소함이라는 '현명하면서도 어리석은' 행동을 지속하는 바람에 스스로 발목을 잡는 경우가 종종 있었습니다. 경영진이 이 점을 인식했고 나에게 변화를 요구했습니다. 부끄럽게도 저는 변화에 반대했지만, 결국 경영진이 옳았습니다. 우리는 문화 선언문에서 검소함을 없애고 대신 '실용성'을 집어넣었습니다.

실용성
판단력을 발휘하라. 단기와 장기의 균형을 맞춰라.

문화와 관련된 어려운 점들

투명성은 좋은 것이지만 지속되지 않는다

초기 단계의 구성원들에겐 성공을 위해 투명성이 필요합니다. 투명성이 힘이 되죠. 그래서 많은 스타트업들이 초기 단계부터 투명성을 기업문화의 요소로 명시화합니다. 투명성은 구성원들을 결속시키고, 실행을 조율하며, 신뢰를 촉진하고, 문제를 적극적으로 발견해 해결하게 하고, 모든 사람을 합심하게 합니다. 그렇기에 가능한 한 투명성을 오래 지속하는 것이 좋습니다.

하지만 어느 시점에 이르러 회사가 규모를 확대하기 시작하면 완벽한 투명성을 유지하기가 어려워집니다. 내부 정보를 알아내려 하는 거대 경쟁자와 분석가가 존재하는 후기 단계의 스타트업이 투명성을 유지하려면 높은 수준의 보안, 신뢰, 신중함이 요구됩니다. 불행히도 조직이 커지면 투명성에 입각해 공유되던 중요 정보가 종종 외부로 누출되고 맙니다. 정말 짜증 나는 일이죠. 투명성을 유지하길 간절히 바라며 모든 사람이 어른답게 행동하리라 믿고 싶지만, 누군가는 그 바람과 믿음을 날려버립니다. 그렇기에 궁극적으로는 투명성보다는 실행을 우선해야 합니다. (1) 회사가 의미 있는 시장 참여자로 올라섰고 시장과 경쟁자가 만만치 않게 대응할 때, (2) 업계 분석가와 투자자가 눈에 불을 켜고 자신들에게 이익이 될 고급 정보를 찾을 때, 그리해야 합니다.

밥 팅커 "놀랍게도 우리가 성과 수치를 전사에 공유한 지 일주일도 채 되지 않았을 때 외부 분석가가 그것을 거의 정확하게 인용하더군요."

조언: (1) 가능한 한 투명성을 유지하세요. (2) 투명성을 완전히 차단하지 말고 줄이세요. (3) 가능한 한 많은 정보를 공유하되 소수의 인원만 전체 내용을 알도록 하세요.

친밀감의 상실

스타트업은 개인적 친밀감을 바탕으로 시작됩니다. 초기 구성원들은 서로가 서로를 잘 알고 회사 밖에서도 친밀하게 지냅니다. 강한 유대감을 경험하죠. 하지만 회사가 성장함에 따라 구성원이 많아지고 각 직무는 전문화됩니다. 이것은 친밀감이 줄어듦을 의미합니다. 복도를 걸어가는 사람의 이름과 그가 하는 일을 알지 못하는 날이 언젠가는 오고 맙니다. 무언가 잘못됐다고 느껴지는 순간일 겁니다. 초기 구성원들은 실망하면서 "예전과 같지 않다."고 자주 말하게 되죠. 친밀감의 상실은 현실이 되고 많은 이들이 이를 아쉬워할 수 있겠지만, 그만큼 회사가 성공하고 있다는 뜻으로 해석해야 합니다.

인수로 인해 타 문화를 통합

후기 단계의 스타트업은 때때로 다른 회사를 인수합니다. 인수한 조직에는 독특한 문화가 있기 마련입니다. 인수의 성패는 문화를 얼마나 잘 통합하는가에 달려 있습니다. 문화를 얼마나 많이 통합해야 할지, 각각의 문화를 어떻게 통합할지, 어느 쪽의 문화를 우선할 것인지를 결정해야 합니다.

하위문화: 어느 정도는 용인

회사가 성장하면 규모가 큰 팀이 자체적으로 하위문화를 형성하기 시작할 겁니다. 예를 들어 영업 부문이나 엔지니어링 부문이 그렇겠죠. 하위문화 형성은 정상적인 현상이고 어느 정도는 괜찮습니다. 하지만 하위문화가 회사 전체의 문화를 훼손한다면 그건 문제입니다. 상위문화(전사 문화)와 상충되는 하위문화는 정치와 갈등을 심화시키고 실행력을 저해합니다. 하위문화는 해당 단위조직의 리더에서 비롯되는데, 이런 갈등이 눈에 띄면 바로 해결에 나서야 합니다. 하위문화는 상위문화와 다른 특성을 지닐 수는 있지만, 반드시 연계돼야 합니다.

문화는 성공의 기반

문화는 모든 스타트업의 기반입니다. 문화는 기업의 영혼입니다. 문화는 회사를 하나로 만들고, 좋을 때나 나쁠 때나 구성원들을 결속시킵니다. 문화는 특정 그룹의 사람들이 공동의 임무를 수행할 때마다 발견되는 공통적인 행동 및 가치의 총합입니다. 문화는 의도적으로 혹은 자연스럽게 형성되는 기반입니다. 모든 결정과 행동은 문화를 강화, 발전, 약화시키는 문화적 순간이 될 수 있습니다.

문화는 암석처럼 확고부동한 기초가 아닙니다. 문화는 회사를 하나로 단단히 묶으면서도 동시에 변화를 받아들이고 진화하는, 유연한 기반입니다. 문화는 기술, 구성원, 지적자산만큼이나 중요한 자산입니다. 문화는 전략을 초월해 성공의 기반이 됩니다. 문화가 곧 회사입니다.

○ 문화는 스타트업의 영혼입니다. 구성원이 20명이 되면 이미 문화가 형성돼 있죠. 문제는 문화를 의도적으로 구축할 것인가, 아니면 자연스럽게 형성되도록 할 것인가입니다. 우리는 적극적이고 의도적일 것을 조언합니다. 원하는 문화를 정의하고 이끌어가길 바랍니다.

○ 문화는 좋을 때나 나쁠 때나 구성원들을 하나로 묶습니다. 성장과 실행의 기반이며, 기술, 구성원, 시장진출력만큼이나 중요한 자산입니다.

○ 문화를 정의하는 방법은 구체적이고, 구성원들에게 의미가 있으며, 실행 가능한 단어와 개념을 사용하는 것입니다. 문화를 너무나 추상적으로, 개념적으로 정의하지 마세요. 문화를 구체적으로 정의하는 데 도움이 되는 질문은 이것입니다. "과거에 일했던 회사의 문화에 대해 말해주세요. 좋아했던 것은 무엇이고 좋아하지 않았던 것은 무엇입니까?"

○ 문화가 정의, 강화, 변화, 훼손될 때마다 좋든 싫든 문화적 순간이 발생합니다. 채용, 해고, 승진, 어려운 결정과 같은 문화적 순간은 항상 생겨나기 마련입니다. 신중을 기해 대처하세요.

○ 문화는 CEO에게 실행의 기본 요소이자 강력한 도구입니다. 문화는 전사에 널리 퍼지기에 회사가 성장해도 희석되지 않습니다.

○ 문화는 회사를 하나로 묶는 기반이지만 경직되고 독단적이어서는 안 됩니다. 회사가 변화함에 따라 문화는 진화해야 합니다.

○ 문화가 곧 회사입니다.

스타트업을 구축한다는 것은 엄청난 경험입니다. 차이를 만들어 낼 수 있는 기회입니다. 무에서 유를 창조할 수 있는 기회이고 무언가를 배울 수 있는 활력의 기회입니다. 운 좋게 성장을 실현하는 스타트업들에게는 성장하는 과정 자체가 정말이지 재미있을 수밖에 없죠. 성장한다는 것은 검증받았다는 의미입니다. 성장은 회사, 구성원, 투자자를 위한 가치를 창출한다는 뜻입니다.

이 책은 하나의 질문에서 출발했습니다. 왜 스타트업을 구축하는 일은 그렇게 어려울까?

생존은 쉽지 않습니다. 생존을 위해 싸우는 초기 단계의 스타트업에서 CEO, 리더, 팀원으로 일한다는 것은 엄청난 스트레스가 됩니다. "현금이 바닥나 망하기 전에 시장진출 최적화에 도달할 수 있을까? 그때까지 조직을 유지할 수 있을까? 아직 검증되지 않은 인재를 채용할 수 있을까? 난생처음 하는 일인데 어떻게 우리가 올바르게 수행했는지 알 수 있을까?"

성장의 기회를 잡은 운 좋은 스타트업이라 해도, 직업적 의미와 개인적 차원에서의 성장은 굉장히 어렵습니다. 기회가 있다면 급성장하는 스타트업 리더와 차를 마시면서 스타트업의 여정에 대해 물어보세요. 아마도 그는 자신의 개인적 어려움뿐만 아니라 구성원들이 얼마나 힘들어하는지를 알려줄 겁니다. 그의 눈은 활력으로 반짝이면서도 동시에 지친 기색을 보일 겁니다. 왜 그럴까요?

첫 번째 이유: 성장은 CEO, 리더, 구성원, 이사회에 이르는 모든 사람의 역할을 변화시킵니다. 일하는 방식, 의사소통 방식, 행동방식을 바꿉니다. 그렇기에 모든 사람은 급성장하는 스타트업에서 요구하는 엄청난 업무 강도를 이겨내는 동시에 스스로를 변화시켜야 하죠.

두 번째 이유: 스타트업 리더들에게는 회사가 변화함에 따라 자신들의 역할이 어떻게 변화해야 하는지, 스스로를 어떻게 발전시켜야 하는지 이해하기 위한 체계적인 지식이 부족합니다. 기업가의 생태계에서 전승되는 지식이 실망스러울 정도로 별로 없기 때문입니다.

이것이 기업가에게 의미하는 바는 무엇일까요? 아이러니하게도 어떤 단계에서 스타트업 리더를 성공하게 만드는 요소가 다음 단계에서는 리더를 방해하거나 망하게 하는 요소인 경우가 많다는 뜻이죠.

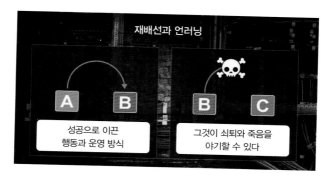

언러닝이 핵심

스타트업 구축의 많은 부분은 학습으로 이루어집니다. 하지만 우리는 버려야 할 것이 무엇인지 파악하기 위해 하던 일을 멈추는 경우, 즉 언러닝하는 경우는 불행히도 별로 없습니다. 이전에 효과가 있었던 것을 언러닝하고 다음 단계에 효과적인 것을 학습해야 합니다. 기존의 역할을 언러닝하고 새로운 역할을 학습해야 합니다. 이전 단계에서 성공을 이끈 오래된 행동을 언러닝하고 다음 단계의 성공에 필요한 새로운 행동을 학습해야 합니다. 언러닝은 향후 필요한 것을 충족시키기 위해 스스로를 다시 배선할 수 있는 능력입니다. 언러닝하지 않으면, 리더와 회사 모두 정체되고 말겁니다.

언러닝은 유능한 사람에서 무능한 사람으로 바뀐 것 같은 불쾌한 감정을 느끼게 합니다. 언러닝은 불안을 조장할 수 있습니다. 과거에 부가가치를 창출했던 방식을 버려야 하기에 자기 자신의 가치에 대한 의문이 생기기 때문입니다. 하지만 언러닝은 스타트업 리더들이 반드시 해야 하는 일입니다. 언러닝하려면, 리더가 스스로를 재배선하는 것이 관건입니다. 물론 비행 중인 항공기 배선을 다시 까는 것만큼이나 어려운 일입니다. 리더가 기존의 역할을 언러닝하지 않고 새로운 역할을 학습하지 않거나 할 수 없는 경우가 종종 발생하곤 하는데, 이럴 때 유일한 선택지는 사람을 교체하는 것입니다. 불안을 극복하며 옛것을 언러닝하고 새것을 학습할 수 있는 리더는 상당한 직업적, 개인적 성장을 경험할 수 있습니다.

다음에 올 역할을 예상하라

각 직무의 역할과 요구되는 행동은 스타트업의 단계마다 다릅니다. 직책은 그대로이더라도 회사가 변화하면 리더의 역할은 극적으로 바뀝니다. 리더의 역할은 두려움에 떨어야 하는 생존 단계, 고성장의 가속 단계, 지속 가능한 업종 리더로 전환하기 위해 애쓰는 규모 확대 단계를 거치며 계속 변화합니다.

원활하게 변화하려면 리더의 역할이 어떻게 변화할지 예측하고 이해해야 합니다. "현 단계와 다음 단계에서 성공하려면 무엇이 필요할까? 기존의 역할과 다음의 역할은 어떻게 다르고, 그 이유는 무엇일까?"

각각의 역할에 대해서 역사와 전쟁 차원, 대중문화 차원으로 비유하면 역할의 변화와 언러닝하고 학습해야 할 것을 파악하는 데 도움이 됩니다. 이런 비유는 스타트업의 성장에 따른 역할의 변화를 이해하기 쉽게 해줍니다. 각 역할과 비유는 해당 장에서 자세히 설명한 바 있습니다.

	생존	성장	규모 확대
엔지니어링 담당 부사장	개척자적인 장인	건축업자	부동산개발업자
CFO	군수장교	항법사	부조종사

CEO와 이사회를 비롯한 회사의 모든 사람은 새로운 역할에 적응해야 합니다. 미래를 위해 적응하고 진화하세요. 각 리더의 미래가 여기에 달려 있습니다. 회사의 운명 또한 여기에 달려 있습니다.

변화하거나 변화당하거나

다음 단계에 적응하고 진화하는 일은 쉽지 않습니다. 어떤 단계에서 훌륭하고 충성스러웠던 사람들이, 불행하게도 다음 단계에서는 잘못된 사람으로 판명될 수 있습니다. 이것은 창업자와 CEO를 포함한 모든 사람에게 해당됩니다. 경우에 따라 회사와 미션을 위해 물러나야 할 수도 있습니다. 슈퍼 히어로였던 사람이 그저 그런 평범한 사람이 될 수 있습니다. 이처럼 적응과 진화는 어려운 일이죠.

마음에 들지 않더라도 변화는 성공을 위한 부산물입니다. 성공은 회사와 구성원 전체에 엄청난 변화를 가져옵니다. 회사의 운영 방식이 바뀌고, 팀 운영 방식과 사람들의 행동 역시 바뀝니다. 초기 직원들 일부는 각자의 새로운 역할에 잘 적응하여 변화 속에서도 앞서 나갑니다. 몇몇 직원들은 적응하지 못해서 변화당하는 쪽이 되지만, 변화는 새로운 스킬, 새로운 아이디어, 새로운 관점을 통해 새로운 에너지를 불어넣습니다. 변화는 건강한 것입니다.

문화는 기반이다

모든 스타트업의 기초는 문화입니다. 문화는 스타트업이 구축되는 기반입니다. 문화는 실행을 뒷받침합니다. 문화는 좋을 때나 나쁠 때나 구성원들을 하나로 묶습니다. 문화는 하나의 개인을 초월하고, 인재를 영입하고 유지하는 힘입니다. 문화는 구성원들에게 영감을 주고 그들을 인도합니다. 어려운 결정을 내리기 위한 도덕적 나침반 역할을 하고, 사익을 놓고 회사, 팀, 고객 간에 형성되는 긴장 속에서 균형을 갖게 해줍니다. 문화는 무형의 것이지만 스타트업의 성공을 가능케 하는 강력한 에너지입니다. 문화는 회사의 모든 사람이 성장하고 발전하며 변화를 탐색하는 데 기반이 되는, 유연한 체계입니다.

　문화는 의도적으로 구축될 수도 있고 또 자연스럽게 구축될 수도 있는 토대입니다. 모든 결정과 행동은 문화를 강화, 발전, 약화시킬 수 있는 가능성을 지니고 있습니다. 문화는 암석으로 만들어진 딱딱한 기초가 아니라, 회사를 하나로 묶으면서도 변화를 수용하는 유연한 토대입니다. 구성원들이 발전해야 하는 것처럼 문화역시 발전해야 합니다.

　문화는 전략을 초월해 성공의 기반이 됩니다. 문화가 곧 회사입니다.

개인적 여정

스타트업을 구축하는 것은 직업적 차원과 개인적 차원에서 활력과 두려움을 동시에 느끼는 일이지만 놀라운 학습 경험이기도 합니다. 열린 마음을 가지고 자신의 내면에 도달해 스스로를 인식하세요. 과거의 성공에 의해 형성된 습관과 반사적 행동을 인식하는법을 학습하세요. 다음 단계에 필요한 리더 역할을 예상하고 자기자신을 확장하세요. 지금껏 성공을 가져다준 것들을 기꺼이 언러닝하고 그에 따른 불안감을 이겨내세요. 물론 어려울 겁니다. 정말 어려울 겁니다. 하지만 많은 이들이 같은 도전에 직면했고 앞으로도 그럴 겁니다. 당신과 우리, 그리고 모든 리더는 개인적 여정에서 많은 성공과 실패를 경험했습니다. 이것이 우리가 학습하는 방법이자 언러닝하는 방법입니다. 이것이 우리가 차이를 만들어내는 방법입니다. 우리는 모두 한마음입니다. 행운을 빕니다! 잘 생존해서 멋지게 번창하세요.

밥 팅커, 남태희 올림

생존을 넘어 번창으로 2

스타트업의 지속적 성장을 이끄는 리더십 A-Z

초판 1쇄 인쇄 2023년 5월 16일
초판 1쇄 발행 2023년 5월 23일

지은이 남태희, 밥 팅커
옮긴이 유정식
펴낸이 김선식

경영총괄이사 김은영
콘텐츠사업본부장 임보윤
책임편집 김상영 **책임마케터** 권오권
콘텐츠개발8팀장 임보윤 **콘텐츠개발8팀** 김상영, 강대건, 김민경
편집관리팀 조세현, 백설희 **저작권팀** 한승빈, 이슬
마케팅본부장 권장규 **마케팅3팀** 권오권, 배한진
미디어홍보본부장 정명찬 **디자인파트** 김은지, 이송영 **유튜브파트** 송현석, 박장미
브랜드관리팀 안지혜, 오수미 **크리에이티브팀** 임유나, 박지수, 김화정, 변승주
뉴미디어팀 김민정, 홍수경, 서가을
재무관리팀 하미선, 윤이경, 김재경, 안혜선, 이보람
인사총무팀 강미숙, 김혜진, 지석배, 박예찬, 황종원, 김다산
제작관리팀 이소현, 최완규, 이지우, 김소영, 김진경, 양지환
물류관리팀 김형기, 김선진, 한유현, 전태환, 전태연, 양문현, 최창우

펴낸곳 다산북스 **출판등록** 2005년 12월 23일 제313-2005-00277호
주소 경기도 파주시 회동길 490 다산북스 파주사옥
전화 02-704-1724 **팩스** 02-703-2219
이메일 dasanbooks@dasanbooks.com
홈페이지 www.dasan.group **블로그** blog.naver.com/dasan_books
종이 아이피피 **인쇄** 민언프린텍 **코팅 및 후가공** 제이오엘엔피 **제본** 국일문화사

ISBN 979-11-306-4221-5(03320)

다산북스(DASANBOOKS)는 독자 여러분의 책에 관한 아이디어와 원고 투고를 기쁜 마음으로 기다리고 있습니다.
책 출간을 원하는 아이디어가 있으신 분은 다산북스 홈페이지 '투고원고'란으로 간단한 개요와 취지, 연락처 등을 보내주세요.
머뭇거리지 말고 문을 두드리세요.